叢書・現代社会のフロンティア 9

ゲーム理論で読み解く現代日本
失われゆく社会性

鈴木正仁 著
Suzuki Masahito

ミネルヴァ書房

ゲーム理論で読み解く現代日本
―― 失われゆく社会性 ――

目　次

第 I 部　日本の社会はいま

第 1 章　日本の社会はいま……3

1. 社会構造の変動——高度成長期とそれ以降そして現在……5
2. 構造原理の変動——協調的競争と拘束的依存の崩壊……12
3. 「貧しさ」の文化と「豊かさ」の文化，そして「愛」の文化……15
4. 高度成長から現代を考える……19

第 2 章　経済はどう変わったか……25

1. 日本経済の現在……26
2. 高度成長から安定成長へ……27
3. バブル経済とその崩壊……29
4. 「失われた十年」とデフレ・スパイラルの危機……32
5. 規制緩和・構造改革の進展と景気回復……33

第 3 章　社会構造はどう変わったか……43

1. 職場の変化——企業合理化とその現在……44
2. 学校の変化——高学歴化とその現在……49
3. 地域の変化——都市化とその現在……54
4. 家庭の変化——核家族化とその現在……58
5. 生活共同体の崩壊……63

第 4 章　文化はどう変わったか……75

1. 文化基盤の消失……75

2 「貧しさ」の文化の空洞化 …………………………78

第5章 新しい流れ？ …………………………83
──オンラインコミュニティ・出会い系サイトと「愛」の文化

1 IT 化の進展とネットコミュニティの形成 …………85
2 「インティメイト・ストレンジャー」の誕生 …………94
3 浮遊する「愛」の文化 …………………………103

||||||||||||||||||||||||||||||| **第Ⅱ部 怒りはどこに** |||||||||||||||||||||||||||||||

第6章 社会性のゆくえ …………………………113
1 問題の所在 …………………………114
2 「社会心理学的」アプローチ …………………………115
3 「合理的選択理論」によるアプローチ …………………………118
4 非社会性という病い …………………………124

第7章 「信頼」のゆくえ …………………………131
1 経済的集団主義と土地神話の崩壊 …………………………133
2 不良債権処理の先送りとディスオーガニゼーション ……139
3 行政指導の後退 …………………………148
4 信用劣化がもたらしたもの …………………………149

第8章 「安心」のゆくえ …………………………159
1 集団主義社会と「安心」 …………………………162
2 市場主義社会と「安全」 …………………………166
3 市場主義社会の「安全」と来日外国人犯罪 …………179

4　「国際化」の罠 ……………………………………… 183

第9章　「怒り」はどこに ……………………………………… 191
　　　1　「平和国家・日本」の問題 ……………………………… 193
　　　2　「商人国家・日本」の問題 ……………………………… 202
　　　3　国家戦略の再構築を ……………………………………… 215

あとがき ……………………………………………………………… 225
初出一覧 ……………………………………………………………… 228
索　引 ………………………………………………………………… 229

日本の社会はいま

● 第 1 章 ●
日本の社会はいま

　現代をどうとらえるか。とりわけ，かつての高度成長の時代や，バブル期までの安定成長の時代に比べて，われわれが現に生きているこの時代はどのような時代として特徴づけられるのだろうか。高度成長の時代を1955年から1973年までの18年間，安定成長の時代を1974年から1991年までの17年間と考えれば，バブルの崩壊以降すでに15年が経ったわけであり，この年月をまとめて高度成長や安定成長の時代と比較することによって，その特質を浮かび上がらせることは十分に可能であろう。1991年のバブル経済の崩壊とその後の構造改革の進展を境にして，それ以降，時代は新たな段階に突入したという実感が強くあるからである。

　ともあれ，結論からさきにいえば，われわれは高度成長期の時代の流れを〈農村型社会から都市型社会へ〉という文脈でとらえ，それ以降バブル期までの時代の流れを〈都市型社会から高度都市型社会へ〉という文脈で，そして現在の流れを〈格差型社会へ〉ととらえることにする。つまり，端的にいって日本の社会は高度成長を起点としつつも，それ以降はさらなる社会段階に入り，高度成長期が現在のアジア新興諸国や中国やインドと同様に離陸の時代であったとするならば，それ以降，われわれはアメリカおよびEU諸国とともに世界でも未曾有の成熟段階の社会を体験し，そしてさらに現在では，そのピーク・アウトとしての二極分化の時代を体験しつつあるのだと言えよう。

　高度成長とそれ以降と現在という三つの時代の流れを，経済のレベルでみるならば，それは，高度成長期の工業化とそれ以降の脱工業化

そして現在のグローバル化の時代としてとらえることができる。ペティ＝クラークの法則をひくまでもなく，経済の発展とともに産業の中心は第一次産業から第二次産業を経て第三次産業へと移ってきたが，このうち，第一次から第二次への移行が高度成長期の工業化の時代であり，第二次から第三次への移行がそれ以降の脱工業化の時代である。このうち，工業化の時代を象徴する出来事が，日本の農業人口が5割から1割弱へ（GDP構成比では，20％から1.4％へ）と急減した事実であるとすれば，脱工業化の時代のそれは，サービス産業の人口が3割から6割へ（GDP構成比では，49％から75％へ）と急増した事実に端的に現れている。そして，さらに現在のグローバル化時代への移行は，社会主義の崩壊や途上国のキャッチ・アップによる「メガ・コンペティション」の開始と，それに対応する国内の規制緩和と構造改革の進行を意味している。雇用の流動化として進み，全雇用労働者の3分の1を占めるまでに至った非正社員の増大（90年代半ばの22.9％から現在の34.6％へ）がそれを象徴する。

　こうした産業構造や経済構造の変動は，当然のことながら社会構造へと波及し，大きくは，企業合理化・高学歴化・都市化・核家族化という，われわれに身近な生活諸領域の構造変動を生んだ（あるいはまた，明治維新以降の日本社会の近代化は全体としてこうした視野のもとに俯瞰することが可能である，とも言えよう）。では，高度成長期の社会構造の変動と，それ以降の変動，そして現在の動向とでは，どのように違うのだろうか。これを職場，学校，地域，家庭という，われわれにとってもっともなじみの深い四つの生活領域別に，詳しくみてみることにしよう。

1 社会構造の変動——高度成長期とそれ以降そして現在

職場の変化——フォーディズム体制から柔軟生産体制そして構造的システム修正へ

　まず，職場においては全期間をつうじて，たゆみなく「企業合理化」が進展した。が，高度成長期の企業合理化はテイラー・フォーディズム体制のもとでのものであり，それ以降の合理化はリーン・柔軟生産体制下のそれとして，また現在はさらに構造的システム修正のもとでの合理化として大きく区別される。

　企業合理化とは，企業がシュンペーター流の技術革新をおこなうことによって品質と生産性の向上を図り，結果として企業収益の増大をめざすことに他ならない。しかし，高度成長期のそれは，当時の未熟な市場ニーズに対応して，プロダクト・アウト的な少品種大量生産方式のもとでの，量産効果をねらう企業合理化が主流であった。各種の専用自動加工機とトランスファーマシンやベルトコンベアなどの搬送装置を結合することによって，あるいは設備を大型化することによって，画一的な製品をより安価にかつ大量に生産することがめざされたのである。当時，東京，大阪，名古屋の三大都市圏臨海部に次々出現した鉄鋼・石油化学のコンビナートや自動車工場の自動組み立てラインが，それを象徴している。しかしながら，労務管理の基調は年功序列・終身雇用制にあり，企業合理化が職場社会に与えた影響も，基本的には熟練技術を軸とする親方─徒弟的な旧職場社会の解体と，それに代わる近代官僚制的な職場組織の成立にあった。

　ところが，高度成長期以降は経済の成熟化につれて市場ニーズが多様化し，おりからのマイクロ・エレクトロニクス技術革新の進展もあって，マーケット・イン的な多品種変量生産方式のもとでの，柔軟生産体制の効果をねらう合理化が一般的となった。専用機を汎用機におきかえ，これに情報処理機能をもたせて機械のフレキシブルな使用を

可能とし、ジャスト・イン・タイム方式の部品管理や、生産と販売の現場同士をオンラインで結ぶCIMを導入することによって、刻々変わる市場ニーズに対応して多様な商品を適時適量ずつ、しかも安価に提供することがめざされたのである。トヨタの「かんばん方式」や、花王の「新生産情報システム」などが代表的である。そこでは、労務管理の基調も苛酷な「能力主義管理」へと大きく転換し、入社直後より人事考課・査定とそれにもとづく選別がおこなわれることによって、牧歌的な年功序列型の「企業社会」は崩れ、シビアな能力主義型の「企業競争社会」が支配的となったのである。

さらに、社会主義の崩壊と欧米企業のジャパナイゼーションやアジア後発国の追い上げで始まった「メガ・コンペティション」と、バブルと超円高がもたらした高コスト構造によって、日本の企業はバブル崩壊後、柔軟生産体制のシステム修正を迫られることとなった。部品の共通化など過剰なフレキシビリティの削減、下請けの整理と海外現地生産化によるコスト削減、そしていっそうの作業能率の達成を求める「完結型ライン生産」や「セル型生産」などが、相次いで導入されたのである。そして、何よりも労務管理の基調が大きく変わり、国際競争のもと賃金の下方圧力が強まって正社員が減らされ、その部分が契約社員や派遣社員や業務請負の非正社員に置き換えられるとともに、年俸制や目標管理など短期決済型の成果主義が導入された。そこに出現したのは、正社員と非正社員とのあいだで、また正社員のなかにおいても処遇の格差が開いてゆく、厳しい「企業内格差社会」であった。

学校の変化――後期選抜型から早期選抜型そして格差型選抜へ

つぎに、この間学校においては「高学歴化」がたえず進行した。が、高度成長期の高学歴化は「集合主義的な」能力競争にもとづくものであり、それ以降の「個人主義的な」能力競争にもとづく高学歴化とは大きく違っている。そして現在では、さらに階層化された「格差型」能力競争にもとづく高学歴化が支配的となっている。

高学歴化とは，経済成長をささえるイノベーションを推し進めるための技術者・知能労働者養成の必要性と，社会的地位上昇のために学歴をもとめる国民のニーズがマッチして，高等教育人口が拡大することに他ならない。そして，まさに高度成長期の高学歴化は，先進国の技術をキャッチ・アップするために増えつづけた人材需要を背景として，所得水準の上昇いちじるしい国民のあいだに生じた進学熱にささえられて起こった，いわば社会の必要にもとづく高校・大学進学率の上昇を意味していた。そこでは，財界の要請に応じて技術者養成のために文部省が「人的能力開発政策」をとり，理数系科目内容の高度化を図るとともに，理工系の高校・高専・大学・大学院の新設・拡充を積極的に推し進めたのである。そして，「所得倍増」を達成した国民は子女の将来を希って高校・大学に殺到し，高校進学率は5割から9割へ，おなじく大学進学率は1割から3.5割へと大きく上昇するにいたった。しかし，この時期の進学競争をつうじた人材の選別は，社会の必要にもとづくものとして考えられ，したがって選別自体も，従来どおり高校入試という比較的遅い段階から始まる，「後期選抜型」のものが許容されていた。

　ところが，高度成長期以降の高学歴化では，高校・大学進学率が飽和状態に達し人材過剰になったことを受けて，「学歴」から「学校歴」をもとめて国民の進学熱はさらにエスカレートし，社会の必要からではなく，能力ある個人の権利としてエリート校への進学をめざすように大きく変質した。そして，多くの父兄と子どもは，能力主義教育やその圧縮としての「新幹線授業」についてゆけない子どもたちの「反乱」によって荒廃した公立中学を嫌い，進学に有利な中・高一貫制の私学をめざすようになった。そのためには幼稚園から，遅くとも小学校中学年から進学塾にかよい，有名私立中学を受験する者が増えたのである。したがって，この時期の進学競争は，抜け駆けの横行するきわめて個人主義的なものとなり，選別も，平等なモラトリアム期間のないまま小学校半ば頃からふり落としの始まる，「早期選抜型」

へと大きく変容したのである。

　そして,現在こうした傾向は,公教育の「ゆとり教育」の失敗による基礎学力の低下と学力格差の拡大のなかで,二極化された形でいっそう加速されている。つまり,少子化と受験競争の緩和措置という背景のもと,全体としての「学習離れ」が進行する一方で,恵まれた社会層や「少なく産んで,カネをかけて育てる」戦略をとる層では,より早期化し熾烈化した進学競争が局所的に展開されている。そして,公教育にしか頼れぬ多くの恵まれない社会層においては,最初から競争をあきらめて静かに退場する父兄と子どもたち,あるいはヤンキー化して自信の回復を図る子どもたちが増えつづけている。現在,5割近い大学進学率が実現されてはいるが,経済格差の拡大のなかでこうした二極化の傾向(『インセンティブ・デバイド』)はさらに進むものと考えられる。

地域の変化——「都市化社会」から「都市型社会」そして「再都市化」へ

　さて,地域においては,全期間をつうじ基本的に「都市化」が進行した。が,高度成長期の地域が,流動化の激しい「都市化社会」であったのにたいして,高度成長期以降のそれは,定住化の進んだ「都市型社会」へと変質したのである。そしてバブルとその崩壊をはさんで現在は,地価の下がった都心へ住民が回帰する「再都市化」の時代へと移りつつある。

　都市化とは,産業化にともなって,都市とりわけ巨大都市へ機能と人口が集中し,都市生活がますます高度化することに他ならない。まさに,高度成長期の地域では,外部経済にすぐれ産業化に適した既存の巨大都市が,経済規模の拡大につれて,不足しはじめた労働力を地方農村部から調達して,都市の過密と地方の過疎を同時に推し進めた。そして,いわゆる集積の効果によって,大都市においては交通・地下鉄網や各種商業・サービス・娯楽・文化施設の充実など,都市生活が

ますます高度化するとともに、地方農山村では挙家離村が相次ぎ、廃村に追い込まれるところも多かった。なかでも、東京・大阪・名古屋の三大都市圏では流入者による人口の増加が激しく、1960（昭和35）年からわずか10年間で計1000万人を超える人口増をみて、それぞれはメガロポリスとして著しい成長を遂げ、いわゆる太平洋ベルト地帯を形成するにいたったのである。こうした「富める都市・疲弊する地方」の是正を図るべく、数次にわたって「全国総合開発計画」が実施されたが人口の移動は止まらず、とりわけ大都市においては流入者の増加と、さらにそれが周辺郊外に波及するドーナツ化現象によって、住民の土着性に依存する地域社会の形成や存続が著しく困難となった（「コミュニティの解体」「都市化社会」！）。

ところが、高度成長末期には過度の過密化の進行によって、地価の高騰や交通渋滞や公害の発生など巨大都市の外部経済は外部不経済に転化し、大都市への人口流入は止まってむしろ人口の流出や定住化が進むこととなった。「地方の時代」のかけ声のもと各地で行政主導のコミュニティづくりが試みられる一方で、人口流動の鎮静した大都市においては、成長著しい公共的ないし商業的サービスに依拠して、新たに都市型のゆるやかな近隣社会がおのずと形成されるようになった。地方でのコミュニティづくりこそ、たんなる「ハコモノ」つくりに終始して成果を生まなかったものの、首都圏の多摩・港北・千葉ニュータウン、近畿圏の千里・泉北・平城ニュータウン、あるいは中部圏の高蔵寺・桃花台ニュータウンなど大都市近郊の新興住宅地では、かつての濃密な下町社会とは違うけれども、サラサラ型のそれなりのコミュニティが徐々に生まれたのである。そこでは、冠婚葬祭や頼母子講などかつての「素人住民の相互扶助的問題処理システム」は衰退したが、それに代わって、自治体サービスや各種生活産業など「専門機関の専業的問題処理システム」が発達し、これに依拠したゆるやかな近隣社会が形成された。あるいは、発達した交通・通信網にささえられて、地域をこえた自由で選択的な親族・友人ネットワークが形成され、

そうしたなかでわれわれは生活するようになったのである（「都市型社会」！）。

こうした状況が急変するのは，貿易摩擦が激化し内需の拡大が叫ばれた昭和50年代後半以降のことである。当時の中曽根内閣のもと，民間活力導入による大都市開発の方向がうち出され，日本経済のグローバル化・情報化にともなう東京の「世界都市」化とあいまって，オフィス需要への思惑から東京都心の地価が急騰した。地上げが横行するなか，いわゆる「土地バブル」が始まり，やがてそれは全国大都市へと波及していったのである。虫食い状態となった都心部では，夜間人口が急減する「インナーエリア」問題が，郊外では夜間しかいない都市通勤者の「定時制住民」問題が深刻化する一方で，バブル経済の労働力不足によって急増した，外国人労働者たちによる住民の入れ替わりという「セグリゲーション」の問題も部分的に発生した。しかし，土地取引の総量規制をきっかけとしてバブルは崩壊し，一転して深刻化したデフレ不況のもと，地価は大幅な下落をつづけて今日にいたっている。そして現在ではむしろ，都市計画法や建築基準法の改正など「規制緩和」を追い風にして，割安となった都心部の新築マンションへ，都心の利便性を求めて郊外から回帰する人たちが増えている。いわゆる「再都市化」の流れであるが，やはりそこでもゆるやかな地域社会の再形成が課題となっている。

家庭の変化──「近代家族」化から「脱近代家族」化そして「任意制家族」へ

最後に，この間家庭においてはたえず「核家族化」が進行していた。が，高度成長期の変化が，拡大家族の分裂のすすむ典型的な「近代家族」化の段階であったのにたいして，それ以降の変化は，むしろこの最小の核家族からさえ個人が離脱してゆく「脱近代家族」化の段階のものであった。そして現在では，家族の形成と形態がライフスタイルとして個人の選択に任される「任意制家族」の段階に入ったとも言わ

れる。

　すなわち、核家族化とは、産業化にともなう職業的および地域的移動の増大によって、定住農耕に適した拡大家族が、移動に適した身軽な核家族に分裂していくことに他ならない。まさに、高度成長期の大移動の過程では、流出して都市労働者になった若年者が大都市で、また残留して農業を続けた老夫婦が農山村でそれぞれ新たに核家族を形成することになり、典型的なかたちで拡大家族の分裂が進行したのである。こうした流れを、均分相続など戦後新民法による夫婦家族制の定着が後押ししたのは言うまでもない。そして、新民法のモデルとなった当時の豊かなアメリカ中産階級の家族生活への憧れが、こうした動きを牽引したのも間違いないところである。減りつつある拡大家族のほうも、旧来の「いえ」制度下の「一貫同居」型のものから、より核家族的な「晩年同居」型のものへと大きく転換した（修正直系家族）。こうした「近代家族」化による世帯分離によって、嫁姑関係など従来の前近代的な人間関係の軋轢が解消された反面、家族から世代間の老人介護や孫の保育などの相互扶助機能が失われていくこととなった。

　ところで、高度成長の終焉とともに核家族化の停滞が取り沙汰されたが、実はそうではなく、その後の単独世帯の急増によって核家族化あるいは家族分裂は新たな段階に突入したものと考えられる。一方では、急激な高齢化の進展によって独居老人世帯や老夫婦世帯が急増し、高齢者たちは子どもに頼れない生活を余儀なくされるようになった。これは孤老にいたる核家族化のいっそうの徹底であり、老人扶養機能の喪失が深刻化したものと言える。他方では、フェミニズム運動や育児終了後の就労生活など女性の自立化が進むことによって、青壮年のシングルや熟年離婚が急増して、彼らは自ら夫婦家族に頼らない生活を選ぶようになった。その背後にあるのは、性別役割分業にたつ夫婦家族制そのものの否定である。そして、こうした「脱近代家族」化（家族の多様化）の流れをささえたのは、シルバー産業や外食産業やコンビニの発達など、かつての家族機能を代替し独り暮らしや主婦の就

労を可能にする「家族機能の商品化」であった。

あるいは近年では、経済のグローバル化によって雇用の流動化が進み、大量のワーキング・プアが生み出されて家族生活に影響を与えている。つまり、一方では低収入の若年の非正社員やフリーターやニートが増加し、家族を形成することすらできず、またその展望ももてないシングルが増えている（非婚化。少子化の原因のひとつはここにある）。他方で中高年においても、リストラによる経済的破綻から家族を維持できず、離別にいたるケースが増えている。その意味でも、女性の自立化とあいまって、これまでの専業主婦を想定した夫婦家族制はモデルとしての機能を失いつつあり、家族の形成やその形態が、ライフスタイルの問題として個人の選択に任される「任意制家族」の時代に入ったとの主張もある。こうした流れを下支えするのは、ここでも「家族機能の商品化」だと言ってよい。

2 構造原理の変動──協調的競争と拘束的依存の崩壊

高度成長期とそれ以降の生活諸領域の変化は、それぞれ以上のようにまとめることができる。これを、職場と学校に共通する「ふり落とし競争の前だおし」および「二極化の進行」と、地域と家庭に共通する「集団機能の外注化」の二つの変化に、大きく整理することもできよう。あるいはさらに、これを人間関係の原理の変化として考えれば、前者からは「協調的競争」の崩壊と「格差」の拡大という変化が、後者からは「拘束的依存」の崩壊という変化が帰結するのだと言ってもよいだろう。

協調的競争の崩壊と二極化の進行──派生的生活集団の変質

すなわち、二次集団のなかに派生する生活集団として職場・学校仲間を考えれば、そこでは共通する変化が起こっている。職場においては、労務管理の基調が年功序列・終身雇用制から、徹底した能力主

義・成果主義へと大きく転換した。つまり，高度成長期には学歴別の年次管理がおこなわれ，大卒のばあい課長昇進くらいまでは同期同時昇進が普通であった。ところがそれ以降は，入社直後から人事考課・査定が徹底されてそれが処遇に反映され，あるいは最初から正社員と非正社員に区別して採用されるなど，早くから昇進や処遇に差がつけられるようになり二極化が進んだのである。また，学校においても，受験をつうじた選抜競争が社会の必要にもとづくものから，能力ある個人の権利としての競争へと転調した。つまり，高度成長期には社会全体の学力上昇が必要と考えられ，したがって公教育の底上げのなかで従来どおり「後期選抜型」の競争がおこなわれた。ところがそれ以降は，高等教育人口の飽和を背景に個人の抜け駆け競争となり，授業内容の減らされた公立校を避けて，早くから受験に有利な私立進学校をめざす「早期選抜型」の競争にシフトし，あるいは経済的余裕のない層が早くより競争からリタイアするなど，教育における二極化が進んだのである。

　以上，職場と学校における変化を，いずれも「ふり落とし競争の前だおし」と「格差の拡大」現象として，共通のものと考えることができる。どちらも，かつては比較的長い平等の期間のあとシビアな勝ち抜き戦が始まる，というかたちが主流であった。ところが，高度成長期以降は，モラトリアム期間のないままいきなりふり落とし競争が始まってしまう，という厳しい状況になってしまったのである。そして，こうした仲間意識を育む平等期間のない状況のもとでは，かつてのように同期は競争相手であるとともに戦友でもあるといった特有の「同期意識」や，同期の出世頭を仲間の代表選手と考える「代表移動」のメカニズムなどは，形成されにくくなってしまったのである。これは，日本に特有の「協調的競争」の崩壊として位置づけられる。つまり，温かい仲間意識と激しい競争心が同居するというかつての幸せな状況は崩れ，エゴイスティックなサバイバル競争一色の凄まじい状況が一般的となったのである。そればかりか，そうしたサバイバル競争の結

果として，どこまでも混じりあわない「勝ち組」と「負け組」に二極分化する，現在のいわゆる「格差社会」が立ち現れることとなった。

拘束的依存の崩壊――基礎的生活集団の変質

つぎに，一次集団ないし基礎的生活集団としての地域と家庭を考えれば，ここでも共通する変化が起こっている。地域においては，地域の生活問題の処理が，住民間の相互扶助に頼る方式から，専門機関への委託に頼る方式へと大きく転換した。つまり，高度成長期までは地域のさまざまな生活ニーズは住民の自家処理能力に依拠して，労力交換をおこなって相互扶助的に充足するのがまだ普通であった。ところがそれ以降は，ほとんどが金銭を媒介として，発達した巨大専門機関の公共的ないし商業的なサービスに頼って解決するようになったのである。また，家庭においても，さまざまな家族機能の充足が，家庭内でメンバーの相互扶助に頼る方式から，家庭外の公共的・商業的サービスの購入に頼る方式へと変化した。つまり，高度成長期までは介護や家事は嫁や主婦あるいはそれ以外のメンバーの協力によって，家庭内で相互扶助的におこなうのがまだ主流であった。ところがそれ以降は，それらに頼れずにやはり金銭を払って，外部の専門機関のサービスを購入することが多くなったのである。

以上，地域と家庭の変化を，いずれも「集団機能の外注化」として，共通のものと考えることができる。どちらも，かつては生活ニーズの充足は，内部の無償の相互扶助に頼った。ところが，高度成長期以降は煩わしい関係を嫌い，金銭を払って外部の生活サービスを購入するようになったのである。そして現在，こうした傾向は市場原理の浸透でいっそう強まり，われわれの日常生活はこれなくしては成り立たなくなっている。こうした「地域機能の社会化」や「家族機能の商品化」のもとでは，かつてのような集団機能の共同遂行を軸とする濃密な人間関係の形成は，不可能となってしまった。それはこれまでの「拘束的依存」の崩壊として位置づけられる。つまり，相互扶助のな

かで否応もなく生じる依存と拘束の関係が嫌われ，むしろ金銭を媒介としてお互いを頼らなくて済む，自由でドライな市場関係のほうが好まれるようになったと言いうるのである。

3 「貧しさ」の文化と「豊かさ」の文化，そして「愛」の文化

さて，こうした生活集団を構成する人間関係の原理の変容は，さらにわれわれの生活文化のありようにも影響をあたえ，高度成長期とそれ以降そして現在では，われわれの日常生活を律する規範や社会意識そのものが大きく変わってしまった。その変化はひと言でいって，「貧しさ」の文化から「豊かさ」の文化への移行，さらに迷走する「愛」の文化の誕生としてとらえられる。が，それらは実は高度成長期に始まった変化であり，むしろ高度成長期以降や現在は，これらの移行が不可逆的で決定的な段階に達したと考えるのがより正確である。これをみてみよう。

生活文化の継承への障害

地域と家庭から相互扶助の関係が薄れ，そのあとを金銭づくの市場関係が占めるようになったこと，および，職場と学校から協調的競争が姿を消し，そのあとを能力主義一辺倒のサバイバル競争とその結果としての二極化が占拠するようになったこと，これら二つの変化は，つぎのようなかたちでわれわれの生活文化の継承や革新に不都合をもたらした。

すなわち，まず従来の地域や家庭では，生活の必要から上の世代と下の世代がお互い力を合わせるなかで，ものの考え方や生活の知恵などがおのずと若い者に伝えられてゆくのが常であった。ところが，豊かな社会になる過程で，貧しさが強いるこうした互助は必要でなくなり，それとともに，そうした上の世代の生活文化が伝えられる機会もどんどん少なくなってしまった。いわば金さえ払えば困ることのない

社会となる反面，そのぶん文化の継承に不都合を来す社会となったのである。また，従来の職場や学校では，ほぼ同じ世代の人間同士が競いあいつつ仲間ともなるなかで，お互いの考え方をぶつけあってそこに新たな生活の知恵を作り上げることが可能であった。ところが，競争一色で格差の支配する社会になる過程で，協調がもたらすこうした切磋琢磨のモメントも失われ，それとともに，新たな生活の知恵が生み出される機会も少なくなったのである。いわば旧世代にみられるベタベタした関係がない社会になる反面，文化の革新に不都合を来す社会ともなったのである。

「貧しさ」の文化から「豊かさ」の文化へ

しかしながら，こうした文化の継承や革新のメカニズムに生じた障害だけではない。「豊かな社会」になる過程で生じた最大の問題は，文化の内容そのものの変化にある。従来通用してきた「貧しさ」の文化が有効性を失い，それに代わって，まだ十分に完成されていない「豊かさ」の文化があとを占めるようになったことである。こうした変化も高度成長に端を発し，それ以降，急激に加速したものである。

すなわち，高度成長が始まるまでの長い「貧しさの時代」を支配してきたのは，旧世代には馴染み深いあの「貧しさ」の文化であった。われわれは長いあいだ，さまざまな生活共同体のなかで貧しさを共有しあい，相互扶助的な調和の世界を築くことによってその克服を図ってきた。その過程で形成されたのが，「倹約」「互助」「忍耐」などを内容とする独特の「貧しさ」の文化である。つまり，貧しさにたいするに，一人ひとりは「倹約」を旨としつつ，全体として「互助」のネットワークを作りあげ，あまり十分ではない欲求の充足水準と煩わしい人間関係をじっと「忍耐」する，というわけである。こうした「貧しさ」の文化こそは，かつてはわれわれ庶民の生活の知恵であり，われわれの日常を律する掟でもあったのである。かつてどこの小学校の校庭にもみられた〈二宮金次郎〉の銅像こそは，その象徴でもあった。

ところが，高度成長とそれ以降の持続的成長のなかで，日本の社会は貧しさの共有による調和の世界を必要としなくなり，むしろ豊かさをめざす競争の世界へと大きく転換した。けだし，豊かさにはよりいっそうの欲望競争へと人間を誘う作用があるのである。そこから，「倹約」ではなく「消費」を，「互助」ではなく「競争」を，そして「忍耐」ではなく「効率」を内容とする「豊かさ」の文化が形成されてきた。つまり，さらなる豊かさをめざして，一人ひとりが「消費」を軸としつつ，お互いのあいだではてしない「競争」をくりひろげ，そのために欲求充足と人間関係の「効率」をかぎりなくたかめていく，というわけである。こうした「豊かさ」の文化は比較的歴史も新しく十分な完成度をもたないが，有効性を失ったかにみえる「貧しさ」の文化にかわって，われわれの日常生活をひろく支配するようになったのである。〈二宮金次郎〉像の消失は，こうした推移を象徴している。

「愛」の文化へ

　しかしながら，豊かさをめざすわれわれの欲望にははてしがない。にもかかわらず，新しく生まれつつある「豊かさ」の文化は，かつての「貧しさ」の文化とちがって，われわれの欲望を鎮めるだけの知恵をまだもたない。その内実をなすのは，際限のないエゴイズムとアノミーと不平等だけなのである。もちろん，こうした金銭づく・競争づくの乾ききった世界を，あくまで欲望にまかせて走りつづける人もいる。エリートにいたる道をひた走る「勝ち組」の少数の人たちである。しかし，そうではなく，このいわば「人間の砂漠」に安らぐことのできない普通の人びとも多数いる。あるいは，この欲望の競争から脱落してしまい，あきらめきって「下流社会」の住民と化してしまった「負け組」の若者たちも多い。充たされることのない彼らはいま，その安息の地をどこに求めようとしているのだろうか。

　近年，携帯電話やパソコンなど，情報通信機器の発達にはめざましいものがある。そして，これらの機器を使って，さまざまな電子ネッ

トワークが形成されつつある。インターネットから始まってケータイの出会い系サイトにいたるまで数多くあるが，なかでも，匿名を条件に電子空間のなかでのみ成立するものが注目される。パソコンの「チャット」やケータイの「出会い系サイト」などで，そこでは，それぞれがハンドルネームを使ってアクセスし，格差という厳しい現実を束の間忘れ去った，一種の仮面舞踏会や個室喫茶のような場が出現する。そして，こうした架空の電子空間のコミュニティや個室に生じる仮そめの連帯感や出会いに，安らぎを見いだしている例が多くみられる。つまり，温かくはあったが息苦しくもあった「故郷」から離脱した人びとが，いま，こうした現実を離れた気楽な匿名の人間関係のネットワークや出会いのなかに「居場所」を見いだしているのだとも言えよう。

　さて，問題は，従来の生活集団にとってかわろうとする「匿名性のコミュニティ」や「匿名性の個室」に，新しく成立しつつある「文化」の内容である。それはどのような可能性・不可能性を孕むものなのだろうか。

　「出会い系サイト」や「チャット」にとびかうのは，実は，（金銭を媒介とした）異性との交際をもとめる「ナンパ・メッセージ」が主流である。性的なものからナルシスティックなものまでその表現はさまざまだが，共通するのはただひとつ，（金銭を媒介にして）他者とりわけ異性に「愛されたい」という欲望ないし願望である。自分から愛するのではなく，あくまで相手に愛されたいということ。あるいは，相手によって肉体的にまたは精神的に満たされたいということ。それはどこまでいっても自己愛の域を出ない，取り込むだけの貪欲で一方通行の「愛」の意識でしかない。お互い孤立しながら，他者からの愛をひたすら待つ人間たちの群れ集まる寒々とした世界！　しかも，そうした「愛」を，金銭に換算する冷えきった感性！　あるいは，こうした意識を現代の宿痾ともいうべき，形を変えた「ミーイズム」によって支配された，「愛」の文化だと言ってよいのかもしれない。そして，

いかに貧弱なものであろうとも，こうした負の文化こそが，われわれが作りつつあるつぎの時代の「文化」のひとつなのであろう。

4　高度成長から現代を考える

　以上，高度成長期とそれ以降の時代と現代を駆け足でみてきた。ところで，こうして明らかとなる現代という時代の特質は，より深く観察するならば，その起点を遠く高度成長の時代に求めることができる。高度成長がすでにして孕んでいたその予兆を，最後に摘出しておくことにしたい。そのことは同時に，われわれが失ったものを確かめることでもある。まずは，笹山久三の自伝的小説，『四万十川　第３部』からの引用である。

　主人公篤義は，高度成長半ばの高知県山地に住む中学三年生。小学校の女教師に失恋した村の親しい若者について，山仕事を手伝いながら父親と交わす会話。

　「ねや，父ちゃん」
　「んっ……？」
　「女は生活と結婚するがか」
　「なんじゃ，そりゃ」
　「男が，どればあ誠意を尽くしても，金持ちのほうへいくがか」

　驚いたような表情が向けられただけで，返事はなかった。篤義は，その目に映った父の気持ちを受け止められなくて下を向いた。夜の河原で女のことをぼろくそに言いながら，吉岡さんのことを，逆恨みはしていないと言ったテッちゃんのことが，ずっとひっかかっていた。もしかしたら，東京の結婚相手が金持ちだったのかなどと考えて，振られた男の僻みがテッちゃんの感情になっているのだと思ってはみたが，吉岡さんのことを指しているのではないような気もする。勤め人はモテるという風評のあることは知っているが，テッちゃんの感情が全部の女に向かっているとは思えなかった。

「誰にきいた」
「本で読んだだけじゃ」
「お前は，どう思う」
「しらん。本で読んだだけじゃけん」
「けんど，思ったことがあるろ，なんか」
「まことじゃったら，女は汚い」
　　……（中略）……
　秀男は，何か考えながら，やかんを差し出した。篤義は，茶碗を差出しながら，別の話を考えていた。いろいろ思いつくのだが，どの切り口もわざとらしくて，口まで上ってはこなかった。
「ねや，アツ」
「んっ……？」
「大人になったら，生きることが一番目にくる。学校でやりよることは，その準備みたいなもんで，大人になることそのものとは違う。自分で食べていくことが加わるがじゃ。今のお前に……」
　秀男の中では大事な話が始まっているのだろう。大事な話を聞かせるときには，いつも回りくどい。篤義は，思わず父を見た。口元に笑いが浮かんではいるが，冗談をしゃべっているときのものではない。
　　……（中略）……
「ねや，アツ」
「んっ……？」
「父ちゃんが，夢を追いかけよるがじゃない，現実に追いかけられよる言うたが，おぼえちょるか」
「おぼえちょるよ」
「そのことよ，この栗山を造るがは。この土地は地滑りを起こし始めた。村全体がじゃ」
「地滑りいうたら？」
「山崩れの緩やかなやつじゃが，オラの言う地滑りは，意味が違う。生活地盤の地滑りじゃ。分かるか」

「うん」

「耕しても耕しても滑っていく。頑張っても頑張っても，頑張りごと時代いうもんに流されて苦しいなっていくがじゃ。栗の栽培も今のところは，植えただけ収入は見込めるが，これも，いつ流され始めるかは分からん。かというて，やらんわけにゃいかんがよ。こんな高い場所じゃけん，肥料上げたり，栗を降ろしたり，そんなことばっかりに頭を痛めても，痛む頭ごと頑張るしかないがじゃ。夢とは縁がない。全部が現実じゃ。誰ぞに残ってもらいたい気持ちが支えじゃ，それもこれも……」

　　……（中略）……

「ねや，アツ」

「んっ……」

「父ちゃんも自分のことを考えて頑張りよる。男も女も自分のことを考えて動く。生活を始めりゃ，それは汚いことじゃない」

「結婚も？」

　思いついたことが，つい言葉になってしまった。秀男の顔に僅かに陰がさした。気のせいなのかもしれない。

「集落でも，村全部でも言えることじゃが，人間のつながりが変わり始めた。つながりばっかりで食べよったわけでもないけんど，人間の生のつながりで事をなしよった部分が多かった時代は，不便じゃったが人間が人間に対して優しかった。ひどいこともあったけんどねや……。今は，生のつながりと金が入れ代わった。みんなが金稼ぎに追い回されだした分だけ，他人に対して優しいないなった。つながりが変わりゃ人間も変わる……」

　篤義は父の横顔を見つめた。少し白髪が増えたような気がする。

「……女が男を収入で値踏みすることも増えたかもしれん。じゃけんど，みんながおんなじじゃないがぞ。女はほれたら手鍋ひとつありゃええもんじゃ。本来は男より強いし，絶対汚いもんじゃない。人の関係に映るものも時代なら，女の心に映ったがも時代じゃ。全部時代のせいじゃ。分かるか，アツ」

「……」

篤義は，小さくうなずいたが返事はしなかった。逆らいようもなかったが，自分の中で素直に受け入れられない何かが澱んでいた。……

(笹山久三『四万十川　第3部』河出文庫，1993年，192～197頁)

　長い引用になってしまったが，この文章から言いたいことは二つ。ひとつは，われわれが分析してきた高度成長に始まる変化のすべてが，この文章に凝縮されているということである。「生のつながりと金が入れ代わった」と笹山が語るのを聞くとき，百万言を費やした科学的分析より，小説のこのワン・センテンスのほうがはるかに実感をもって迫ってくる。つくづく文学ってすごいな，と思う。だが，いまひとつ他方では，「全部時代のせいじゃ」と彼がつづけるのを読むとき，社会科学を営むわれわれとしては，寅さんじゃないけれども，「それを言っちゃあ，おしめえよ」と思ってしまう。「時代」という言葉に込められたものの内実こそが問題なのであり，社会科学の作業の存在理由も，すべてその解明にあるのだから。そして，われわれがおこなってきた作業も，まさにその一環なのである。

　われわれは，高度成長に端を発した経済・社会・文化の変動が，高度成長の終焉によっても終わることなく，さらに加速度を増しながら現在決定的な段階に達しつつあるのをみてきた。高度成長の時代までは色濃かった湿った「農村型社会」の残滓も，高度成長のなかですっかり払拭され，そのあとを占めた「都市型社会」は完成の度を増して乾ききった「高度都市型社会」へ，さらには競争のなかで勝ち組と負け組がハッキリわかれる厳しい「格差型社会」へと移りつつある。そうした変化を端的に象徴するのは，「生活地盤の地滑り」のなかにあって，主人公篤義の父親が唯一救いとした「女」あるいは「愛」の世界でさえ，われわれがみたようにミーイズムに毒されて痩せ細り，いまや男も女も精神的ないし肉体的に「愛される」ことのみを待ち望む寒々としたものになり果てていることである。あるいは，競争からの脱落に打ちひしがれた若者たちの多くがそうした「愛」すら諦めてし

まい，そして「愛」そのものも金銭に換算されるものに変わり果てていることである。これを，「自分のことを考える」われわれ現代人の心性が，極限に達したのだと言いかえてもよいだろう。「女」を語る父親の熱い言葉にたいして，若い篤義に澱む「何か」もそのことに関わっているのであろう。あるいは，彼は来るべき世界の兆しをすでに感じとっていたのかもしれない。

　豊かになる代償にわれわれの失ったもの，あるいはわれわれの招来したものは今後どうなっていくのだろうか。顧みれば，「ほれたら手鍋ひとつ提げて」の一途な愛の世界を信じたい気持ちが，われわれのどこかに根強くある。しかしながら，当面は，モノに囲まれた華やかで豊かなわれわれの生活と，そこからこぼれ落ちた敗者たちの明日なき生活の背後で，しのび寄る没落の帳(とばり)とともに，ヒトとヒトのあいだの「凍てついた暗く厳しい極北の夜」（ウェーバー）が広がっているのは間違いのないところであろう。

◉引用・参考文献
［1］　笹山久三『四万十川　第3部』河出文庫，1993年。

● 第 2 章 ●

経済はどう変わったか

　さて，前章においてはふつうの本にみられる叙述とはちがって，まず，この第Ⅰ部全体の俯瞰図を提示するよう心がけた。そこでは高度成長期から現代にいたる日本社会の変動を，経済から文化までをも含む社会総体の変化として，おおまかに明らかにすることがめざされたのである。それを受けてこの第2章以下では，経済から社会，そして文化にいたるまで，こうした諸領域の具体的な変化についてそれぞれ，もう少し詳しく検討していくことにしよう。

　最初に断っておかねばならないが，現代日本社会の分析というとき，まず問題となるのは，そこでいかなる趨勢が，いかなる様相のもとに展開されているのか，ということである。つまり，時の流れのなかで社会はどのような方向に動いており，それが現時点ではどのような姿をとって立ち現れているのか，である。われわれはそうした趨勢としては，ようやく回復過程にあるとはいえ長らくつづいた経済の低迷への対策として，政府が推し進めた規制緩和と構造改革のなかで，強まる一方の市場原理と競争原理をまずあげたい。そして，それにたいして，われわれが生活防衛の姿勢を強めつつ，手に入れた豊かさを失わないために展開した生き残り競争の激化およびその勝敗の結末と，その根底を貫徹するミーイズムに注目したいのである。だがとりあえずは，出発点として経済の変動から分析を始めることにしよう。

1 日本経済の現在

　まず，最初に確認しておきたいのだが，日本の社会は近年の十年あまりこそ停滞に喘いできたものの，基本的には1960年代から70年代にかけての高度経済成長を境にして，経済・社会・文化にわたって大きく変貌をとげ，その結果として，先進国トップの仲間入りを果たしたことだ。端的にいって，この時期に，明治以来の最大の国家目標であった「脱亜入欧」の過程を完了し，日本はきわめて短期間のうちに先進国の仲間入りをとげたばかりか，そのなかでもトップの地位に躍り出たと言えるのである。中国やインドをはじめとする近年の後発国の「キャッチ・アップ」過程の華々しさに，われわれはつい忘れがちになるが，その事実は現在においても揺らいでいない。

　経済についていえば，この間に日本経済は大きく成長をとげ，国内総生産，一人当たり国民所得，あるいは各種産業，個別企業，どの領域においても世界のトップレベルに達した。高度成長の始まってまもない1960年当時にくらべて，1993年時点で実質 GNP は14.80倍と飛躍的に増大し，2004年の GDP でアメリカにつぐ世界第2位の4兆5882億ドル，アメリカの40％の水準，世界全体の約6分の1を占めるにいたった。その結果，一人当たり国民所得も1987年時点で9.37倍に増大し，2004年には3万5922ドル（名目）と主要先進国ではアメリカにつぐ第2位の所得水準を誇るまでにいたった。あるいは，各産業レベルでいえば，戦後，農業・軽工業から出発した日本の産業は，高度成長の時代に重化学工業化を推し進め，70年代にすでに鉄鋼・造船・自動車などの各分野において世界のトップクラスに立ち，自動車をとれば2004年には生産台数が1051万台，世界全体の16.4％を占めるにいたっている。そして，高度成長以降は，半導体・エレクトロニクスなどより高付加価値で技術集約度の高い分野や，情報・サービスの分野などに活動の中心を移し，金融部門こそ近年一時的に低迷に甘んじた

ものの，それ以外はこれらの分野いずれにおいても世界の一流国となった。また，こうした産業構造の変化のなかで，各企業も大きく成長をとげ，2002年『フォーチューン』誌の世界大企業ランキングによれば，8位のトヨタ自動車，10位の三菱商事，11位の三井物産，16位のNTTなど，500位以内の企業がアメリカについで多い88社をかぞえており，バブル期にこそ及ばないものの，ここでも日本企業の占める位置は依然として大きいものがある。とりわけ，トヨタ自動車はついにGMを抜いて，世界一の自動車メーカーの座を占めようとしている。以上，要するにわれわれは世界で一，二をあらそう高い経済力をもつ，豊かな国民になったのである。

2 高度成長から安定成長へ

こうした驚異的な，しかもきわめて短期間での経済成長は，基本的に1955～73年の高度成長期，～1985年G5におけるプラザ合意までの外需主導型中成長期，～1991年バブル崩壊にいたるまでの内需主導型成長期，それ以降のデフレ不況・低迷期，そして回復期にある現在に5区分して，その成長要因を考えることができる。これら5期をとおして，技術革新がもっとも安定的な成長要因として機能したのは言うまでもないが，その他の成長要因については，それぞれの期に特有のはたらきをしめした。

高度経済成長の時代

まず，高度成長期であるが，この時期は世界的な技術革新期にあるとともに，戦争により立ち遅れていた日本の技術が世界水準をキャッチ・アップする過程であり，「革新につぐ革新」と表現される急速な技術革新が進行した時代である。そのため，需要サイドからいえば，設備投資の伸びがきわめて高く，これが基本的に成長を支え，やがて国際競争力がつよまるとともに，輸出の伸びがしだいに高まって成長

を支えるというパターンをとった。これを供給サイドからいうと，労働力についてはまだ人口構造が若く，しかも良質な労働力が過剰の状態にあり，技術革新による生産性の上昇もあって自然成長率はかなり高かった。他方，資本ストックについては，競争的市場のもとでの急速な技術革新の進行や，企業のつよい成長期待と市場の急拡大に支えられて投資率の伸びがいちじるしく，また，それを支える貯蓄率も国民のつよい貯蓄意欲によってきわめて高かった。そして，資本係数も，新技術の導入や当時の労働集約型産業構造のゆえに低く安定し，資本効率がよかった。したがって，保証成長率もきわめて高かったのである。[1] こうして，技術，労働，資本いずれの成長要因もきわめて貢献度が高く，あのような世界にも類をみない急成長が実現したのである。

高度成長から安定成長へ

しかし，こうした高度成長も1973年と1978年の二次にわたる石油危機を境として減速し，つぎの中成長の時代へと移行した。短期的には，エネルギー価格の高騰による資源制約がこの減速の原因として前面にでたが，他の要素との代替効果を考慮すれば，中・長期的には，つぎのように考えられる。すなわち，技術革新の進展がひきつづき安定的な成長要因として成長を下支えしたのは言をまたないが，日本の「キャッチ・アップ」過程の終了とともにその寄与度は低下した。需要サイドからいえば，高度成長期の急速な耐久消費財普及の一巡や，おなじく住宅ストックの増加の一巡による消費性向の低下が，成長減速の要因としては大きい。こうした内需の寄与率の低下は，当然のことながら企業の輸出インセンティブをつよめ，当時のドル高円安のもとでのアメリカの景気拡大もあって相対的に輸出の比重をたかめて，この期の成長を輸出主導型のものとした。これを供給サイドからいうと，労働力については，すでに高度成長の半ばにして「労働力の壁」につきあたり，生産性上昇率の寄与をくわえても自然成長率の低下は否めなかった。他方，資本ストックについては，設備投資率そのものは，

石油危機後のストック調整により一時的には低下したがその後回復し，既往のピークをもうわまわるようになった。しかし，これにたいして資本係数のほうは高度成長期後半から公害防止投資や労働代替投資によってじりじり上昇し，さらに石油危機後の省エネ投資の進展などによっていちじるしい上昇をみた。その結果，保証成長率は大きく低下し，これが成長率低下の最大の要因となった。以上，技術をのぞいて，労働，資本の両成長要因の貢献度は大きく低下し，この期の成長を中程度のものにとどめたのである。

3 バブル経済とその崩壊

さて，こうした外需の寄与に依存する中成長も，日本の経常収支の黒字幅が拡大して対外摩擦が激化し，その結果，1985年のG5での円安ドル高の修正をめざすプラザ合意が成立するにおよんで，終わりをつげた。そして，それ以降円高のもと，1991年のバブルの崩壊にいたるまで，外需に大きく依存してきた日本経済の体質転換が図られ，「前川レポート」に象徴されるように，内需主導型の経済成長が徐々に定着しつつあった。が，おりから急展開した金融の国際的自由化と金融緩和のもとで発生した，バブルによるオーバー・ヒートとその破綻によってこれは頓挫してしまった。

バブル経済の発生

すなわち，需要サイドからいえば，まず情報通信技術の高度化による生産性のいちじるしい向上は，所得水準の上昇・自由時間の増大をもたらし，生活の質的向上をもとめる国民の消費性向を高めた。また，日本の経済力の高まりをつうじて為替レートに反映される（→円高）なかで，輸出の伸び悩みに苦しむ企業の内需指向をつよめることとなり，内需主導型の成長が導かれた。しかしながら，こうした実需だけでなく，プラザ合意後の円高不況にたいする超金融緩和のもとで発生

した過剰流動性（カネ余り）は、ニューヨーク、ロンドンと並ぶ東京の「国際金融センター化」のかけ声のもと、相対的に有利な土地や株式などの獲得にむかい、実需をともなわないキャピタル・ゲイン（値上がり益）のみを目的とした投機的取引が次第に活発化した。いわゆる「バブル」の発生であり、企業も家計も債務を積み増しながらその資金で新たな土地や株式の取得に走り（「両建て取引」）、こうしたバブルのスパイラルによる「資産効果」がさらに消費性向を高め、それが設備投資の増加に反映するというかたちで需要サイドからこの好況をささえたのである。他方、これを供給サイドからいうとつぎのようになる。ひきつづき労働力が逼迫するなかで、自然成長率は省力化投資による生産性上昇に加え、後半には女性とりわけ主婦の労働力化と急増する外国人労働者があてにされるようになり、その維持が図られたが、引きつづきその低下は否めなかった。また、資本ストックについては、情報化やさらには消費の高度化をめぐって設備投資率がバブル期にかけて大きく上昇し、必要資本係数はコンピュータの導入による資本装備率の上昇や研究開発投資の増大などによって上昇したものの、保証成長率そのものは高度成長期以来の高さとなり好景気をもたらしたのである。

　さて、大きく様変わりしたのは企業の資金調達方式である。オイル・ショック以降、大企業は内部資金の蓄積につとめ銀行借り入れを減らしてきたが（減量経営）、金融の国際的自由化をうけて、さらにいっそう有利なエクイティ・ファイナンス（資本発行による資金調達）を中心とする直接金融方式が活発となった。先に述べた過剰流動性の多くはこうしたかたちで吸収され、その一部が消費の高度化に対応した設備投資をささえたが、むしろその多くは投資収益率の高い土地・株式などストックの購入にむかった。また、大企業に替わって新たに有力な融資先となった中小企業も、積極化した銀行からの土地・株式担保融資をもとにして、さらなるストック購入へ走ったのである。いわゆる企業による「財テク」であり、その自己増殖の過程がバブルのス

パイラルである。そして，個人も預金から株式へ転換する，あるいは銀行借り入れをして株・土地を購入する，というかたちで同じく「財テク」に励んだのである。

バブル経済の崩壊

しかしながら，こうした経済の実態から大きく乖離した資産バブルは，早晩はじけざるをえず，「山高ければ，谷深し」の言葉どおり，その反動としての不況はきわめて深刻なものとなり，さらに「クレジット・クランチ（信用収縮＝貸し渋り）」が複合することによっていっそう深刻化した。

まず，これを需要サイドからみれば，バブル期の過大な耐久財の購入にバブル崩壊の「逆資産効果」が加わることによって，消費の下方硬直性を示す従来の「ラチェット効果」も働かず，消費需要は大きく減退した。また，バブル期に積みあがった大企業の過剰な設備投資・雇用と，中小企業の膨大な債務返済は設備投資需要の沈滞をまねいた。つぎに，供給サイドからいうと雇用は過剰となったが賃金ベースは変わらず，異常な円高レートは貿易財生産部門を不利にして中国など賃金の安い海外への事業移転を大きく加速化し（「産業の空洞化」），さらに債務に喘ぐ中小企業の投資もいちじるしく沈滞した。こうして一方では実際成長率が自然成長率を下まわって失業率が大幅に上昇するとともに，他方で保証成長率そのものも低下したのである。

が，さらにはバブル崩壊による金融機関の不良債権の増大・保有株式の含み益の減少（キャピタル・ロス）に，BIS規制（銀行の自己資本率を8％以上に保たねばならぬという国際的規制）の実施が加わって，銀行はこうした規制をクリアするために民間企業への貸し出しを大幅に制限するにいたった（「クレジット・クランチ」の発生）。株式市場の低迷も加わって，中小企業を中心に企業は資金調達に困難を来すようになったのである。こうして，これまでのような有効需要不足という景気循環型の不況に，信用収縮（クレジット・クランチ）という新たな金融

型不況が加わり，いわゆる「複合不況」(宮崎, 1992) というこれまでにない深刻な事態が出現した。平成不況は長期化することになったのである。

4 「失われた十年」とデフレ・スパイラルの危機

さて，こうした長引く不況にたいしてもちろん，有効需要を創出して景気を自律的な回復軌道に乗せるべく，ケインズ政策にしたがって積極的な財政・金融政策がとられることとなった。一方で「ゼロ金利政策」と言われるような極端な低金利政策がとられるとともに[2]，他方では膨大な財政赤字を積み上げながら毎年のように不況業種向けを中心とする巨額の公共投資がおこなわれてきた[3]。しかしながら，こうした政策もはかばかしい効果をあげず，財政再建を焦った橋本政権の政策ミスもあって，長銀や日債銀や山一などの金融機関の相次ぐ破綻，あるいはそごうやダイエーなど流通大手や，長谷工や大京など中堅ゼネコンの破綻にみられるように，この90年代の「失われた十年」で，日本経済は平均成長率1.2％というジリ貧の状態に陥った。そして物価の下落と景気の悪化が相互作用的に進行する「デフレ・スパイラル」が進行したのである。

これを需要サイドからいうと，バブル期に積みあがった過剰な民間企業の設備は，ストック調整の重圧として「失われた十年」を通し日本経済に重くのしかかり，民間設備投資をいちじるしく萎縮させた。それゆえ，政府は財政赤字を積み上げながら巨額の公共投資によって景気を下支えせざるをえなかったが，それも景気の自律的回復を導き出すにはいたらなかった。また民間消費は，バブル崩壊の逆資産効果や耐久消費財のストック調整，あるいは企業リストラの進展による雇用情勢の悪化や先行き不安などによって低迷をつづけた。こうした極端な需要不足によるデフレ経済のもとで，公的需要とともに，景気低迷をささえたのは好調な世界経済がもたらした外需である。日本経済

は外需主導型経済へと逆戻りしたとも言える。これを供給サイドからいえば，IT化にともなう技術革新の進展には目覚しいものがあり，成長への技術の寄与は依然として高いものがあった。しかし，肝心の資本ストックについては，後に（第7章で）述べる分業構造の分断による投資の低迷や，銀行の融資マインドの冷え込みや，高齢化の進展による貯蓄率の低下などによってその増加率は著しく後退し，情報化投資の巨額化もあって，保証成長率は大きく低下した。また労働については，こうした企業リストラによって失業率が史上最高の水準にまで高まり，実際成長率が自然成長率を下まわる状態はいっそう深刻化した。そればかりか，低迷をつづける実際成長率と保証成長率および自然成長率との乖離は，資本ストックと労働力それぞれの削減（「リストラ」！）によって埋められてきた。[4] その結果，日本経済はデフレ・スパイラルの進行のみならず，供給サイドからみた潜在成長率そのものの低下すら取り沙汰されるようになったのである。

5 規制緩和・構造改革の進展と景気回復

こうした悲惨な経済状況にたいして，政府も需要サイドからのケインズ政策による短期的な対症療法に終始したわけではない。供給サイドからの日本経済の長期的・抜本的な改革を図るべく，90年代半ば以降，「規制緩和」および「構造改革」を加速して，落ち込んだ中期的な成長率のレベルアップを図ってきた。最後に，この間に進んだこうした動きについて，小峰隆夫の分析に依拠しながらみておくことにしよう（小峰, 2003, 2006）。

短期的なマクロ経済運営の問題である「景気問題」は需要サイドから，長期的な構造政策の問題である「成長問題」は供給サイドからアプローチするのが一般的である。したがって，ここではこの「成長問題」を供給サイドから，つまり，労働・資本・技術の三つの生産要素から考えてみることにしよう。また，構造改革は民間部門の改革と公

まず，1999年度の『経済白書』が指摘したように，この間の成長率の低下は結局のところ，個々の生産要素の利用可能性が低下して生じたものではない。そうではなく，直接的には不良債権の重荷にあえぐ銀行部門の機能不全によって，つまり企業への資金の供給システムの不調によって，また，より大きくは経済全体をとり巻く時代にそぐわなくなった制度的仕組み・慣行によって，そうした生産諸要素が，発展性の高い分野・生産性の高い分野に弾力的に振り向けられず，全体として効率的な経済運営が阻害され，経済全体の生産性（全要素生産性）の向上が達成されなかったことによると考えられる。つまり，三つの生産要素のうち，広い意味の技術（経済全体の生産性）にこそ問題があったのである。そして，このネックを解消すべくつづけられてきた政策努力こそが，「構造改革」であり，「規制緩和」であった。

リストラクチャリング

こうした改革の努力は，民間部門ではいわゆる「リストラクチャリング」として進められた。まず，労働については，産業間・企業間の労働移動を活発にして，低生産部門から高生産部門へと労働力をシフトして（企業および経済全体の）生産性の向上を図るべく，従来の長期安定的な「日本型雇用慣行」の見直しが急速に推し進められた。つまり，終身雇用・年功序列賃金・企業内人材育成に代わって，中途採用や外部資源の活用（派遣・契約・業務請負・パート），成果主義賃金，企業外資格の重視などが進められ，全労働者の3分の1を非正社員が占めるなど，労働力の流動化が大きく進められた（高度成長期の大規模な離農に替わるものとして！）。つぎに，資本については，雇用・設備などの「減量経営」が図られたのは言うまでもないが，それだけでなく，発展性や採算性の乏しい事業分野の見直しや企業同士の提携や合併が精力的に推し進められた。そうしたなか，従来のようにメインバンクと企業グループの長期的な関係のなかで，追い貸しを受けながら問題

企業の再建を図るやり方に代わって、産業再生機構などを利用しながら、ドラスティックに企業の処理・再生を図るやり方がとられるようになった。そして経済全体としては、新しくベンチャー企業・ファンドの立ち上げが精力的に進められた。つまり、資本効率の低い部門・分野から、高い発展性のある部門・分野への経営資源のふり替えが急速に進行したのである。そして技術については、IT化によって生産性の向上が図られただけでなく、すでにみたように、結果として生産要素の新たなふりわけによる全要素生産性の向上が図られたのである。

規制緩和

つぎに、公的部門の構造改革については、いわゆる「小泉改革」、そして安倍政権によるその継承として現在も進行中であるが、これは大きく「規制緩和」と「財政改革」にわけて考えることができる。まず、「規制緩和」については、すでに第二次行革審（1987～89年）、第三次行革審（1990～93年）で着手されていたのだが、三次にわたる規制緩和三カ年推進計画（95年、98年、01年）によって大きく加速された。「官から民へ」「事前規制から事後チェックに」「結果の平等から機会の平等へ」のスローガンのもと、6分野（高度情報通信・物流・金融・土地住宅・雇用労働・医療福祉）の規制緩和が、精力的に推し進められたのである。そうした政策を一貫して流れるのは、つぎの三つの原則である。ひとつは、市場原理の貫徹・競争の促進による経済の活性化である。日本経済の進路の決定は、横並びの従来のような先進国のキャッチ・アップによるのではなく、市場をつうじた自由な競争とリスクテイキングの自由に任せられるようになったのだとも言える。二つ目は、業種や国境を越えた競争の確保である。従来の参入規制や価格統制は撤廃されるとともに、業種・業態・国境を越えた厳しい競争を確保することによって、経済の効率化が図られたのである。三つ目は、この競争に敗れた弱者への別個の対応である。そこでは、「経済活

動・資源配分には規制緩和による市場原理の活用を」「経済的弱者には弱者への対策（セーフティー・ネットの整備）を」，という「政策割当て」による対応がめざされたのである。これらの原則によって，生産諸要素の効率的な配置を妨げる旧来の制度・慣行がつぎつぎと取り除かれることとなった。

財政改革・金融改革

つぎに，「財政改革」について。これは長くつづいたデフレ対策のなか国債発行によって積みあがった，605兆円にものぼる膨大な財政赤字をいかにして削減するかという問題であり，まさにわれわれが現在，最大の課題として直面するものである。この財政赤字が「経済成長」にとって問題となるのは，つぎの2点においてである。ひとつは，それが「負の貯蓄」となり，国内で形成された貯蓄を国債が吸い上げることによって，他の生産的な分野への投資を減少させてしまう点である。結果的にはこうしたかたちで，経済成長にマイナスの作用を及ぼすのである。いまひとつは，条件次第では財政赤字が経済規模に比して無限に拡大してゆく（発散する）可能性がある点である。そのばあい，財政そのものの機能が失われてしまって，成長どころの話ではなくなってくる。こうしたことが起こるかどうかは，財政ニーズを税収で賄えるかという「プライマリ・バランスの状態」と，公債残高の増加率が名目GDPの増加率を上回らないかという「名目成長率と長期金利の相対関係」の二つによって決まる。(6)このいずれにおいても，日本は主要国中最悪の状態にあり，日本の財政は二重の意味で「維持可能性（サステナビリティ）」がない。つまり，破綻の淵に立たされているのである。そして2002年度以来，政府の経済財政諮問会議は「構造改革と財政の中期展望」を策定し，「2010年代初頭にはプライマリ・バランスを黒字化する」こと，また「2006年度には名目成長率が長期金利を上回る（つまりデフレから脱却する）」ことをめざしてきた。

金融については，日銀が2001年以降は「ゼロ金利政策」を，また

2002年以降は「量的緩和政策」を最近までとってきた。前者では主に企業の金利負担の軽減と銀行の収益改善をつうじて、また後者では主に金融不安の回避をつうじて、デフレからの脱却が図られてきたのである。公的部門に準ずる民間金融部門についても、りそな銀行を嚆矢として、1998、99年と大手都市銀行に公的資金を投入して不良債権の処理をバックアップして、間接金融の機能不全（信用仲介機能の損壊、企業への新規投資の低迷、非効率部門への資源の残存）の解消を図った。それとともに、ベンチャー企業を育成すべく、ジャスダックやマザーズなど新興株式市場（直接金融による新たなリスクマネー供給システム）を立ち上げてきたのは記憶に新しい。以上、日本の金融システムの再生を図るべく、業態間の相互参入拡大、ストックオプション制度の導入、ルール型行政への転換など、いわゆる「日本版ビッグ・バン」が進められたのである。これらはいずれも、自由な競争をつうじた資金の提供によって、経済の発展分野を弾力的に創造するための体制づくりであった。

規制緩和の経済効果

　こうした「規制緩和」によって、供給サイドからみてどの程度、成長率を押し上げる効果が生まれたのだろうか。計量モデルによる計測によれば、それは1998～2003年度の経済成長率を、年平均0.9％程度高めたとされる。産業間の非効率的な資源配分を改善することによって、また産業内の競争を活発化させることによって、とりわけ「金融、物流などにおける生産性の向上」や、「物価の低下による実質所得の向上」や、「情報通信産業などにおける新規設備投資の誘発」などをつうじて、この数字は達成されたものである（小峰、2003：291）。ちなみに個別産業に目を向けてみれば、たとえば電気通信業のばあい、1986～99年度における全要素生産性の上昇7.1％のうち3.4％は規制緩和の効果だとされ、また事実、競争激化によって、同一業種内における非効率的な時代遅れの会社の残存を示す企業間の「生産性のばらつ

き」も，顕著に縮小したのである。

こうした努力の結果，長くつづいたデフレ経済からの脱却が，ようやく現実のものとなりつつある。少子高齢化という大きなマイナス要因はあるものの，順調にいけば今後，2～3％の潜在成長率が期待されている。2001年度の『経済財政白書』によれば，その内訳は労働投入の寄与が0％ないし若干のプラス，資本投入が1.5％程度，技術（生産性）が0.5％程度となっている。

規制緩和と経済格差の拡大

しかしながら，規制緩和によってこうした経済効果がもたらされると同時に，他方ではその弊害ともいうべき経済格差の拡大という事態もまたもたらされた。これを，橘木俊昭と大竹文雄の分析によってみていくことにする（橘木，1998，2006；大竹，2005）。

まず，経済格差の拡大を示す数値としては，所得格差の程度を表すジニ係数の上昇や，貧困者の割合を表す相対的貧困率の上昇があげられる。たとえば，ジニ係数については厚生労働省の「所得再分配調査」によれば，所得から税金や社会保険料を差し引き社会保障給付を加えた「再分配後所得」でみたばあい，1981年の0.314から2002年の0.381と相当な上昇をみており，かつては先進国のなかで中位グループにあったものが，現在ではアメリカ，イギリスと並んでもっとも不平等度の高いグループに属するようになっている。また，相対的貧困率についてもOECDの調査報告などによれば，1980年代半ばの11.9％から2000年の15.3％へとかなりの増加を示し，現在では先進国のなかでアメリカ，アイルランドにつぐ第3位の貧困率となっており，4～6％台にとどまる北欧諸国ときわだった対照をみせている[7]。こうした数値については，もともと格差が大きく出る高齢層の急速な増加（高齢化）と，所得の少ない単身世帯の増加によるという，「格差見かけ論」からの指摘があり（大竹，2005），これはおおむねあてはまる。しかしそれだけではない。大竹も認めるように，生涯所得の格差を比

較的正しく反映する「消費格差」でみたばあい，50歳未満層とりわけ若年層において格差が拡大しているのが観察される。ちなみに，年齢別の相対的貧困率でいえば，もっとも高い高齢者につぐのはこの若年層であり，しかも，70歳以上の高齢層の貧困率が1995年の31.6％から2001年には25.3％に低下しているのにたいして，逆に29歳以下の若者のそれは20.7％から25.9％へと5.2％も急上昇しているのである。

　こうした若年層や壮年層における経済格差の拡大の原因のひとつとして浮かび上がってくるのが，この間に進められた「規制緩和」と「構造改革」である。確かに「規制緩和」「構造改革」によって経済の効率化・活性化が進んだことは間違いない。しかし同時にリストラや，とりわけ若年層を襲った厳しい就職難・失業がもたらした所得ショックによって，また派遣労働の職種拡大や期間延長などの「労働市場の規制緩和」によって（あるいは，タクシー業界にみられるような企業参入の自由化によって），1995年から10年間で正規労働者は400万人減る一方，非正規労働者は630万人も増えるなど，不安定で低賃金のワーキング・プアが大量に生み出されたことも間違いない。こうした経済格差の拡大を，賃金決定方式における平等主義的な「春闘方式」の終焉や，不平等を生みやすい「成果主義賃金」の普及，それに所得税や相続税の累進度を下げる「税制改革」や，逆進的な社会保険料の増額と社会保障給付の削減（「福祉の見直し」）などが増幅したこともまた事実である。いずれにしろ，「規制緩和」「構造改革」の負の遺産として，経済格差が拡大したと言えよう。そして後ほどみるように，こうした「結果の不平等」は，世代間で継承される教育格差をつうじて，「機会の不平等」へと転化しつつあるとも考えられるのである。

◉注
(1) 自然成長率とは，「労働を完全雇用したばあいの経済成長率」であり，「労働供給量の伸び率と，技術進歩による一定の生産に必要な労働量の減少分である，労働生産性の上昇率の和」で示される。また，保証成長率とは，「資本を完全利用したばあいの経済成長率」であり，「生産額に占める投資（資本ストック

分の増分）の割合である投資率を，一定の生産に技術的に必要な資本の量を示す必要資本係数で割ったもの」つまり「投資によって可能になる生産の伸び」で示される。また，「投資は貯蓄によって支えられる必要」があり，だから保証成長率は，「貯蓄率を必要資本係数で割ったもの」でもある。こうした「自然成長率と保証成長率は必ずしも一致しない。また実際の成長率が，需要の短期的変動によって，両者のいずれからも乖離することもある。この乖離は，経済変動の原因となる」のである（金森久雄・香西泰編『日本経済読本　第11版』東洋経済新報社，1989年，26～27頁）。ただし，最近ではこうした自然成長率・保証成長率の代わりに，過去の平均的なレベルで資本や労働が投入されたばあいのGDPを基準にとることが多い。というのは，資本・労働をフル稼働させた状態，つまり能力を最大限利用しているようなとき経済は過熱状態にあり，基準としては高すぎるからである。

(2)　それはたんに金融緩和による景気浮揚を目的とするだけでなく，不良債権の重圧にあえぐ銀行救済の意味あいも併せもつものであった。

(3)　あるいは，その後2002（平成14）年からつい最近にいたるまで，日銀当座預金口座をつうじて，銀行など金融機関に過剰なマネーを供給する，史上例のない「量的緩和政策」がつづけられてきたのは記憶に新しい。

(4)　これを企業レベルの動きでみれば，「企業は，含み益の取り崩しに頼ることがもはや困難になったことや，会計基準の国際化の流れのなかで，それまでの市場シェア・企業規模重視の姿勢を改め，収益性を重視するようになり，雇用，設備，債務の『三つの過剰』を解消すべく『リストラ』の動きを強めた」ということになる（金森・香西・大守編，2001：21）。

(5)　「成長会計」の手法で用いられる考え方で，「経済成長のなかで，労働，資本などの生産要素の投入量の増加では説明できない部分。技術進歩のほかに，規制，行政の効率性などさまざまな要因が影響していると考えられる」とされる（金森・香西・大守編，2004：33）。

(6)　なぜなら，「プライマリ・バランスが均衡しており，名目成長率と長期金利が等しいばあい，公債残高のGDP比は，一定水準に収斂し，発散することはない。分子の公債残高は，金利分だけ増加する一方で，分母のGDPは名目成長率で増加する」からである（小峰，2003：242）。

(7)　ジニ係数とは，格差や不平等を計測するためにイタリアの統計学者ジニが考案した係数で，「人びとが完全平等にいる時が0，逆に完全な不平等にいる時は1となり…，したがって，数字が大きくなって1に近づくほど所得分配の不平等度が高いということ」になる（橘木，2006：8）。また相対的貧困率とは，「他の人と比べてどの程度所得が低いかということに着目」した数値で，「その国の平均的な所得（「中位所得」）の50％以下しかない人を貧困者と定義」して，「国民のうち何％が貧困者なのか」を表した数値である（同：16, 23）。

● 引用・参考文献

[1] 伊藤隆敏・H. パトリック・D. ワインシュタイン,祝迫得夫監訳『ポスト平成不況の日本経済』日本経済新聞社,2005年。
[2] 大竹文雄『日本の不平等』日本経済新聞社,2005年。
[3] 金森久雄・香西泰・大守隆編『日本経済読本　第15版』東洋経済新報社,2001年。
[4] 金森久雄・香西泰・大守隆編『日本経済読本　第16版』東洋経済新報社,2004年。
[5] 小峰隆夫『最新　日本経済入門　第2版』日本評論社,2003年。
[6] 小峰隆夫『日本経済の構造変動』岩波書店,2006年。
[7] 橘木俊昭『日本の経済格差』岩波新書,1998年。
[8] 橘木俊昭『格差社会　何が問題なのか』岩波新書,2006年。
[9] 浜田宏一・堀内昭義『論争　日本の経済危機』日本経済新聞社,2004年。
[10] 文春新書編集部編『論争　格差社会』文春新書,2006年。
[11] 宮崎義一『複合不況』中公新書,1992年。

● 第 3 章 ●

社会構造はどう変わったか

　現在こそ回復軌道に乗ったとはいえ，バブル崩壊以降，「失われた十年」と言われるように，景気はながらく低迷しその回復は遅々として進まなかった。しかしながら，基本的にはここにみた高度成長あるいはその後の持続的成長が，日本の経済を先進国のトップレベルにひきあげたのは間違いない。そればかりか，技術革新の進展と産業構造の高度化をつうじて，そして直近では急速に進んだ規制緩和と構造改革をつうじて，経済の構造変動は，社会の構造をも大きく変えざるをえなかった。ひと言でいえばそれは，農村型の社会から都市型の社会へ，そしてさらには高度都市型の社会から格差型社会への変貌として特徴づけられよう。あるいは，明治維新によって西欧化への道を歩み始めた日本の社会が，最終的にその過程を完了し，つぎの新たな行程を歩み始めたのだとも言うことができよう。それをもっとも端的に表しているのは，日本の農業人口が5割を超すラインから一挙に1割のラインを大きく割りこむにいたった事実と，サービス産業の人口が3割から6.5割へと急増した事実であり，さらには非正社員の比率が全労働者の3分の1を超えたという事実であろう。これを社会構造の変動としてとらえるならば，さらにこまかく，職場・学校・地域・家庭という四つの生活集団の構造変動，すなわち，企業合理化・高学歴化・都市化・核家族化の四つにわけて考えていくことができる。これらの変化をそれぞれ，高度成長期の変動と，それ以降の変動，そして現在の動向の三つにわけて対比させるかたちで明らかにしてみることにしよう。

1　職場の変化──企業合理化とその現在

企業合理化の現在

　まず，職場の変化としての企業合理化についてであるが，これには高度成長期とそれ以降のものとさらに現在のものとを区別しなければならない。企業合理化とは，企業がシュンペーター流の技術革新（イノベーション・新結合）をおこなうことによって品質の向上と生産性の向上を図り，結果として企業収益の増大をめざすことに他ならない。が，高度成長期とそれ以降では，市場ニーズの変化と ME（マイクロ・エレクトロニクス）技術革新の進展にともなって，プロダクト・アウト的な少品種大量生産方式のもとでの合理化から，マーケット・イン的な多品種変量生産方式のもとでのそれへ（テイラー・フォーディズム体制からリーン・柔軟生産体制へ），という大転換がみられるのである。そして現在ではさらに，後発国の追い上げと社会主義崩壊後のグローバル・メガ・コンペティションという，国際的な企業競争の激化にともなって，こうした多品種変量生産方式の修正としての合理化（「完結型ライン生産」「セル型生産」体制へ）が進められている。

　すなわち，高度成長期には，基本的には物不足の成長段階期の経済に相応する未分化な市場ニーズに対応して，分業の効果にもとづいた少品種大量生産方式のもとで，規模の利益を追求する合理化が盛んにおこなわれた。各種の専用自動加工機とトランスファーマシンやベルトコンベアシステムといった搬送装置を結合し，各工程の生産を自動化・同期化することによって，あるいは設備を大型化することによって，画一的な製品をより安価に大量に生産することがめざされたのである。当時の自動車産業や鉄鋼・石油化学の装置産業で実現された，量産化の進展がコスト削減に直結することを示す，シルバーストーン曲線（ラーニング曲線）型のスケール・メリットが有名である。

　しかし，高度成長以降，二度にわたるオイル・ショックと円高不況

をのりきる過程で，新たなかたちの合理化が進行した。つまり，物過剰の成熟段階期の経済に相応して多様化・個性化する市場ニーズに対応して，ME技術革新にもとづいた多品種変量生産方式のもとで，「リーン生産システム」ないし「FMS（柔軟生産体制）」の効果を追求する合理化が急速に進行したのである。そこでは，これまでの専用機を汎用機におきかえ，またこれらの機械に情報処理機能をもたせて，製品仕様の変更や作業の変化にたいして，機械の制御情報をいれかえるだけでフレキシブルに対応できるシステムをつくりあげた。これをささえたのは，ムダを排除するための究極とも言える，プル式ジャスト・イン・タイムによる部品管理である。そして，そうした生産システムを販売システムと統括するCIM（コンピュータ統合生産・販売）体制を完成させることによって，刻々変わる市場ニーズに対応して，多様な商品を適時適量ずつ，しかも安価に提供することに成功したのである。自動車産業の混流生産方式，とりわけトヨタ自動車の「かんばん方式」の成功や，花王の「新生産情報システム」の構築が有名である。

しかしその後，世界経済の自由化・開放化と，欧米企業のジャパナイゼーションとアジア後発国によるキャッチ・アップという外的競争条件の変化，およびバブル経済崩壊と超円高による日本的生産システムの高コスト構造への質的転化は，両者あいまって日本企業の構造的なシステム修正を迫ることとなった。一方では，雇用労働力の流動化と成果主義賃金の導入，部品の共通化など過剰なフレキシビリティの削減，割安な海外現地生産の展開と国内下請け企業の大規模な削減などによって，コストの大幅な削減が図られたのである。また他方では，いっそうの作業能率の向上と労働の達成感をもとめて，自動車産業や家電メーカーなどの製造現場を中心にして，一本のベルトコンベアにそった流れ作業ではなく，機能別の「完結型ライン」の組み合わせやコンベアを撤去した「セル（工房）型生産」システムのもとで，一連の組み立て工程を「組」や個人に任せるという新たな合理化が推し

進められた。それは生産性の向上を，これまでの標準化と強制性を特色とする「分業」の機能よりも，個性化と自律性を特色とする「熟練」の機能に依拠して達成する，新たな生産システムを築く試みであるとも言えよう。トヨタ九州工場の「完結型ライン生産方式」や，松下やシャープなど精密機器部品や電気部品の組み立て現場にみられる，ベルトコンベアを撤去した「セル型」生産システムがその代表である。

企業合理化の帰結

　こうしたなかで，企業合理化が労働者の職場生活におよぼす影響にも，これら三つの時期のあいだで大きな変化がみられるようになった。すなわち，高度成長期の規模の利益をもとめる合理化においては，製造ラインのスピードアップとそれに対応する単能工としての能力の向上が追求された。したがって，作業の標準時間が設定され，IE（インダストリアル・エンジニアリング）部門による徹底した要員査定・削減と社外工化が図られたのである。しかしながら，労務管理の基調は，右肩上がりの成長を背景に依然として年功序列・終身雇用制にあり，職場社会の変化も，基本的には熟練技術を軸とする親方―徒弟的な旧職場社会の解体と，それに代わる近代官僚制的な職場組織の成立としてとらえることができよう。ひところ喧伝された，首までどっぷり会社に漬かるいわゆる「企業社会」の成立であるが，それは労働者にとって，電産型の生活保障型賃金に裏づけられたリストラの心配などない，まだまだ牧歌的な職場であったと言ってよい。

　しかし，高度成長期以降の情報革命にもとづく合理化においては，メカトロ化の推進とコンピュータ情報通信網の形成によって，リーン生産方式ないし柔軟生産体制のもとに，これまで以上に徹底した生産リードタイムの短縮と在庫の圧縮が図られた。労働者にたいしても，多能工や多台持ちとしての能力，およびME技術労働やIT労働への適応力がもとめられたのである。したがって，職場においては，製造部門や事務部門のスリム化と研究開発部門・営業部門の増強という

「キセル化」現象や，中高年者やこれまで手をつけられなかったホワイト・カラーを中心とする出向・転籍・勧奨退職の増大，あるいはキーボード・VDT（ビデオディスプレイ端末）労働の拡大などが起こった。そして，こうした職場の変化にともなって，労務管理の基調は「能力主義」管理へと大きく転換したのである。労働者にはME技術やITの駆使能力がもとめられ，これを軸とする広範な人事考課・査定制度と選別・配転・首切りがおこなわれて，「同期同時昇進」の慣行が崩れ始めた。それとともに，柔軟生産体制下では不可欠となるTPM（総合生産保全）などの職場小集団活動が，選別にともなう事務職員・技術者・労働者の不満を未然に防ぐという面からも，強力に推進されたのである。要するに，多品種化と大量生産を統合する「柔軟生産体制」は，柔軟性と生産性の結合によって，フォーディズムを超える新たな日本型生産システムとして世界を席巻した。がしかし，それは従来のテイラー＝フォード・システムよりさらに過密な労働にもとづく，「ウルトラ・フォーディズム」であったと言ってよい。こうして出現した職場社会とは，かつて存在した牧歌的な年功序列型の「企業社会」とは大きく異なっている。それは，ムダを極限にまで排除した息をつく暇もない，広い守備範囲のなかでいささかのミスも許されない，最大限の創意工夫をめざした熾烈なふり落とし競争が，かつてに比べてかなり早い段階から開始される，要するにきわめてシビアな能力主義型の「企業競争社会」であった。

　さて，その後のグローバリゼーションと超円高，そしてバブル崩壊後のデフレ不況のなかで，高コスト構造に転化した日本の経済システムの修正としての企業合理化が強力に推し進められた。それはぎりぎりまでのコスト削減をもとめて，これまでにない雇用の流動化と成果主義賃金の導入を特徴としている。つまり，一方では同期同時昇進の対象となる正社員採用を抑えて同時昇進の適用期間も短縮するとともに，その多くを最初から契約社員やパート・アルバイトなど非正社員として採用する，あるいは，アウトソーシングのなかそれらを有期・

間接雇用の派遣社員や請負社員に置き換える,というかたちの合理化が進展したのである(確かに近年の景気の回復につれて,熟練の継承が不可能なこうした非正社員化を見直して,正社員に再転換する動きも出ている。しかし,モデルチェンジの激しい製造業現場では,作業の転変や多寡に柔軟に対応するために,若年フリーターや女性を必要なときに必要なだけ安く雇う,いわば「人材のかんばん方式」としての非正規労働力は不可欠とされる)。雇用を長期継続雇用型の「長期蓄積能力活用型グループ」,長期雇用を前提としない「高度専門能力活用型グループ」,流動化させる雇用者からなる「雇用柔軟型グループ」の三つにわけ,これら三者の最適な組み合わせとして雇用を管理するという,旧日経連が1995年に提唱した「雇用ポートフォリオ」こそは,そのバイブルとも言えよう。その結果,現在では若者や女性を中心に全労働者の3分の1を,こうしたキャリア・パスのない使い捨ての非正社員が占めるようになっている。そして,スリム化された正社員層のほうもとくに青・壮年層を中心に職務が激化し,過労死や過労自殺や精神障害が多発する状況となっている(→「雇用破壊」!)。そしてまた,他方ではコスト削減努力のもうひとつの柱として,ほとんどの企業で年俸制や目標管理などのかたちで成果主義賃金が導入された。それは年齢や勤続を重視する高度成長期の長期決済型の年功主義賃金や,職能の形成を重視するその後の中期決済型の能力主義賃金とは違って,その時どきの業績や成果に応じて賃金が上下する,定昇のない短期決済型の新しい賃金体系である。これは役職定年制や任期制とも連動して運用され,人件費をこれまでのように固定費ではなく,変動費と考える賃金抑制の最大手段として急速に普及した。つまり,正社員の非正社員への置き換えによる大幅な労働コストの削減だけでなく,正社員についてもとりわけ大企業の大卒男性ホワイトカラー層で,成果主義の導入というかたちで社員間の格差を拡大しつつ総賃金の抑制が図られたわけである。こうして実現した職場とは,まさに処遇と賃金をめぐって正社員と非正社員のあいだで,また正社員のなかでも大きな格差が開いてゆく,厳し

い「企業内格差社会」であったと言えよう。[1]

2　学校の変化——高学歴化とその現在

高学歴化の現在

　つぎに，学校の変化としての高学歴化についてであるが，これについても高度成長期とそれ以降のものとでは大きく様変わりしている。ちなみに高学歴化とは，経済成長の基本的要因たる技術革新を推し進めるための技術者養成の必要性と，社会的地位の上昇のために学歴をもとめる国民のニーズがマッチして，高等教育人口が拡大することに他ならない。が，高度成長期とそれ以降では，高等教育人口の拡大から飽和へという変化にともなって，「集合主義的」な能力競争にたつ高学歴化から，「個人主義的」な能力競争にたつ高学歴化へ，（後期選抜型から早期選抜型へ）という大きな変化がみられるのである。そして，現在では急速に進んだ少子化を背景として，さらにそうした学歴をめぐる「個人主義的」な能力競争の「二極分化」という新たな現象（少子化と「ゆとり教育」による全体としての学習離れと，家庭の階層差による「意欲格差」の拡大＝マジメ派とヤンキー派への二極分化）が進みつつある。

　すなわち，高度成長期には，海外の先進技術を導入して日本経済の技術革新をすすめるべく，当時の日経連の要請を受けるかたちで，文部省が「人的能力開発政策」をとった。理数系科目内容の高度化と，理工・経営系を中心とする大学の拡充がおこなわれたのである。この政策は，所得水準の向上いちじるしい国民に生じた進学熱にささえられて成功し，高校と大学の進学率は飛躍的に高まった。具体的に科目内容の高度化としては，学習指導要領が1958（昭和33）年（戦前なみの学力水準の回復を唱える「系統学習」カリキュラム）と，1969（昭和44）年（スプートニク・ショックに対応した「現代化」カリキュラム）の二度にわたって改訂された。また，理工系高校・高専・大学・大学院の大幅な新設と増員が図られ，高校進学率は5割から9割へ，大学進学率は1

割弱から3.5割へと大きく伸びた。いわゆる高校の「準義務教育化」と,大学の「大衆化」が生じたわけである。が,社会全体の高等教育人口の不足もあって,この時期の進学競争ないし能力競争は,社会の必要によって選別が正当化される「集合主義的」なものであり,比較的遅い高校入試段階ではじめて選別の生じる「後期選抜型」のものであった。

　しかし,ほぼ高校全入の状態となり,大学進学も飽和状態に達した高度成長末期以降は,能力主義教育についていけない大量の子どもたちが生じ,彼らの「反乱」(校内暴力・いじめ・中退・不登校)が問題化した。これにたいしては管理教育が徹底される一方で,「詰め込み教育」批判もまた起こった。1977(昭和52)年には再び学習指導要領が改訂され,主要科目の授業時間と授業内容の削減を内容とする「ゆとり教育」が実施されるにいたったのである。だがこの試みは,カリキュラム水準の維持という文部省の矛盾した意志によってむしろ授業の難化を招いてしまい,授業についていけない子どもたちの大量発生による学校のいっそうの荒廃がすすんだ。そして,「荒れる公立校」を嫌い,進学に不安を感じる父兄と小学生たちが,進学塾と私立中学という進路を選ぶにおよんで,それは失敗の様相を色濃く呈した。こうした流れは,高等教育人口の飽和状態のなかにあっては,選別が能力ある個人の権利として正当化される「個人主義的」な能力競争が,つまりは競争の前倒しとして中学準備・入学段階から選別がすすむ「早期選抜」型競争が進むことを意味したのである。

　その後,こうした事態に危機感をつのらせた文部省は再び,1989(平成元)年に指導要領の改訂をおこない,いわゆる「七五三」といわれる「(高・中・小の)授業のわからない子ども」の解消をめざして,授業内容の精選と学校五日制への段階的移行による「ゆとり教育」のいっそうの徹底を図った。そして,理想主義的な「子ども中心主義」を標榜する「新しい学力観」にもとづいた教育を順次実施に移した。小学校では従来の「教師主導の講義形式の授業」を「知識の詰め込

み」だと斥け,「体験学習」「テーマ・課題探求学習」「グループ学習」など子どもたちの自主的・内発的な学習活動を重視するようになった。とりわけ,「理科」と「社会」両科目の生活体験との結びつきを重視し,小学1・2年ではこれらの教科を廃止・併合して,「生活科」の科目が新しく設けられた[(2)]。こうした改革の底流をなしていたのは,大きくいえば,「授業のわからない子ども」を生んだ知識・技術中心の従来の「新幹線授業」の対極としての,生徒の「興味,関心,意欲」の育成を強調する「新しい学力観」にもとづく教育(教授法・評価法の革新)ということになる。しかしそれは,「基礎的・基本的な内容を含め,知識を教え込むことは好ましくない」「子どもへの働きかけは『指導』ではなく『支援』でなければならない」として,従来の講義形式の教育を否定して子どもの自発的な意欲を重視する面が偏って強調され,小学校を中心として現場の混乱を招くことになった。そして,子どもたちは従来のような系統だった知識の授受や習熟から疎外されたまま,授業時間の削減によりふえた自由時間を使ってテレビやテレビ・ゲームに耽るなど,公立校における「学習離れ」と基礎学力の低下が進行していった。その結果,大都市部を中心にして公立校離れがさらに進み,父兄の中高一貫の私立や国立進学校への進学熱にいっそうの拍車をかけたのである。しかしながら,こうして進んだ子どもたちの「学習離れ」の実態を踏まえないまま,「ゆとり教育」の理想の完成をめざして,1998年から99年にかけて学習指導要領がさらに改訂され,2002年から順次実施に移されるにいたった(「生きる力」の教育!)。週休二日制を完全実施して学校現場に「ゆとり」をもたせ,「熾烈な受験競争」を緩和するとして大学の推薦入試・AO入試の拡大や入試科目の削減を進めるともに,1998〜99年にかけて小・中学校の「授業内容の一律三割減」を決め2002年から実施に移した。「ゆとり教育」の徹底である。学校現場では,知識の習得ではなく自ら考え自ら学ぶ「生きる力」の養成が強調され,その具体化として活動や体験を重視する「総合学習の時間」が小・中・高で新たに設けら

れたのである。この間に大学進学率は約5割へと上限近くまで上昇する一方で、高校受験をする15歳人口が205万人（1989年）から121万人（2006年）へ4割減という急激な少子化が進行し、全体として受験競争の緩和とそれにともなう学習離れが加速した。そして「ゆとり教育」の失敗による基礎学力の低下と、小学校での「学級崩壊」の多発などの実情が報告されるようになった。こうした事態をうけて、理数系の研究者や受験界や教育学者を中心に1999～2001年にかけて激しい「学力低下論争」が展開され、文部科学省も新学習指導要領の範囲を超えた履修を認めるなど、一部修正に応じざるをえなくなった。しかし、父兄たちの「ゆとり教育」の教科内容3割削減にたいするアレルギーは凄まじく、多くの子弟が中高一貫の私立進学校や、各自治体に新設された公立の6年制中高一貫校へ群がるようになった。「早期選抜型」の競争は、公立校を巻き込むかたちでより先鋭化したと言えよう。また他方では、基礎学力のつかないまま落ちこぼれる子どもたちはむしろ増加し、そうした子弟は学校中心の生活から離脱して、バイトに明け暮れたりヤンキー（不良）化するなど、学校以外の場に自信回復を求めるようになった。

高学歴化の帰結

こうした高学歴化の内実の変化にともなって、それが子どもたちに与える影響も大きく様変わりした。すなわち、高度成長期に進行した高学歴化は、増えつづける人材需要を背景に、選別が社会の必要にもとづくものだとしたのである。したがって、その選別自体も従来どおり、高校入試という比較的遅い段階でのそれを許容するものであった。「中学校までは一部の者を例外としてほとんどは公立学校に通い、差の少ない平等な教育をうける。しかし高校からは競争が厳しくなり、有名大学への進学は有名高校のあいだでのふり落とし競争になる。偏差値の低い高校からの有名大学進学の逆転リターンマッチも少なくなる」、という選抜パターンである（竹内, 1988: 107）。こうした「長期

間をかけた選抜」のもとでは，同期意識が強くなり，「生徒たちは……入試という共通の敵にむけて互いに切磋琢磨し……，有名学校に合格した者は，学校の名誉をたかめる者とみられる」という，日本特有の「協調的競争」が可能だったのである（同：47）。

しかしながら，高度成長期以降の高学歴化では，人材供給の飽和状態を反映して，選別は有能な個人の権利だとする風潮をつよめた。そして，公立中学の荒廃と受験に不適なカリキュラムへの不安とがあいまって，都市部を中心とする国民のあいだに，進学に有利な私立中学をめざした早い段階での進路選択が広がったのである。「機会の平等幻想を従来のように長引かせるよりも，むしろ早い時点での教育的選抜によって，機会の平等幻想を断ち切る」，という選抜パターンである（同：51）。こうした「早くからエリートと非エリートを選別するシステム」のもとでは，同期意識は育つべくもない。しかも，能力主義がむき出しとなって，「協調的競争」が崩れる。そこでは，「エリートと一般成員のあいだには羨望や嫉妬，敵意がうずまいている」という，赤裸々な「サバイバル競争」が支配的となったのである（同：109）。

そして，現在ではそうした「サバイバル競争」の結果としてさらに，高学歴化にたいする子ども・父兄たちの態度の「二極分化」ともいうべき現象が進行しつつある。すなわち，少子化による受験競争の緩和にもかかわらず，そしてまた文部科学省による一連の偏差値追放や入試負担の軽減などの競争緩和措置にもかかわらず，全体としての子どもたちの「学習離れ」という流れのなかにあって，いわば「勝ち組」のあいだの局所化された競争の早期化・激化と，そうした競争からの「負け組」の早い段階での静かな退場という現象である。一方においては経済的・文化的資源に恵まれた階層では競争のいっそうの早期化と激化が，他方では資源に恵まれない階層では学校をつうじた成功物語から降りてしまう，否あえて降りることによって自己の有能感の回復を図るというように，「二極分化」が進みつつあるのだ（文科省が進

めた基礎学力を軽視した「新しい学力観」教育の弊害は、とりわけ資源に恵まれない層を直撃するという皮肉な結果を招いている)。選抜のより早期化と、それ以降の「サバイバル競争」の激化である。苅谷剛彦の言うこうした「意欲格差」の拡大のもとで、「協調的競争」の復活など望むべくもない。

3　地域の変化——都市化とその現在

都市化の現在

さてつぎに、地域の変化としての都市化についても、やはり高度成長期とそれ以降とでは大きな違いがみられる。都市化とは、産業化にともなって都市とりわけ巨大都市へ機能と人口が集中し、都市生活がますます高度化することを意味する。が、高度成長期からそれ以降にかけては、過密化の進行によって、巨大都市の外部経済が外部不経済へと転化するにいたった。それにともなって、東京・大阪・名古屋の三大都市圏への急激な機能集中と人口移動のみられた「都市化社会」の時代から、移動が止まり定住化の進んだ「都市型社会」の時代へと、都市化の内容自体が大きく転換したのである。そしてバブル期の東京一極集中と大都市インナーエリアの住民空洞化の時期をはさんで、情報化の進行する現在ではバブル崩壊後の大幅な地価の下落とともに、都心部新築マンションに郊外から人口が逆流するなど、「再都市化」の時代が始まったとも言われる。

すなわち、高度成長期には、金融・市場・労働力・交通など外部経済に恵まれた既存の大都市を中心に、産業化が急速にすすんだ。そうした大都市では、人口と機能の集中によって都市生活が高度化する（集積の効果）とともに、さらに社会全体としては、都心部での過密化と農村部での過疎化が同時に進行した。もちろん、こうした「富める都市・疲弊する地方」の構図を是正し、また過密・過疎問題の解決を図るべく、政府は「全国総合開発計画」(1962年) や「新全国総合開発

計画」(1969年) を策定・実施した。前者では，拠点開発方式にたって，新産業都市や工業整備特定地域の地域開発を推し進め，後者では，大規模プロジェクト方式にたって，新幹線や高速道路の敷設など交通・通信網整備によるネットワークの形成が図られたのである。しかし，これらの施策はかならずしも所期の目的を達成することができず，むしろ整備された交通・通信網が，地方からの人口流出の呼び水となる逆効果をすら生んだ。

　しかしながら，こうした離村向都の動きも，昭和30年代後半をピークに鎮静化にむかった。高度成長の終わった1973 (昭和48) 年頃を境にして，過密の不経済とスプロール化などをつうじてむしろ転出超過に転じた巨大都市では，周辺部の「郊外化」のもとで徐々に定住化がすすんだのである。もちろん，政府のがわでもこうした動きを受けて，「コミュニティに関する対策要綱」(1971年) から，「第3次全国総合開発計画」(1977年) を策定した。前者では，モデル・コミュニティ設置によるコミュニティ (近隣社会) づくりが各地でめざされ，また，「定住構想」をかかげ「大都市切り捨て計画」とまで呼ばれた後者では，居住環境の総合的整備による定住化がめざされたのである。だが，「地方の時代」のかけ声のもとに展開されたこうした施策の内実は，補助金行政のもと地方自治体による「コミュニティ・センター」づくりとそのための形ばかりの組織づくりに終始し，なによりも大都市のコミュニティ崩壊問題には手がつけられないという欠陥をかかえていた。ともあれ結果的には，(地域社会の共同性の再構築に失敗してしまったことはさておき) 大都市や地方中核都市での人口の定住化そのものが進んだ一方で (Jターン現象)，農業の衰退のなか経済的基盤を欠く過疎地域では，人口減少をおし止めることはできなかったのである。

　こうした状況が急転するのは，財政危機が進行し，貿易摩擦が激化した昭和50年代後半以降である。行財政の改革と内需の拡大が叫ばれ，当時の中曽根内閣のもと，民間活力導入による大都市開発の方向がうち出された (「今後の経済対策について」1983年)。こうした方向は，お

りから進行した日本経済のグローバル化・情報化にともなう東京の「世界都市」化とあいまって，再び東京への人口と機能の突出した集中がもたらされたのである。東京への大企業とりわけ日系多国籍企業の中枢管理機構の集中や，東京での本社機能を支援する対事業所サービスの成長集積などが，その内容としてあげられる。「第4次全国総合開発計画」(1987年) は，その集大成ともいうべきものである。そこでは，これまでの地域開発計画とは違って，はじめて東京の開発が真正面からうち出されるとともに，もう一方の「多極分散型国土」の看板も，実質的には東京一極集中の受け皿づくりの意味しかもちえなかった。こうした政策によって，東京都心の地価は思惑も含んで高騰し，地上げが横行するなかでいわゆる「土地バブル」が始まり，それは全国大都市に波及していった。地上げによって都心住民は郊外に流出し，オフィスと虫食い状態になった都心部では夜間人口が急減する「インナーエリア」問題が，郊外では都心に通勤して夜間しか居合わせない「定時制住民」問題が生じた。また，バブル経済のもと，3K労働を中心に極端な労働力不足が生じ，不法・合法さまざまなかたちで大量のアジア系・南米系外国人労働者が流入した。彼らは「東海道メガロポリス」各地の木造密集市街地の安アパートに集住して，グローバル化のもと，一部とはいえいわゆる「セグリゲーション」(居留外国人の分離的集住) の問題が発生したのである。だがしかし，こうした流れもバブルの崩壊とともに沈静化し，本来の大都市圏での定住化の方向が再び主流となった。1998年に制定された (5全総に相当する)「21世紀の国土のグランドデザイン」では，産業政策としての地域開発政策から地域の個性や自然環境を踏まえた地域政策への転換が図られ，それは2002年の「都市再生特別措置法」や「構造改革特別区域法」によって具体化されることとなった。現在，都心部の地価の大幅な下落が，都市計画法や建築基準法の改正など「規制緩和」とあいまって，虫食い状態にあった都心部の再開発によるマンション建設ブームをまき起こし，その利便性ゆえに，いったん郊外に流出した住民層一部の都心

回帰現象を招いている。いわゆる松本康の言う「再都市化」の流れであり，それは「東海道メガロポリス」都心エリア主体の「都市再生緊急整備地域」の指定などと連動している。他方，おなじく「規制緩和」と「地方分権」の流れのなかで，地域の特徴を生かした自立の促進をめざす「構造改革特区」の指定がおこなわれ，厳しい財政状況のもと地方自治の効率化をめざす「平成の大合併」とあいまって，全国レベルで地域社会の持続可能性をもとめる政策が推し進められている。

都市化の帰結

　さて，こうした都市化の変遷にともなって，それが地域住民に与える影響にも大きな変化がみられた。高度成長期の「都市化社会」の時代には，人口の移動と流動が軸となり，地域への土着性に大きく依存する地域社会の形成・存続は困難となった。いわゆる「コミュニティの解体」現象が，広汎に生じたのである。つまり，大都市とりわけ三大都市圏での労働需要の拡大は，地方からの大量の離農者をひきよせた。彼らは最初は都心部へ，都心部が飽和状態になったあとは，都市周辺部郊外に流れ込んだ。かくして，都心・周辺いずれの地域社会をも流動化させ，コミュニティの解体を招いたのである。

　しかし，高度成長の終焉とともに，こうした動きも鎮静化して，移動から定住を軸とする「都市型社会」の時代へと移行した。それとともに，旧来の地縁集団とはやや趣を異にする，新しいかたちのコミュニティが徐々に姿を現すこととなった。つまり，大都市とその周辺郊外においては，異質な流入者による影響にくわえて，「生活の社会化」を特徴とする都市的生活様式の影響が拡大した。そのことによって，「旧来の家族や近隣の関係は，施設・機関を契機とする関係に吸収され，そのぶんだけ『人間関係の省略』が進行した」（高橋，1992：114）のである。そして，このように弱まった近隣関係の間隙を埋めるかたちで，発達した都市の交通やコミュニケーションにささえられて，空間的にひろがりをもつ親族関係や友人関係のネットワークが張

りめぐらされるようになった。いわば,「近接性なくしてのコミュニティ（共同的関係）[5]」が,形成されてきたのである。つまり,「伝統的な紐帯としての地域」(安河内, 1992：105) から離脱した人びとが,郊外周辺部の新居住地で生活の社会化,つまり施設・機関の利用による地域共通問題の公共的・商業的処理をベースにした生活を始めたのである。そこでは,「互恵性はあるが,全人格的な交際はしない」(文屋, 1992：148),いわば〈サラサラ〉型の「1.5次関係」的な近隣関係 (高橋, 1992：117) を醸成し,また「選択の自由性」(安河内, 1992：104) にもとづく広域的な友人ネットワークや親族ネットワークを,そのぶんより自由に形成してきたのである。

　また,現在進行している「再都市化」(松本, 2001) のもとでもこうした事態は基本的に変わらないと思われる。つまり,「地域機能の社会化」に立脚した,都市部地域の,あるいは地域を超えた緩やかで選択的な人間関係の形成という事態である。だがしかし,都心部であるだけに自治体サービスの限界とあいまって,「都市的コミュニティ」の形成が今後どのような展開をみせるか予断を許さない部分もある。

4　家庭の変化——核家族化とその現在

核家族化の現在

　さて最後に,家庭の変化としての核家族化についても,ほぼ高度成長期とそれ以降を境にして変化がみられる。核家族化とは,産業化にともなう職業的・地域的移動の増大によって,定住農耕に適した拡大家族が,移動に適した核家族に分裂することを意味する。が,おおよそ高度成長の終焉を境にして,この核家族化の内容も大きく様変わりした。高度成長期のそれは,戦後民法の夫婦家族制イデオロギーの浸透・定着もあって,典型的なかたちで核家族化がすすんだ,「近代家族化」の段階のものであった。ところがそれ以降は,急激な高齢化の進展と女性の自立化の深化によって,さらに個人がこうした核家族

（夫婦家族制・戦後家族制）からも離脱する,「脱近代家族化」の段階のものとなったのである。そして現在では, 家族規範の後退によって「脱近代家族化」(いわゆる「家族の多様化」)がさらにすすみ, 自由に選ぶライフスタイルとして家族の形成や形態が個人の選択に任される,「任意家族制」の段階に移行しつつあるとの説さえある。

すなわち, 高度成長にともなう, 若年者を中心とした農村から都市への職業的・地域的移動は, 流出した若年者が大都市で, 残留した老年者が農山村で, それぞれ新たに核家族を形成する方向に作用した。そして, 拡大家族の分裂をまねき, 核家族率を上昇させて, 日本の家族の核家族化を推し進めたのである。こうした動きを, 戦後の旧民法から新民法への転換による婚姻・相続面での夫婦家族制の実施・定着, および, そのモデルとなった性別役割分業にたつ当時のアメリカ中産階級の豊かな家族スタイルへの憧れが, 大きくささえたこともまた明らかである。そして, このような影響は, 比率を下げた旧来の拡大家族のうえにもおよんだ。日本の直系家族制そのものが,「一貫同居」型から「晩年同居」型へと, より核家族的なものへ大きく変質したのである（修正直系家族）。

しかし, こうした核家族化の流れも1975（昭和50）年あたりを境にして鈍化し,「核家族化の停滞（拡大家族解体の停滞）」が言われるようになった。が, 子細にみれば, 1970（昭和45）年あたりから単独世帯の急激な増加が始まっており, 人びとが核家族という最小の家族単位からさえも, 分離あるいは離脱し始めたのだと言えるだろう。いわゆる「家族の多様化」現象であり, 老人夫婦世帯, 独居老人世帯, シングル, 離別片親世帯, 事実婚家族, DINKSなどの増加である。これを単独世帯に限っていえば, 大きく高齢化にともなうものと, 個人化にともなうものとに二分される。まず, 高齢化にともなうものについてだが, 高齢者のいる世帯の家族構成比でみれば, 三世代世帯の比率は一貫して減少しており, 逆に老人夫婦世帯と独居老人世帯の比率は激増している。しかも, 三世代世帯においてはひきつづき「晩年同

居」や，家計分離が顕著で核家族的な「選択同居」ともいうべきものが主流である（修正直系家族）。また，老人夫婦世帯や独居老人世帯でも，親子別居の理由には，子ども夫婦の仕事や，住宅事情や，両方の選択があげられ，しかも，死別によって老人夫婦世帯は独居老人世帯に移行するケースが多い。こうしたことを考えれば，これら一連の現象はひとしく，核家族化のたどりついた終着点としてとらえられよう。長寿化がもたらした，老夫婦がその老親の面倒をみるという笑えない現象なども，三世代家族の終焉の一環だと考えられる。あるいは，長寿化した老親たちの老後生活の焦点が，子との同居とそれにともなう家産や財産の子への遺贈の問題から，自分たちの老後保障の問題へと様変わりした現象なども，同じ観点からとらえることができる。

　つぎに，もう一方の個人化にともなう単独世帯の増大は，現在から未来につながる潮流として核家族化の新しい段階となりつつある。すなわち，ひとつには女性の自立化や夫の経済破綻にともなう，中・高年の離別がコンスタントに増えつづけている。いまひとつには，若年者の単独世帯がやはり急速に増加しつつあり，それは家族形成を遅らせているばあいか（晩婚化），非家族的生活を選択するばあい（非婚化）のどちらかである。そのばあい男性においては，「安上がりな」「身軽な」ライフスタイルとして選択され，女性においては，「親の『内助の功』による」ライフスタイルとして多く選択される（パラサイト・シングル）。あるいは，近年では非正社員（契約社員・派遣社員・業務請負・アルバイト・フリーター）として経済的な理由から，結婚したくてもできない若年男女や，そもそも結婚自体をあきらめてしまう男女が，シングル生活をつづけるというケースが急増している。これらはいずれも，未婚率の急上昇や非婚の容認となって現れ，とくに非婚の容認については経済力を高めた女性に顕著に現れている。以上，中高年と若年男女それぞれにみられる現象の背後に共通してあるのは，ひと言でいえば，家族形成すら困難にさせる雇用条件の悪化と，性別役割分業を否定する「脱近代家族」化の潮流である。このうちとくに

後者の性別役割分業の否定をささえているのは，フェミニズムの潮流や「男女共同参画社会」の推進による女性の自立化である。また，平均寿命の伸張と少子化がもたらした，子育てを終えた女性たちの長期の労働参加による経済力の獲得や，外食産業など「家族機能の商品化」(渋谷, 1992：228) による女性の家事労働からの解放などもそれをささえている。さらに言えば，長寿化のもたらした女性のライフ・サイクルの変化が，夫婦家族制の核となる旧来の「専業主婦」型ないし「良妻賢母」型モデルの有効性を失わせてしまったことも一因であろう。そして，そのあとさしあたり近代家族に代わるべき形態はこれといってなく，そこにも，離婚によるシングル化・シングルマザー化や，未婚の母や，非婚・晩婚などの選ばれる事情が潜んでいる。父子家庭，事実婚家族，など最近の新しい家族形態を含めて考えれば，これを「家族の多様化」現象，いわば近代化の徹底としての脱近代化と言ってもよいだろう。それらは個人主義・平等主義を徹底させた「選択的ライフスタイル」(同：240) なのであり，そこから現在では，家族の形態や家族の形成そのものが個人のライフスタイルの問題として，個々人の自由な選択に任される「任意制家族」という，新しい家族段階への移行期にあるという野々山久也の説 (野々山, 1999) も登場しているのである。

核家族化の帰結

こうした核家族化の変容にともなって，それが家族成員に与える影響もやはり変化してきている。まず，高度成長期の「近代家族」化の段階では，拡大家族の解体によって，従来の拡大家族がはたしていたさまざまな機能が失われることとなった。とりわけ，老人扶養の機能の喪失が家族に与えた影響が大きく，ついで，児童保育の機能の脆弱化による影響も大きかった。つまり，かつては三世代が同居することによって，高齢化した親の面倒を息子夫婦とりわけ嫁がみて，また人手が足りないときの孫の面倒を祖父母がみる，というかたちの相互扶

助が可能であった。ところが，生殖家族と定位家族が構造的に分離することによって，このいずれもが不可能となったのである。ちなみに，晩年同居型の三世代家族の増加も，まだまだ不十分な老人扶養機能の社会による代替のなかで，これを補うものとして登場したのだとも言いうる。

これが，高度成長期以降の「脱近代家族」化の段階になると，核家族化のいっそうの進展によって，こうした機能障害がより深刻化したのは言うまでもない。たとえば，少子高齢化とりわけ後期高齢者の急増のなかで，ますます深刻化する老後保障や介護の問題などであり，「介護保険」の開始はその解決への第一歩と言える。しかし，それだけではない。さらに，性別役割分業の否定がすすみ，近代夫婦家族からの個人の自立化がすすむことによって，とくに働く女性の一部は仕事と家事の「二重負担」に耐えられなくなり，出産を回避したり，シングル化やシングルマザー化の途をも選ぶようになった。そのばあいには，「少子化」という社会的な問題や，「子どものニーズより大人の性的・情緒的ニーズが重視される」という，「子どもの不自由」の問題を抱え込むことになる（フェミニズムの弱点）。また，そこにいたらないまでも，家族機能や家事労働の外注化によってこの問題をクリアするばあいにも，家族に残される唯一のきずなは，愛情の機能によるものだけという不安定なことになってしまう。しかも，子育てが終わったあと，女性たちに出現した平均30年以上にわたる「夫婦だけの家族生活」は，「家族機能の商品化」もあいまって，これまでの「良妻賢母」型の性別役割分業を無効にしてさらにこの不安定感を増大させる。いわゆる熟年離婚や高齢離婚の急増がそれを象徴している。その意味で，家族における個人の自立化は，家族の不安定化と表裏一体のものであることがはっきりしたのである。

さらにバブル崩壊以降のグローバル化のもとですすんだ雇用の流動化は，正社員の採用を減らして，契約社員・派遣社員や業務請負，それにアルバイトやニート・フリーターなど，劣悪な処遇や未来をしか

期待できない大量の若い男女を生み出した。彼らにとって,「できちゃった婚」以外に結婚や家族形成の道はほとんどなく,これまで曲りなりに可能であった性別役割分業にもとづく近代家族の形成も経済的に不可能となっている。若者の(とりあえずの)晩婚化・非婚化の進行であり,こうした独身生活の続行を,先の「家族機能の商品化」が可能にしていることもまた明らかである。また,中・高年者においてもリストラなど処遇のダウン・シフトは著しく,その経済生活の破綻や将来の「リスク化」もあいまって離婚家庭を増大させている。高度成長期に一般化した夫婦家族制の全盛時代の終焉であり,家族モデルのない時代の到来である。家族に対してどのような機能を期待するのか,われわれは自らの意思で選ばなくてはならなくなったのである。

5　生活共同体の崩壊

こうした社会構造の変動によってもたらされたのは,ひと言でいって,各種の生活共同体を構成する人間関係の変容ないし衰退であった。職場と学校,地域と家庭,これらいずれの生活の場においても,それぞれの場を構成する人間関係の原理が変容することによって,それらの共同体が従来はたしてきた社会的・文化的機能がうしなわれ,そこに一種の「空白」が生まれたのである。

派生的生活共同体の変質

すなわち,高度成長期以降の新しいかたちの企業合理化によって,職場においては,労務管理の基調が年功序列的な「群間格差・群内年齢平等主義」から,まずは能力主義的な,そしてさらには成果主義的な「群間格差・群内個人別格差主義」へと大きく転換した(辻,1991：47)。前者は,勤労者を性,年齢,学歴などの基本的属性によっていくつかのサブ・グループに区分し,同一グループの内部では年功制にもとづくある種の平等主義を貫くという方針である。たとえば,

男子大卒社員のばあいでいえば、課長昇進まではほぼ同期同時昇進のかたちがとられ、それ以降だんだん昇進差をつけていくというかたちがとられる。つまり、「昇進競争が時間によって平等からふり落とし競争に転調する」ものである。このばあいには、新入社員研修やその後の寮生活をつうじて、徐々に強力な同期の仲間意識が形成されやすい。そして将来、同期の一人がエリートになり、自分が一般組織メンバーにとどまっても、それを「おれたち同期の誉れ」と考える、いわゆる「代表移動」のメカニズムが作動しやすい。そこでは、「エリートを支えているのは自分たちであるという意識」や、「自分たちの中からエリートが出るということを、……我がことのように思い込む」現象がみられるのである。これは、竹内洋の言う「協調的競争」といってもよいだろう（竹内, 1988：107～108）。

ところが、全方位を志向する全力を傾けた労働が早くから要求されるその後の合理化や、さらには労働力の流動化や成果主義をともなう現代の合理化の進展によって、こうした慣行はその適用範囲と期間の短縮を余儀なくされた。そして、徹底した能力主義管理へ、さらにはよりドライな成果主義管理へと移行することとなった。つまり、グループ間格差を維持・拡大しつつ、同一グループ内においても、年齢平等を廃して個人別管理をおこなうという方針である。具体的にはまず能力主義管理では、個人別の能力や実績を評価・考量する「人事考課制度」と、考課の結果を賃金・昇進に反映させる「査定制度」を導入して、能力形成に応じて比較的早くから昇進差をつけるという形態となった（辻, 1991：47）。そして現代の成果主義管理のもとでは、こうした変化にポスト不足やデフレ不況下のリストラの進行という事情が加わって、そもそも採用の時点から正社員の採用を抑えて、契約社員や派遣社員など、期限つき雇用ないし間接雇用の低賃金・業績本位の非正社員としてしか採らないケースが激増した。そして能力形成が比較的まだ重視される少数精鋭の男子大卒正社員のばあいも、給与が年毎に増減する年俸制などの導入にともなって、同期同時昇進は一般職

のごく早いあいだや，ながくとも係長昇進までと大幅に短縮される傾向にある。いわゆる「ふり落とし競争の前だおし」現象である。このような状況のもとでは，かつてのような同期意識の形成はだんだん困難になってきており，むしろむきだしのサバイバル競争がはじめからくりひろげられ，そこに嫉妬と羨望がうず巻くという状況になってきている。あるいは，そうしたサバイバル競争の結果として，正社員と非正社員のあいだで，そして正社員のなかにも，いわゆる「勝ち組と負け組」の二極分化が起こり，またそうしたあきらめきった「負け組」の増加によって，それが固定化される傾向にある。かつての協調的競争の崩壊というべきであろう。

おなじようなことは，高度成長期以降の学校においても生じている。すなわち，高度成長期以降，高等教育人口が飽和状態に達したことにともなって，高学歴化をめぐる競争は，集合主義的な「後期選抜型」から，個人主義的な「早期選抜型」へと大きく転調した。そして，現在では大学進学率のさらなる上昇と少子化が拮抗するなかで，「ゆとり教育」の失敗によって，全体としての早期選抜の加速化とリタイア組の大量発生が生じているのである。つまり，高度成長が終わるあたりまでは，増えつづける人材需要を背景として，進学競争をつうじた人材の選抜は，個人の権利というよりは社会の必要にもとづくものである，とのコンセンサスのほうがまだ支配的であった。したがって，競争と選抜の形態も，中学校まではほとんどの子どもが公立の学校に通い，リターンマッチと試行錯誤の可能な平等な教育を受ける。そして，高校になってから，有名大学をめざして有名高校生（サバイバー）たちが，リターンマッチのないふり落とし競争を展開する，という従来からのパターンが存続可能だったのである。こうしたモラトリアム許容型の選抜を経てから，勝ち抜き戦型の選抜に転ずるというシステムのもとでは，先にみた企業の昇進競争のばあいとおなじく，「仲間」意識と「代表移動」メカニズムの形成される余地がある。彼らのあいだには，有名大学をめざしてライバルであると同時に仲間で

もあるという，独特の協調的競争が成立しえたのである（竹内，1988：47）。

ところが，高等教育人口が飽和状態に達し，能力競争が激化した高度成長期以降においては，進学競争の基調は個人主義的な色彩をつよめた。そして，早くからより有利な条件をもとめて，「早期選抜型」の競争へと変容することとなった。つまり，進路選択は社会の必要というより，個人の権利なのだという風潮が著しくつよまり，能力競争についてゆけない生徒たちの「反乱」によって，公立中学の荒廃がすすむにつれて，これを避けて私立進学校への進学をめざす子どもたちが激増することとなった。したがって，競争と選抜の形態も，遅くとも小学校中学年から私立中学めざして進学塾にかよい，モラトリアム期間のないまま，リターンマッチのない熾烈なふり落とし競争に突入する，というパターンが支配的となった。あるいは，こうした熾烈な競争の深化とともに，少子化の急速な進行と「ゆとり教育」の導入・推進によって，基礎学力軽視の「子ども中心主義」の公教育のなかで，早くから脱落した大量の「落ちこぼれ」が生み出され，進学塾に通いつつエリート・コースをひた走る少数者たちと，そうした競争から「降り」て，むしろ進学以外の選択によって「自信」を回復するその他の多くの子どもたちという，二極化現象がもたらされたのである。こうして顕著となった「ふり落とし競争の前だおし」状況のもとでは，二極化された子どもたちは，かつてのような「仲間」意識や「代表メカニズム」を形成する暇や精神的余裕もなく，一部は進学競争に巻き込まれ，あるいはその他の多くはそれからはじき出されてしまう。そして，とりわけ進学競争路線を走りつづける少数エリート層を支配するのは，あのホッブス的な「万人の万人にたいする闘い」だけという，凄まじいことになってしまったのである。日本特有の協調的競争は，こうして上下二層の格差構造の発生と上部層内の競争激化という意味で，二重に崩壊してしまったと言わねばならない。

このようにして，高度成長期以降の新しいかたちの企業合理化と高

学歴化によって，職場と学校のいずれの場においても，選抜（昇進・進学）競争の基調が，従来の協調的競争のパターンから，サバイバル競争一色の新しいパターンに変容した。そしてそれとともに，「同期」意識や「代表移動」のメカニズムの形成が阻害されることとなった。「協調的行動が激しい競争心と結婚している」という，日本の選抜競争にのみみられた幸せな状態は崩壊し，むきだしの「個人化された能力主義」のみが支配する状態となったのである（同：46）。この日本固有の人間関係が，つまり，「同期は競争の準拠集団であるが，仲間集団でもある」とか，「同期から生じるエリートは何年組のホープなどと，仲間の代表選手とみられる」（同：47）とかいった関係が，崩れたことの意味は大きい。日本の選抜システムが，選抜に付随する「失意や不満のクッショニング・メカニズム」（同：50）をうしない，仲間関係の媒介を経ない，「エゴイズムとアノミー」に支配された，競争一色の赤裸々な人間関係を生み出すことになったからである。そして現在ではさらに進んで，こうした協調的競争の崩壊がもたらした「エゴイズムとアノミー」が一方でエリート予備軍を支配し，おなじく「無力感とあきらめ」が他方の脱落者たちを支配するという，「格差の構造」が企業と学校双方の人間関係にビルト・インされつつある。

基礎的生活共同体の変質

つぎに，高度成長期以降すすんだ新しいかたちの都市化によって，地域においては，地域の生活問題の処理方式が，住民の自家処理能力に依拠した相互扶助的なかたちのものから，公共的もしくは商業的専門機関に委託する専業的な問題処理方式へと，大きく転換した。前者は，家単位の自家処理能力に依拠して労力交換をおこない，地域の生活問題を相互扶助的に解決するというものである。そのモデルを，過去の日本の村落や下町に求めることができる。たとえば，旧来の伝統消費都市や大都市の下町などのいわゆる「町内」にみられた，火事や葬式や大掃除や頼母子講などの相互扶助組織や慣行が，その典型であ

る。高度成長期の都市住民の流動化による「コミュニティの解体」は，まさにこの相互扶助組織や慣行の衰退として進行したのである。逆にいえば，当時における地域生活の変化の軸は，この「素人住民の相互扶助的問題処理システム」の衰退と，「専門機関の専業的問題処理システム」の確立とのせめぎあいにあったのである。したがって，行政のがわからする当時の「コミュニティづくり」の動きなども，こうした流れにたいするあえない抵抗だったのだとも言えよう。

　しかし，「都市化社会」の流れのなかで，こうした旧来の相互扶助的処理システムの崩壊は決定的となった。そして，それに代わって定住化を基調とする「都市型社会」が立ち現れ，公共的ないし商業的専門機関に地域の生活問題の処理を委託する方式が支配的となったのである。そこでは，住民が密居するにつれてますます個々の自家処理能力が低下したが，逆にトータルには処理効率は高くなった。そして，上下水道などの公共的サービスや，清掃業や葬儀社などの商業的サービスの成立によって，金銭を媒介として，分業と専門化に依拠する巨大専門機関に頼むことが可能となり，かつそのほうが合理的として通例となった。それとともに，それだけではカバーできない地域の生活問題の処理をめぐっては，「互恵性はあるが，全人格的な交際はしない」，いわば「1.5次関係」を形成し，べったりの相互扶助に付随する「個人とのつきあいの煩わしさを避けながら」，その解決にあたるようになったのである。あるいは，こうした「都市的なコミュニティ」を形成しないばあいには，近年の交通・通信網の発達にささえられて，「地域」にとらわれない，より選択的かつ構成的な広域友人ネットワークや親族ネットワークを構築し，それを活用するようになったのである。こうした流れは，現在進みつつある大都市の「再都市化」においても基本的に変わっていない。いずれにしろ，こうした動きを地域住民の「地域（拘束と依存の生活）」からの解放と，そのゆるやかなかたちでの再構築としてとらえることができよう。

　おなじような変化は，高度成長期以降の家庭においても生じている。

すなわち，高度成長期以降の新しいかたちの核家族化では，個人は最小の家族である夫婦家族からさえ離脱しはじめた。家庭においては，拡大家族の相互扶助的な従来の機能の喪失が加速しただけでなく，さらに夫婦家族の最大のよりどころであった性別役割分業さえも崩れた。そして，これまで主に妻の負担においてなされてきた機能の多くが，金銭を媒介とする公共的ないし商業的専門機関のサービスに委託されるようになったのである。つまり，高度成長期には，継ぐべき家業と家産を失った都市雇用労働者の増大と，夫婦家族制の法的定着によって，拡大家族の分裂が大きく進んだ。そして，直系家族の成員が従来はたしてきた相互扶助的な家族機能のうち，生殖家族のがわからする老人扶養の機能と，定位家族のがわからする児童保育援助の機能が，いちじるしく後退することとなった。いわゆる伝統的な「いえ」制度の崩壊である。近代以降，社会分業の発達によって多くの機能を失ってきた家族は，生活の相互保障や子どもの社会化機能の衰退という点で，決定的な段階に達したのである。

　こうした流れは，高度成長期以降，高齢化と女性の自立化にともなう「家族の個人化」という新しい潮流によって，さらに加速された。それだけでなく，とりわけ1960年代以降のフェミニズム運動に端を発し，近年の「男女共同参画社会」の推進によって加速された性別役割分業の否定によって，「男は仕事，女は家庭」という夫婦家族の図式そのものが崩れてしまった。家族メンバーのパーソナリティ安定化機能を除けば，それ以外の機能は自立化を深める女性の手を離れて，一部は男性に負担され，他は社会が提供するさまざまな商品やサービスによって代替されることになったのである。とくに，精神的のみならず経済的な自立を求める，あるいは求めざるをえない女性の動きは強まる一方であり，フル・タイマーとパート・タイマーを問わず，有職主婦が多数を占め，専業主婦は少数派となっている。そこでは，「女性の職場進出は家族機能を代替するニーズを生み出し，同時にそのニーズを満たす経済力をもたらす。他方で，家族機能を代替するサービ

ス・商品の提供は,女性の職場進出をささえるという関係がなりたつ」(渋谷,1992:228)ようになるのである。そして,こうした女性の職場進出と,外食産業など「家族機能の商品化」にささえられて,女性の自立化は,悪くすれば「家庭内離婚」へ,さらには「女が男を捨てる」地点にまでいたっている。あるいは,この「家族機能の商品化」によって,「諸個人が家族に頼らずに生活する可能性」が広がり,拘束と依存を嫌う若い男女のシングル化を推し進めているのである。あるいは,近年の経済低迷のなかでフリーターやニートの若者など,そもそも家庭を形成できない男女が著しく増えているのであって,彼らを下支えするものも,おなじく市場における家族機能の安価な提供なのである。いずれにしろ,こうした動きを,個人の「家庭(拘束と依存の生活)」からの離脱と,生活自己責任の原則の徹底としてとらえることができよう。

このようにして,高度成長期以降の新しいかたちの都市化と核家族化によって,地域と家庭いずれの場においても,生活ニーズの充足は,労力交換による相互扶助的なかたちから,金銭による外部委託的なかたちへと大きく転換した。そして,集団機能の遂行を軸とする,これまでの拘束と依存の人間関係(支配)が崩れることとなった。豊かになった社会で,「地域機能の社会化」と「家族機能の商品化」が進行することによって,貧しさに迫られて成立してきた相互扶助と,それにともなう拘束と依存の関係の煩わしさが忌避されるようになったのである。そして,それに代わって,地域においては,1.5次的な限定された相互扶助や,上下関係のない友人どうしの相互扶助が図られた。また,家庭においては,相互扶助を拒否する家族個々人の自己責任の原則が支配的となったのである。いずれも,集団機能を外部委託することによって,従来の拘束・依存的な人間関係を縮小する動きとして,特記すべきであろう。

◉ 注

⑴ ちなみに、こうした「格差」について、OECD（経済協力開発機構）の2005年発表の調査によれば、日本の相対的貧困率（所得分布の中央値の50％未満の等価可処分所得を有する人びとの割合）は15％を超え、ワースト・ワンのメキシコ（20％強）、そしてトルコ、アメリカなどにつづき、悪い方から5番目に位置する。つまり、「日本は、アメリカなどとならび、先進国のなかで所得格差のもっとも大きい国々のグループに属し、……［しかも］日本の相対的貧困率は1985年には8％台だったのが、2000年には15.3％へと急激に増加している」のである（藤田、2006：26～27）。なお、同じくOECDの2006年発表の「対日経済審査報告書」の修正値では、加盟30カ国のうち適切な統計が得られた17カ国中、日本は13.7％のアメリカについで13.5％と、ワースト・ツーの位置にあるとされ、バブル崩壊後のリストラによる「非正社員の増大」が、所得の二極化（格差）を招いたと指摘されている（『読売新聞』2006年7月21日朝刊）。

⑵ 中学については、単独選抜制を中心とする高校入試制度改革や、必修科目の削減と選択教科の拡大をつうじた高校直結のコース選択制の実施や、習熟度別クラス編成などによって、中学校内の複線的多様化をある程度認める。高校については、選択科目の大幅な拡大と評価の多様化をつうじて、所定の課程・単位を修得しないと資格を認めない「修得主義」の進学用高校と、1年間授業を受けさえすれば進級を認める「年齢主義」の就職用高校へと、複線的に多様化するというものであった。

⑶ 苅谷剛彦はこれを「インセンティブ・デバイド」と呼び、「意欲をもつ者ともたざる者、努力を続ける者と避ける者、自ら学ぼうとする者と学びから降りる者との二極分化の進行であり、……降りた者たちを自己満足・自己肯定へと誘うメカニズムの作動である」とする（苅谷、2001：211）。なお、ある現場教師は宇都宮の女子高生の、「こっち（地方）で、ちょっと自分に自信を持ちたければ、頭がよいマジメになるか、頭が悪くてヤンキーになるか、そのふたつしかないんだよ」という言葉を紹介している（永山、2002：108）。

⑷ これを「高度都市型社会」の時代として、さらに区別してよいかもしれない。

⑸ これは、B. ウェルマンとB. レイトンの概念である。

◉ 引用・参考文献

〈「企業合理化」関係〉

［1］ 鹿嶋敬『雇用破壊 非正社員という生き方』岩波書店、2005年。
［2］ 門田安弘『トヨタシステム』講談社、1985年。
［3］ 楠田丘編『日本型成果主義』生産性出版、2002年。
［4］ 坂本清「日本的生産システムの特質と動向」宗像正幸・坂本清・貫隆夫編

著『叢書現代経営学 9　現代生産システム論』ミネルヴァ書房，2000年。

岡本博公「日本型生産システムの展開」同上。

[5] 佐藤博樹「日本型雇用システムと企業コミュニティ」稲上毅・川喜多喬編『講座社会学 6　労働』東京大学出版会，1999年。

[6] 猿田正機「大手自動車メーカーの生産と労働」三井逸友編著『日本的生産システムの評価と展望』ミネルヴァ書房，1999年。

[7] 城繁幸『内側から見た富士通〈成果主義〉の崩壊』光文社，2004年。

[8] 高橋伸夫『虚妄の成果主義』日経BP社，2004年。

[9] 辻勝次「産業(2)――産業主義の確立，展開と腐朽」遠藤惣一・光吉利之・中田実編『現代日本の構造変動』世界思想社，1991年。

[10] 中岡哲郎・浅生卯一・田村豊・藤田栄史「職場の分業と〈変化と異常への対応〉」『名古屋市立大学人文社会学部研究紀要』第18号，2005年。

[11] 日本人材派遣協会編『人材派遣　新たな舞台　人材派遣白書2004年版』東洋経済新報社，2004年。

[12] 能塚正義「ME技術による生産・販売システムの革新と労働・管理」長谷川治清・渡辺峻・安井恒則編『ニューテクノロジーと企業労働』大月書店，1991年。

三島倫八「ME技術革新と小集団活動」同上。

[13] 服部保孝「ME技術革新と将来」壹岐晃才・木村立夫編著『日本企業読本』東洋経済新報社，1985年。

[14] 藤田栄史「〈日本的経営〉と経営者・経営イデオロギー」北川隆吉編『講座社会学 5　産業』東京大学出版会，1999年。

[15] 藤田栄史「労働市場・雇用関係における格差構造の持続と再編」『地域社会学会年報　第18集　不平等・格差・階層と地域社会』2006年。

[16] 三橋規宏『先端技術と日本経済』岩波新書，1992年。

〈「高学歴化」関係〉

[17] 市川伸一『学力低下論争』ちくま新書，2002年。

[18] NHK教育プロジェクト・秦政春『公立中学はこれでよいのか』NHK出版，1992年。

[19] 大野晋・上野健爾『学力があぶない』岩波新書，2001年。

[20] 尾木直樹『ちょっと待って！　私立中学受験』労働旬報社，1991年。

[21] 苅谷剛彦『階層化日本と教育危機』有信堂，2001年。

[22] 苅谷剛彦『教育改革の幻想』ちくま新書，2002年。

[23] 苅谷剛彦・志水宏吉編『学力の社会学』岩波書店，2004年。

[24] 河原巧『学校はなぜ変わらないか』JICC出版，1991年。

[25] 千石保・鐘ヶ江靖彦・佐藤郡衛『日本の中学生』NHK出版，1987年。

[26]　竹内洋『選抜社会』リクルート出版，1988年．
[27]　竹内洋『日本のメリトクラシー』東京大学出版会，1995年．
[28]　永山彦三郎『現場から見た教育改革』ちくま新書，2002年．
[29]　福地誠『教育格差絶望社会』洋泉社，2006年．
[30]　溝上憲文『超・学歴社会』光文社，2005年．
[31]　矢野真和『試験の時代の終焉』有信堂，1991年．
[32]　和田秀樹『教育格差』PHP研究所，2006年．

〈「都市化」関係〉

[33]　伊藤善市『東京と地方』中央経済社，1988年．
[34]　井上純一・加藤哲郎・鈴木浩・橋本和孝・三井逸友・吉原直樹『東京　世界都市の構図』青木書店，1990年．
[35]　岩崎信彦・矢沢澄子監修『地域社会学講座3　地域社会の政策とガバナンス』東信堂，2006年．
[36]　高橋勇悦「都市における人間関係について」倉沢進・町村敬志編『都市社会学のフロンティア1　構造・空間・方法』日本評論社，1992年．
　　　安河内恵子「関係のなかに生きる都市人」同上．
　　　文屋俊子「団地の近所づきあい」同上．
[37]　中田実「地域(1)——新たな地域共同体への展望」遠藤惣一・光吉利之・中田実編『現代日本の構造変動』世界思想社，1991年．
[38]　似田貝香門監修『地域社会学講座1　地域社会学の視座と方法』東信堂，2006年．
[39]　古城利明監修『地域社会学講座2　グローバリゼーション／ポスト・モダンと地域社会』東信堂，2006年．
[40]　松本康「都市社会の構造変容」奥田道大『講座社会学4　都市』東京大学出版会，1999年．
[41]　松本康「都市化・郊外化・再都市化」金子勇・森岡清志編著『都市化とコミュニティの社会学』ミネルヴァ書房，2001年．

〈「核家族化」関係〉

[42]　青木やよい『シングル・カルチャー』有斐閣，1987年．
[43]　渋谷敦司「〈多様化〉する家族のかたち」布施晶子・玉水俊哲・庄司洋子編『現代家族のルネッサンス』青木書店，1992年．
　　　布施晶子「いま，日本の家族は」同上．
[44]　鈴木広監修，木下謙治・小川全夫編『家族・福祉社会学の現在』ミネルヴァ書房，2001年．
[45]　日本家政学会編『変動する家族』建帛社，1999年．
[46]　野々山久也「現代家族の変動過程と家族ライフスタイルの多様化」目黒依子・渡辺秀樹編『講座社会学2　家族』東京大学出版会，1999年．

［47］ 森岡清美・望月嵩『新しい家族社会学　4訂版』培風館, 1997年。
［48］ 山田昌弘『迷走する家族』有斐閣, 2005年。
［49］ 渡辺秀樹・稲葉昭英・嶋崎尚子『現代家族の構造と変容』東京大学出版会, 2004年。

● 第 **4** 章 ●

文化はどう変わったか

　さて，このようにして進行した地域と家庭，職場と学校における人間関係の構成原理の変容は，それらの生活共同体がはたしてきた社会的・文化的機能を破壊することによって，そこに一種の「空白」を生み出すこととなった。それを象徴するのが，〈二宮金次郎像の消滅〉という現象である。つぎに，これを生活文化の機構と内容の変質としてみてみることにしよう。

1　文化基盤の消失

　まず，生活文化の基盤ないしその機構の変質について。すなわち，一般的にいってわれわれの社会は，自らに固有な文化の様式を，生活共同体を舞台とするいわゆる価値の内面化，ないし社会化の過程をつうじて，世代から世代へ継承していくものである。そうした社会化の過程とは，つぎの二つからなると考えられる。

文化の継承と革新

　まずひとつは，従来の家族や地域など，どちらかといえば年長者による確固とした支配が確立したより基礎的な生活集団のなかで，若年者が年長者の権威を媒介にして，文化や価値を修得するばあいである。いわゆる依存と拘束をつうじた社会化，つまり，前者から後者への一方的な尊敬をつうじた社会化である。そのひとつは，若年者のがわからの年長者への愛着にもとづく，同一化の過程である。典型的には，

家庭のなかで親に依存せざるをえない子どもが、両親とりわけ母親とのスキンシップをつうじて母親に愛着をもつようになるがゆえに、自己拡張的にその行動様式を取り入れるばあいである。これは、より幼い時期の「発達同一化」ないし「模倣」と呼ばれる、文化の習得過程だとも言えよう。もうひとつは、おなじく若年者のがわからする年長者への畏怖にもとづく、同一化の過程である。典型的には、やはり家庭のなかで親に依存せざるをえない子どもが、両親とりわけ父親のしつけをつうじて父親を畏怖するようになるがゆえに、自己防衛的にその行動様式を取り入れるばあいである。これは、より長じた時期の「防衛同一化」ないし「強制」と呼ばれる、文化の習得過程だとも言えよう。いずれにしろ、これら二つの過程をつうじて、われわれはある既存の文化様式を望ましいものとして習得するのである。言いかえれば、このような過程を経ることによって、われわれの内部に「超自我」が形成されてくるのである。

いまひとつの社会化は、従来の学童や職場の仲間など、どちらかといえば同年齢者の平等な関係が支配する派生的な生活集団のなかで、ある程度年長者による支配を脱した者どうしが、お互いの同意を媒介にして新しい価値を形成するばあいである。いわゆる対等ないし協同の関係をつうじた社会化、つまり、一方的でなく相互的な尊敬をつうじた社会化である。典型的には、ギャング・エイジに達した子どもたちがギャンググループを形成し、対等な交際をくりひろげるなかでお互いの考えを学び、そこに第三の新たな様式の行動を作りあげるばあいである。それは、同位者間の「見地の相互交換」と呼ばれる、同一化の過程である。あるいは、自己形成のすすんだ者どうしが、自発的な交渉をつうじて新しい文化や行動様式をかたちづくる、「協同（価値構成）」の過程だとも言えよう。いずれにしろ、こうした過程をつうじて、われわれは一度学んだ既存の文化様式を止揚するにいたるのである。言いかえれば、このような過程を経ることによって、われわれの「超自我」は革新されるのである。

以上をまとめれば，つぎのようになる。まず，地域や家庭など，若年者と年長者のあいだに確固とした依存と拘束の関係が確立した生活共同体のなかで，われわれは，幼い世代が年長の世代から既存の多様な文化や価値を習得するというかたちで，文化の継承をおこなってきた。そしてそののち，職場仲間や学童仲間など，異質な人間との新たな出会いを含む協同的な生活共同体のなかに入り，われわれは，お互いが身につけてきた文化や価値を止揚するというかたちで，さらに文化の革新をおこなってきたのである。こうして，われわれは文化の継承と革新をおこない，あるいはそうした能力を身につけた人間に育てられてきたのである。

文化基盤の消失

　ところが，高度成長期以降に生活共同体に生じた変化によって，こうした文化の継承・革新メカニズムは大きく崩れてしまった。すなわち，すでにみたように豊かな社会になるにつれて，まず地域や家庭においては，それぞれの場の生活ニーズがこれまでのように集団の内部で相互扶助的になされるのではなく，集団の外部の公共的・商業的専門機関のサービスを購入することによってなされるようになった。言いかえれば，それぞれの集団機能の遂行が，貧しさによって強いられた依存と拘束のなかでおこなわれるのではなく，金銭を媒介とする業者と顧客の関係のなかでおこなわれるようになったのである。このことは，文化の継承という観点からみれば，これまで地域や家庭にみられた依存と拘束の関係のなかで，下位者による尊敬（愛着・畏怖）をつうじて，上位者から取りこまれてきた価値や行動の様式が，売り手と買い手というより無機質な市場関係のメカニズムのなかでは，十分に伝承されなくなったのだということを意味している。こうして，文化の継承に関わる重要な社会化のエージェントの変質によって，われわれは既存の文化の継承に支障を来すようになったのである。

　また，豊かな社会の爛熟につれて，つぎに職場や学校においては，

昇進や進学をめぐる選抜競争が，これまでのような比較的おそくまでリターンマッチが可能な後期選抜型のパターンでおこなわれるのではなく，最初から熾烈なサバイバル競争が展開される早期選抜型のパターンでおこなわれるようになった。あるいは，現在ではその結果として，勝者と敗者への二極化が固定されつつある。言いかえれば，それぞれの集団における選抜競争が，仲間意識と代表移動に彩られたマイルドな協調的競争として展開されるのではなく，エゴイズムとアノミーに彩られたむきだしの個人主義的能力競争として展開されるようになり，さらには競争の結果が「格差」として固定しつつあるのだ。このことは，文化の革新という観点からみれば，これまで職場仲間や学童仲間にみられた新たな出会いと協調の関係のなかで，お互いにたいする尊敬をつうじて新たに形成された価値や行動の様式が，協調のモメントを欠くたんなる競争関係や二極化のなかで，そうした革新の契機をも失ってしまったのだということを意味する。こうして，文化の革新に関わる重要な社会化のエージェントの変質によって，われわれは既存の文化を革新する機会をも失ったのである。

　いずれにしろ，こうした生活共同体を構成する人間関係の変質によって，われわれは，文化の継承とその革新の基盤を著しく失ったのである。そして，そこに，文化の「空白」ないし「断絶」が生じる可能性が生まれたのである。

2　「貧しさ」の文化の空洞化

　しかし，問題はそれだけに終わるのではない。日本が貧しい社会から豊かな社会に変貌を遂げる過程で，このように文化の継承とその革新の基盤が弱体化しただけではなく，さらにこれまで通用してきた「貧しさの文化」が有効性を失い，文化の内容そのものが空洞化してしまったのである。つぎに，これをみてみよう。

「貧しさ」の文化

　日本の社会は，高度成長とその後の持続的成長によって，現在でこそ世界有数の豊かな社会となったわけだが，それまではけっして豊かな国だったわけではない。これほど豊かになり，それを実感するようになったのは，わずかこの30年あまりのことにすぎないのである。そして，この長い「貧しさの時代」のあいだ，日本の社会の主流をなしてきた文化こそが，つぎに述べる「貧しさの文化」であった。

　つまり，現在も世界の最貧国でみられるとおり，極端な貧しさは，飢餓や厳しい生存競争によって人間性や人間関係を破壊し，略奪や人身売買などの横行で，さまざまな生活共同体を崩壊させる作用をもつことはよく知られるところである。しかし，そうした貧しさの極端な段階を過ぎると，われわれはお互い身を寄せあい助けあうことによって，この貧しさに対処するようになる。言いかえれば，さまざまな生活共同体のなかでこの貧しさを共有しあい，相互扶助的な調和の世界を築くことによって，その克服を図るのである。そこから，「倹約」「互助」「忍耐」などを内容とする，独特の文化が形成されることとなる。貧しさにたいするに，一人ひとりは「倹約」を旨としつつ，全体として「互助」のネットワークを作りあげ，あまり十分とは言えない欲求の充足水準とわずらわしい人間関係をじっと「忍耐」する，というわけである。こうした「倹約」「互助」「忍耐」などを内容とする，「貧しさの文化」は，われわれ日本人にとっても，つい近年まで身近なものだったのである。それは，社会の掟という意味でわれわれ公民の「道徳」であったのみならず，生活信条という意味でわれわれ庶民の「文化」でもあった。その象徴が，日本各地の小学校の校庭に高度成長期あたりまではみられた，〈二宮金次郎〉像である。あの像こそは，われわれの「貧しさの文化」のエッセンスを体現していたのである。

「豊かさ」の文化

しかしながら、〈二宮金次郎〉像は、日本社会が豊かになっていくのに反比例するように、いつしか小学校の校庭から姿を消してゆき、今ではすっかりみられなくなってしまった。それは、われわれの社会が貧しさゆえの強いられた相互扶助を必要としなくなったからであり、〈二宮金次郎〉像も、その象徴としての地位を失ってしまったからである。

言いかえれば、日本の社会は貧しさの共有による調和の世界を必要としなくなり、豊かさをめざす競争の世界へと大きく転換したのである。けだし、豊かさにはいっそうの欲望競争へと人間を誘う作用があるのであって、そこから、「倹約」ではなく「消費」が、「互助」ではなく「競争」が、「忍耐」ではなく「効率」が主流となり、またそうした社会風潮が醸成されたのである。さらなる豊かさをめざして、一人ひとりが「消費」を軸としつつ、お互いのあいだではてしない「競争」をくりひろげ、そのために欲求の充足と人間関係の「効率」をかぎりなく高めていく、というわけである。こうした「消費」「競争」「効率」などを内容とするいわば「豊かさの文化」は、しかしその歴史の浅さゆえに、長年にわたる深い宗教的・哲学的な基礎をもった「貧しさの文化」とはちがって、われわれのはてしない欲望を律するだけの叡知の体系をいまだ築きえていないと言わざるをえない。その内実をなすのは、際限のないエゴイズムとアノミーだけなのである。これをして、とても豊かさの「文化」とは呼びえず、むしろそれは「文化の空白」とでも呼んだほうが正確であろう。つまり、豊かさの達成とともに、従来の「貧しさの文化」は有効性を失って空洞化し、そのあとを新しく「豊かさの文化」ならぬ「文化の空白」が支配するようになったというわけである（日本と比較して、百年、二百年単位でゆっくりと豊かさを実現してきた欧米社会においては事情が異なり、この豊かさがもたらす「毒」を律するだけの「文化」をそれなりに形成しているといえよう！）[1]。

◉ 注
(1) キリスト教や仏教など世界宗教の教義体系には,「貧しさの哲学」(貧しさを律する文化)のみならず,この「豊かさの哲学」(豊かさを律する文化)も含まれるものと考えられる。しかし,戦後日本のあまりにも急激な宗教の世俗化(＝信仰心の崩壊)は,われわれの心から,この後者の歯止めを失わせたのである。

◉ 引用・参考文献
[1] 作田啓一『価値の社会学』岩波書店,1972年。
[2] 鈴木正仁『現代日本社会論』高文堂出版社,1985年。

● 第 5 章 ●

新しい流れ？
——オンラインコミュニティ・出会い系サイトと「愛」の文化——

　この章では，さまざまな生活集団が変質し，これまで自生的に成立してきた「生活文化」も変容するなかで，それらに代わってパソコンやケータイをつうじて，インターネット上に新たに成立しつつある「疑似共同体」とでもいうべきもの（オンラインコミュニティ），および「疑似個室」とでもいうべきもの（出会い系サイト）と，そこに沈殿しつつある新たな「疑似生活文化」（つまり「愛の文化」とわれわれが呼びたいもの）に注目したい。以下，これについて，くわしく述べていくことにする。

　すでに前の章でみたように，地域や家庭などでは，生活ニーズの充足が従来のように内部で相互扶助的におこなわれるのではなく，外部の専門機関のサービスを購入するかたちでおこなわれるようになった。また，職場や学校では，エリートの選抜が従来のように比較的遅くまで延ばされるのではなく，最初から熾烈なふり落とし競争として展開され不平等の再生産が支配するようになった。そして，そのことによって，前者の依存と拘束の関係のなかでおこなわれてきた文化の継承と，後者の協調的競争のなかでおこなわれてきた文化の革新がいずれも機能しなくなった。これに，おりからの「貧しさの文化」の凋落が重なることによって，そこに，「文化の空白」が生じたのであった。こうした事態は，見方を変えれば，地域や家庭，あるいは職場や学校などわれわれに身近な生活の場において，これまでの共同的な人間関係が，金銭を媒介とするドライな関係によって，あるいは能力競争一色のシビアな関係や格差の支配する不平等な関係によって，とって代

わられたということを意味する。われわれは索漠とした金銭勘定や張りつめた駆け引きや冷たい不平等のみが支配する，いわば「人間の砂漠」に生活するようになったのである。

しかしながら，こうした状況がわれわれにとって心地よいものであるはずがない。社会心理学の準拠集団の理論によるまでもなく，われわれ人間は「一人では生きていけない」存在なのであり，なにがしかの共同的な人間関係のささえ，あるいは他者に受け容れられることをどうしようもなく必要とする存在なのである。作家の中島梓がかつて述べた言葉を借りれば，「私たちは仲間，共同幻想の共有者たち，自分のイメージを保持してくれる居場所によって，はじめて自分を人間として感じることができる，そういう存在」なのであり，「個人としてだけ存在することのできない自分をささえ，規範を与え，同時に規定とワク組みと安定した居場所を提供してくれる，超個人的なスケールのグループをどうしても必要とする」存在なのである（中島，1991：76）。あるいはそれ以前に，われわれ人間は他人からの束縛を嫌って「自由」をもとめつづける一方で，それとは逆に他人に「受け容れられること」や，他人から「必要とされること」をもとめてやまない存在なのだと言ってもよい。そして，そうした矛盾した存在であるわれわれの「居場所」や「人間的支え」となりうるのは，金銭づく・競争一色の「人間砂漠」や「人間関係」ではけっしてない。それらは確かにわれわれにとって「自由」の場ではあっても，もう一方の「共同」の場ではない。われわれが現在，心よりもとめているのは何がしかの共同性の支配するかつてのような「生活の場」や，温かみのある「個別的な人間関係」なのである。であるとするならば，今日において，共同的な人間関係をもとめるわれわれの心情は，「人間砂漠」や「人間の荒野」のなかにあって，さまざまな形でかつての「居場所」の修復を試み，あるいはそうでないばあいは，そのあてを失ってどこかをさまよっているにちがいない。われわれは現在，それらを何によって修復・補強しようとし，あるいは新たにそれを何処に探し求めよ

うとしているのだろうか。これを少し考えてみよう。

1 IT化の進展とネットコミュニティの形成

　近年の情報通信技術（ITまたはICT）のめざましい発展によって，新しい情報通信メディアとしてパソコンと携帯電話（ケータイ）が登場した。そして，そのいずれからもインターネットに簡単に接続できるようになり，従来の固定電話や，部分的にはテレビに代わって，それらが情報通信メディアの中心を占めるようになった。つまり，これらの電子メディアの登場によって，われわれのコミュニケーションのあり方が劇的に変わったのである。そして，これらの新しいメディアはリアルな生活空間とは異なる「ネット空間」を生み出し，一方ではそれが弱体化した従来のコミュニティを補強する働きをもつとともに，他方では従来のコミュニティとは色彩の異なる「疑似コミュニティ」とも言うべきものや，これまでと異質な対人関係からなる「疑似個室」とも言うべきものを新たに生み出すこととなった。このことは，自己を受容してくれる「場」や「相手」の獲得が著しく困難となり，それらをもとめてやまぬ現代人にとって，何を意味するのだろうか。ここでは，まずはそうしたIT／ICT化の歴史を簡単に辿ってみることにしよう。

インターネットの時代

　この20年間，とりわけ90年代半ばにインターネットが大衆化してからこれまで，情報通信技術が急速に発展することによって，われわれの生活は劇的に変化した。小川克彦の言ういわゆる「デジタルな生活」が，われわれの日常を支配するようになったのである。一般にIT／ICT関連とりわけインターネットの世界は，人間の1年の7倍にあたる「ドッグイヤー」のスピードで変化していると言われる[1]。したがって，この間の変化は少なく見積もっても，これまでの70年分に

あたるとも考えることができる。こうした急速な変化を、いまインターネット関連の進化にかぎってまとめてみることにしよう。

パソコンの登場は、古くは1977年の「アップルⅡ」と1981年の「IBM‐PC」にまで遡る。日本では、1983年に発売されたNECの「PC‐9801」に国産標準機を求めることができる。この日本語パソコンを使って人びとが始めたのが、「パソコン通信」であった。それは、「パソコンを電話回線でホストコンピュータに接続し、情報をやりとりするサービス」のことであり、「サービスに加入した会員同士で電子メールをやりとりしたり、[ハンドルネーム（仮名・ニックネーム）を使って]電子的な掲示板に会員がメッセージを書き込んだり、電子的な会議室で会員が議論する」というものであった（小川, 2006：25）。1985年のアスキーネットを皮切りに、NIFTY‐serveやPC‐VANなどの大手のサービスが加わり、1995年にはホスト数約2600、会員数も370万人に達した。こうしたパソコン通信のネットワークは、「ホストコンピュータを中心にユーザのパソコンが複数ぶらさがる単純な構造」であり、そのメールは「サービス会社の会員同士のみのやり取りで、他社のパソコン通信とのメールのやり取りはできなく」て、しかも、会社が提供する掲示板サービスに「会員はパソコンから文字を入力するだけ」という、きわめて限られた機能のものであった（同：28～29）。そして、この「パソコン通信」は90年代半ば以降の「インターネット」の普及とともに衰退し、最大手のNIFTYのサービスも2006年には終了した。

代わって普及・大衆化したのが、「インターネット」である。1995年が「ネット元年」と呼ばれるように、1993年に開始されたインターネットの商業利用は急速に広がり、90年代中葉にはインターネット接続が完全に商業化されるにいたった。「インターネット」とは、単純な構造のパソコン通信とは違って、「プロバイダがユーザのパソコンをインターネットに接続し、そのプロバイダが他のプロバイダや企業や大学や政府のネットワークと相互に接続され」、それぞれの「プロ

バイダ，企業，大学，さらにユーザのパソコンにインターネットのアドレス［URL］が割り当てられ，そのアドレスをもとに世界中のパソコンとメールやファイルのやり取りができる」というものである。また，パソコン通信から引き継がれた「掲示板」は，インターネットでは，「ユーザ自身が作成」する「ホームページもしくはウェブサイトと呼ばれるインターネット上の文書」の一部に組み込まれ，ユーザはこの「ホームページで自分の情報を発表する」とともに，「閲覧した人がホームページの掲示板にメッセージを書き込み」，お互いメッセージのやり取りをおこなうことができる（同：29）。この「ホームページは，情報発信や掲示板のほかにもいろいろな使い方ができる」が，「その代表例がヤフーやMSNなどのポータルサイト［やグーグルなどの検索サイト］である」。それらはホームページに組み込んだプログラムによって，検索サービス，ニュースや天気予報，テレビ番組ガイド，交通・旅行案内，求人・転職情報，ショッピング，オークション，辞書，地図検索などが可能であり，いわば総合的な「生活サービスを提供するウェブサイト」として利用されるようになった（同：30）。そして，こうしたPCインターネットを急速に大衆化したのが，2000年から広がった光ファイバーやADSLを使った高速・定額の「ブロードバンド」である。その高速性によって，われわれは「大容量ファイルのダウンロードや映像のストリームでも気軽に」，しかも定額制によって，「時間を意識することなく利用できるように」なり，パソコンをインターネットに常時接続するユーザも増えた（同：35）。

　しかし，こうしたパソコンからのインターネット接続には，一定の知識と技術が必要であり初心者にとってそれなりに難しい。この問題を利用者の立場にたって解決し，簡便なインターネット接続を実現したのが，1999年に始まったNTTドコモのネット接続サービス，「iモード」である。ケータイでメールやインターネットができるというカジュアルさが受けて，その利用は爆発的に拡大し，2004年末で，インターネット利用人口7948万人のうち，ケータイ・インターネットの利

用者は5852万人となり、インターネット接続に関して「パソコン族」と「ケータイ族」という区別すら生み出した（後述の「ケータイ・デバイド」もここに起源をもつ）。ケータイは、「何でもできるパソコンと違って機能が限定されているため、操作を覚えるのは比較的簡単」である。パソコンが汎用のコンピュータであるのに対してそれは、「ユーザが勝手にハードウェアやOSやプログラムを変えることはできない。画面が小さく通信速度が遅いためにサービスも限定されている」のである（同：32〜33）。パソコンでは一定の割合で「多様なサービスが使われているのに対し、ケータイではメールの利用が圧倒的に多く、着メロや壁紙などの娯楽や情報入手にサービスが限定されている」（同：33〜34）。しかし、逆にその機能限定の簡単さゆえに、ケータイはいわば利用者の身体の一部と化した、常時携帯・常時接続の手軽な「モバイル情報端末」として、2007年3月末で利用台数9671万台、1世帯当たり保有数2台と、ネット空間の主役となりつつある（ちなみに、世帯普及率は2004年でケータイの91.1％に対してパソコンは77.5％）。

　このように、パソコン通信の開始から、PCインターネットとブロードバンドの普及へ、そしてケータイ・インターネットの登場という歴史的変遷を経て、われわれは「インターネットの時代」に生きるようになった。すなわち、「携帯とブロードバンドが大衆に浸透するようになって、インターネットが特別な存在ではなくなってきた。便利で楽しいサービスを提供してくれるひとつのツールになったのだ。そして、電話やテレビと同じように、インターネットは多くの人びとにとって自然なかたちで受け入れられる生活インフラのひとつに成長してきた」というわけである（同：35）。そして、われわれはリアルな生活空間とは違う、新たな「ネット空間」を獲得したのであり、そこに成立するのがつぎに述べる「ブログや出会い系などのコミュニティサービス」を利用した、「オンラインコミュニティ」や「パーソナルネットワーク」である。

ネットメディア利用の二つの形態

池田謙一によれば,こうしたパソコンとケータイという二種のメディアからのインターネット利用に関して,これを大きく二つのタイプに分けることができると言う(池田,2005:33〜34)。ひとつはメール利用であり,いまひとつはホームページ(ウェブサイト)利用である。Windowsパソコンでいえば,典型的にはOutlook Expressを用いたメールのやり取りが前者であり,Internet Explorerを用いたポータルサイトや検索エンジンの利用が後者であると言ってよいだろう(もちろん,ウェブサイトを利用したHotmailなどのフリーのウェブメールもあるが)。ケータイでいえば,前者が「メール」,後者が「ウェブ」とそれぞれ表示される機能の利用である。そして,インターネットが,1対1,1対多,多対多といったさまざまな利用形態が可能な「カスタマイズ・メディア」であるにもかかわらず,前者のメール利用においては,多くは双方向性のコミュニケーション・ツールとして用いられ,後者のホームページ利用においては,多くは一方向性のコミュニケーション・ツールとして用いられる。つまり,「ホームページ利用は一方向的なコミュニケーション,あるいは情報収集が主であり,[BBSやチャットなど]双方向的なコミュニケーションは一般的ではない」のである(同:33〜35)。

また,このうちメール利用について,パソコンを使用するばあいとケータイを使用するばあいを比べれば,つぎの事実が浮かび上がる。すなわち,メール利用のやり取りの相手に関して,PCメールではもっとも多いのが「ふだんあまり会わない友人」(39.9%)であるのに対して,ケータイメールでは「ふだんよく会う友人」(60.9%)だという事実である。つまり,パソコンとケータイではメール利用の社会的文脈が大きく異なるのである。もう少し言えば,「携帯メールのやり取りをする相手は,2〜5人の比較的少ない人数の友達との間で非常に高い頻度で交わされるのが典型的であり,PCメールよりも物理的・地理的にローカルな範囲で行なわれる傾向がある」。そして,「私たち

の対人的なネットワークが,『強い紐帯』と呼ばれる比較的少人数の身近な他者と,『弱い紐帯』と呼ばれる比較的多人数で社会的により広い範囲に及ぶ身近でない,やや疎遠もしくは日頃はそれほど交流のない人びとという,二重のネットワークによって成立している」(同:53～54) とするならば,ケータイメールは明らかに「強い紐帯」の間でおこなわれる傾向があり,これに対して,PC メールはより頻度も少なく,広い範囲にわたる「弱い紐帯」の維持に用いられる傾向が強いというのである。

ネットメディアの二つの機能

話が先走りしたようだ。ここで再度,「居場所」や「人間的支え」を求めつづける現在のわれわれにとって,こうしたネットメディアの利用は何をもたらすのかという,当初の問題に戻ることにしよう。結論から先に言えば,「コクーン(繭つくり)」機能,つまり既存の人間関係の維持・強化という機能と,「出会い」機能,つまり新たな人間関係の創出機会の提供という機能,これら二つということになる。

まず「コクーン」機能から。宮田加久子らの調査によれば,「インターネットは,友人や親戚とつながるさまざまなコミュニケーションを提供することによって,人びとと直接顔をあわせてつきあう世界を削るのではなく,より広げている。インターネットもまた,日常的な生活に組み込まれている1つのコミュニケーション手段なのである。……[そこでは] オンラインとオフラインの統合が行なわれている」のだと言う(宮田・ボース・ウェルマン・池田,2006:115)。同じくケータイメールに焦点を絞って調査した羽淵一代によれば,「ケータイは,既存の親密な人間関係を維持するために,対面的な会合を補完する機器として利用されている」(羽淵,2006:135) とされ,「維持されている既存の人間関係をベースとして,地理的・時間的制約を離れ,人が絶え間なくメンテナンスを行ない続ける親密圏をテレ・コクーンとよびたい」(同:124) とされる。こうしたコクーン(繭)を形づくり,

既存の人間関係を補強する作用は，少し色合いは違うとはいえ PC メールにもみられるものであり，われわれはこれをパソコンとケータイの両メールに共通する作用だとして，「コクーン（繭づくり）」機能と一般的に呼びたいと思う。これらのネットメディア，とりわけそのメール利用がはたす機能は，コミュニティの修復というわれわれの当初の問題意識からいえば，まさにそれと同じ文脈のもとに理解されるものである。つまり，インターネットのメール利用は，弱まりつつあるわれわれの「居場所」や「人間的支え」を修復し，補強する役割を新たに担ってきているのだ。

　しかしながら，PC メールとケータイメールそれぞれの「コクーン」機能には違いもある。それは先ほども述べたが，つぎのことである。つまり，「利用しているメディアによって，つながりがある社会的ネットワークの量と質ともにはっきりとした差がみられる。ケータイとパソコンの両方が使えるとしても，電子メールを送るときには，ケータイの方がパソコンよりもよく使われる。しかし，ケータイメールは近くの人とのやりとりであるのに対し，PC メールは近くの人だけでなく遠くの人ともやりとりされている。また，ケータイメールのやりとりは，親しい友だちや家族との短く素早いものであり，感情的なつながりを維持したり，待ち合わせの日時を決めたり，日常の行動をスムーズにしたりするために行なわれる。ケータイメールを多く送る人は，サポートをもらえるようなつながりが多い。これとは対照的に，PC メールは強い紐帯だけでなく弱い紐帯をもつ人びととも交換され，物理的に一緒にいることが多い人とはあまりやりとりが行なわれない。そして，PC メールを多く送る人ほど，広く多様性に富んだ社会的ネットワークをもっている」のである(5)(宮田・ボース・ウェルマン・池田，2006：114)。以上より，ケータイメールが近距離通信・頻繁な使用・迅速なやりとり・私的かつ感情的な内輪のつながりの維持強化（「強い紐帯」！）に用いられるのに対して，PC メールは遠距離通信・より少ない使用頻度・やや緩慢なやりとり・私生活だけにとらわ

れない緩やかなつながりの維持(「弱い紐帯」!)にも用いられるという違いが、くっきりと浮かび上がる。しかし、どちらもが実名を用いたやりとりであって、そういう形でリアルな世界の人間関係やコミュニティの修復・維持に貢献している。そして羽淵のケータイメール利用調査によれば、このように既存の人間関係の維持・補強にインターネットを使う人のほうが、つぎに述べるような、新たな「出会い」を探す利用者よりも圧倒的に多いのである (45.6% : 7.9%)。また、そうした多数派の人たちは「出会い」を求める少数派と違って、「周囲の人間と自分自身の興味や考えが異なるという意識はもっておらず、自己への不安感も強いわけではな」く、「仲間集団に対する気づかいを怠らないという集団維持に象徴される」心性をもっている (羽淵, 2006 : 135, 138)。まさに、ネットメディアが既存の人間関係・コミュニティの維持・修復に利用されているわけである。

「出会い」機能

これに対して、ネットメディアがもついまひとつの機能は、まったく逆方向のベクトルの「出会い」機能である。これはPCインターネットでいえば、典型的にはウェブ上のポータルサイトの掲示板(BBS)やチャットを利用した見知らぬ人との匿名のやりとりであり、ケータイ・インターネットでいえば、やはり出会い系サイトの見知らぬ人との匿名の邂逅である。あるいは、ブログの流行に触発されたソーシャル・ネットワーキング・サービス (SNS) や、そのケータイ版である MoSoSo (モバイル・ソーシャル・ソフトウェア) の利用も、匿名性が薄まるとはいえ、「出会い」という意味でこの範疇に含まれよう。いずれも、既存の人間関係を超えた未知の人間との邂逅を含むからである。羽淵はケータイの利用調査から、「『出会い』場面について、ケータイの電話番号を教えることに対する敷居の低さが、見知らぬ人との接触を可能にしていることや、ケータイ・インターネット(メールも含む)の利用によるアクセス可能な社会的空間の多数化が、見知ら

ぬ人との接触可能性を増大させていると想定することは容易である」として,「新たな人間関係の創出機会を,ケータイは提供する」としている(羽淵,2006：123, 138)。同じことは,PCインターネットについても言えることで,富田英典はつぎのように述べる。「インターネット上には,同じ趣味や関心をもつ人たちが集うネット上のサークルのようなものが多数存在している。一人ひとりが自分の趣味について語ったり,耳よりな情報を伝え合ったり,知りたいことがあれば掲示板に書いて質問すれば誰かが答えてくれる。そんな交流ができるオンラインコミュニティがインターネット上には多数存在している。……また,たくさんのチャットルームがあり,リアルタイムでのコミュニケーションの場所になっている。……それに対し,掲示板は同じテーマについて場所や時間を越えてじっくりと語り合える場所を提供してくれる。……このようなPCインターネットによるオンラインコミュニティの場合は,お互いに見知らぬ者どうしである場合がほとんどである」(富田,2006：158)。

　PCのウェブサイトとケータイ・インターネットのこうした「出会い」機能は,既存の人間関係やコミュニティを離れた交流を志向するものであって,「ハンドルネーム(仮名・ニックネーム)」を用いた,相手の実名をお互い知らないという意味で匿名の関係からなっている。しかしケータイとパソコンでは形成される人間関係に差があり,パソコンのばあいはポータルサイト上のさまざまなカテゴリー別の無数の巨大コミュニティ,つまり多数の人の参加する「オンラインコミュニティ」が形成されるのに対して,ケータイのばあいは個人どうしのつながりに終始した,もっと個人的な「パーソナルネットワーク」が形成されると富田は言う。だがいずれにしても,こうした人びとは先の「コクーン」派にくらべてあくまで少数派である。羽淵は,「新しいメディアを利用して親密な人間関係を求める人びとは,地縁や血縁に代表されるような,地理的制約のなかにある人間関係において,関心を共有する他者を見つけられないと感じている……。[しかし,]このよ

うな新しい関係をもとめる人びとの割合は低く、こういった種類の出会い文化は、正統性を獲得していない」と指摘する（羽淵, 2006：133）。すなわち、これをわれわれの問題意識からいえば、自分の「居場所」の修復や補強に余念のない多数の「コクーン」派とは違って、少数とはいえ自分の居場所を失った「出会い」派が、新たな「居場所」や「人間的な支え」をもとめて、いまネット空間にさまよい出ているということになろう。しかし、これについては節を変えて論じることにしよう。

2　「インティメイト・ストレンジャー」の誕生

　後者の「出会い」機能に特化して考察するばあい、多数派の「コクーン」機能利用者が形成する従来と同質な人間関係や空間とは異なって、そこには新たな質の人間関係やネット空間が形成されると考えられる。それが「インティメイト・ストレンジャー」と「パーソナルネットワーク」である。これについては、古くは哲学者の森岡博通による「意識通信」と「匿名性のコミュニティ」という問題提起を嚆矢として、その後さまざまな議論と実証的分析が重ねられてきた。ここでは森岡の議論を踏まえたうえで、その最新バージョンともいうべき富田英典の定式化にもとづいて考察を進めてゆきたい。そして、さらにはこの論考のうえにたって、そうした人間関係とネット空間に析出されつつある「愛」の文化（とわれわれが仮に呼びたいもの）を明らかにしたい。

ネット空間と「匿名性」
　まず、森岡にならって「出会い」機能に関わるネット空間を、主として「グループ・メディア」として利用されるものと、「パーソナル・メディア」として利用されるものとに類別したい。「グループ・メディア」とは、不特定多数の人間が、同時にひとつのメディアのな

かでコミュニケートできるようなメディアのことであり，PC インターネットのウェブ上の BBS やチャットがそれにあたる。これに対して「パーソナル・メディア」とは，その対極にあって個人が他の個人と 1 対 1 でコミュニケートするようなメディア（P to P）であり，ケータイ・インターネットの出会い系サイトがそれを代表している（もちろん，パソコンでも「インスタント・メッセンジャー」を用いれば，相手がオンラインであれば同様の 1 対 1 のコミュニケーションが可能であるが）。しかし森岡によれば，こうした新しい「出会い」機能を利用したネット空間には，従来のコミュニケーションにはないひとつの共通特徴が，つまり「匿名性」という特徴がある。「ハンドルネーム」を用いたコミュニケーションが，そこでは基本ルールなのである。このことは，先に述べたネットメディアの「コクーン」機能を利用したコミュニケーションが，リアルの世界と同じ「実名性」という特徴をもつのと著しく対照的である。ネットメディアの「出会い」機能の利用に基[7]本的な「匿名性」について，森岡はこれらのメディアがリアルな対面状況とは違って，文字や音声などのどれかだけを使ってコミュニケーションがおこなわれる，「制限メディア」であることが「ハンドルネーム」使用を可能とし，ひいては「匿名性」を保証するのだと言う。そこからさらに，「断片人格」や「自己演出」というコミュニケーション特性が生まれると説くのだが，それについてはここでは触れない。

　さらに，ネットメディアの「匿名性」について，個人対個人（P to P）の「パーソナル・メディア」に収斂させる方向で，最新の状況を踏まえて整理したのが富田英典である。彼によれば，要はネットメデ[8]ィアでは「匿名性のコミュニケーション」をつうじて「匿名性」と「親密性」の結合が成立し，そこから「インティメイト・ストレンジャー（親密な他者）」という従来にない新たな人間関係が生じるのだと言う。つまり，こういうことだ。今日の情報社会において広く「匿名性」が必要とされる理由は，ひとつにはプライバシーの保護のためで

あり，いまひとつはオンライン上での「社交性」の成立にある。ここでネットメディアの「出会い」機能に深く関わってくるのは，このうち後者の「社交性」のほうである。ちなみに，富田は匿名性を，「相手を特定できないこと」と定義するが，対面状況における匿名性とメディア上のそれには大きな違いがあるとする。すなわち，「『仮名』は対面状況では『匿名性』の要件として考えられているが，インターネット上では，個人を識別する指標として利用されている」のである（富田，2006：147）。「ハンドルネーム」などの仮名はG. T. マークスの言う Identity Knowledge なのであり，インターネット上に成立するのは，「部分的な匿名性」に過ぎないのだと言ってもよいだろう。しかし，対面状況のそれと違って，ハンドルネーム・仮名を使ったメディア上の匿名性では，住所・氏名はもちろんのこと，職業など「機能的類型」も識別できないことが多い。にもかかわらず，富田によればこうしたインターネット上の部分的な「匿名性」は，現実からわれわれを解放し，ネット空間で，われわれが社会性の遊戯形式である「社交」や，愛の遊戯形式である「コケットリー」を楽しむ可能性を拓く。つまり，そこでは「『仮名』にもとづく関係が親密な関係へと移行する」（同：147）という可能性が生じるわけであり，これは「匿名性」と「親密性」の結合と言ってもよい事態であって，そこに成立するのが，「インティメイト・ストレンジャー（親密な他者）」という新しいこれまでとは異質な人間関係なのである。

「インティメイト・ストレンジャー」

すなわち，富田は〈匿名―知名〉を縦軸にとり，〈親密―疎遠〉を横軸にとって，人間関係を4つのタイプに類別する。匿名であり疎遠な人は「まったくの他人」であり，知名だが疎遠な人は「顔見知り」，知名で親密な人は「友人や恋人」，そして匿名であり親密である人がここで問題の「インティメイト・ストレンジャー（親密な他者）」だと言う（富田，2006：149）。そして，インターネットの「出会い」機能を

利用する人たちのあいだに新しく成立する人間関係の特質が，この「インティメイト・ストレンジャー」にあると言うのである。富田はジンメルの「社交」や「コケットリー」についての分析，およびギデンズの「親密性の変容」についての分析を参照しながら，この「インティメイト・ストレンジャー」の特質をつぎのようにまとめる。「メディアによって保証される『匿名性』は，現代社会に潜む危険から私たちを守ってくれる。都市も『匿名性』の空間である。しかし，そこには常に自分の身体を相手にさらしているために起こる危険性がつきまとう。メディアのなかの『匿名性』は，［オフにすることによって］一瞬の内に相手の目の前から姿を消し，いつでも関係を切断することを可能にするのである。『匿名性』に守られながら関係が継続するとき，そこで生まれる親密さは急速に深まる」と。この「匿名であるから親密になれるという関係」こそが，「インティメイト・ストレンジャー」とのコミュニケーションの本質なのである。そして，こうした「メディアが提供する新しいタイプの人間関係［とりわけ男女関係！］は，部分的な『匿名性』によって生まれるコケットリーな『社交性』［→遊戯としてのふれあいや愛！］を楽しみ，そこでの関係を楽しむという目的のためだけに関係を続けることによって，『本当の私』と『本当のあなた』が出会う親密な関係へと発展する可能性を秘めた魅力的な存在となっていく」のである。さらに場合によっては，「少しずつプライベートな情報を交換するようにもなる。［だが］……『匿名』の関係においてプライベートな情報を伝えるかどうかは本人の主体性に関わっている」のである（同：149〜150）。

　こうした「インティメイト・ストレンジャー」とのコミュニケーションは，かつて森岡が「意識通信」という概念で定式化したものと相似する。森岡によれば，人間のコミュニケーションには二種のものがある。ひとつは「情報通信」であり，いまひとつは「意識通信」である。たとえばケータイを電話として使用するばあいでいえば，相手に何らかの用件をすばやく伝えるための「道具」として用いるときに，

そこに成り立つのが「情報通信」である。そうではなく、若者の長電話のように、伝えるべき用件もなくただおしゃべりを楽しむことそれじたいを「目的」として用いるばあいが、「意識通信」である。前者は、従来のシャノン＝ウィーナー流の〈情報のキャッチボール〉図式によってとらえられる、コミュニケーションの側面である。そこでは、おたがい〈情報提供者〉となり〈情報提供〉をおこないあう。それにたいして後者は、K. レヴィン流の〈場の形成と変容〉図式によってとらえられる、コミュニケーションの側面である。そこでは、おたがい〈自己表現者〉となり、おたがいの〈自己表現〉を交流させて楽しむのである。この森岡の図式でいえば、出会い系に限ったばあい、「インティメイト・ストレンジャー」とのコミュニケーションは、明らかに後者の「意識通信」に含まれよう。それが用件や知識を伝達することを目的としてというよりは、メディアのなかで誰かとコミュニケートすることじたいを目的にしているからである。

　こうした事態をわれわれの問題意識からみれば、マイノリティとはいえ自分の「居場所」や「人間的な支え」を失ってネット空間にさまよい出た「出会い」派の人たちが、いま新たな「憩いの場」として漂着したのが、こうした「匿名性のコミュニティ」や「匿名性の個室」なのだと言えよう。すなわち、地域と家庭での拘束と依存を嫌って、あるいは職場と学校での競争に倦んで、従来のコミュニティから離脱せざるをえなかったこれらマイノリティは、旧来型の連帯の息苦しさを避けつつ、しかもなお自分を受け容れてくれる気軽な連帯の「場」や人間の「支え」をもとめて、それを、匿名性の保証されたメディアの架空世界の「疑似コミュニティ」や「疑似個室」のなかに見いだしたのである、と。あるいは、こうも言えるだろう。匿名性の保証されたメディア空間の虚構のコミュニティや個室のなかにしか安息の地をもとめえないほど、われわれの自我は傷つき、また旧来のコミュニティや人間関係の「砂漠」化はすすんでしまったのだとも。あるいは、少数に代表されるとはいえ、共同的な人間関係をもとめざるをえない

われわれの心情のある部分は，いまこういうかたちで，仮そめの気楽な連帯や出会いのなかをさまよっているのだとも。

「インティメイト・ストレンジャー」の歴史

こうした「インティメイト・ストレンジャー」とのコミュニケーションには，それなりの歴史がある。大きく「テレクラ」「伝言ダイヤル」「パーティーライン」「ツーショット」という固定電話の音声通話の流れと，「パソコン通信」，インターネットの「メル友」というパソコンの文字通信の流れがあり，そしてその中間にポケベルの「ベル友」があるが，これらは最終的にはiモード以降のケータイの出現によって統合されることになる。そして，現在ではインティメイト・ストレンジャーの匿名性を緩和した「SNS（ソーシャル・ネットワーキング・サービス）」（ケータイでは「MoSoSo」）が，急速な勢いで広がりつつある。これについては，富田が手際よくコンパクトにまとめているのでそれを紹介したい。

まず，音声通話サービス系から。最初に登場したのが，1980年代半ばから始まった固定電話を使った「テレクラ（テレホンクラブ）」である。業者の提供する個室に利用料を払って男性客が入り，広告を見た未知の女性がフリーダイヤルでかけてくる電話を待つという形をとる。電話によるナンパが目的だが，結果は会話の成り行き次第で，成功が保証されるわけではない。最初は客のあいだの「早取り制」から始まったが，後に入店順の「順番制」に変わる。つぎに流行したのが，1986年に始まったNTTの伝言ダイヤルサービスを使った「伝言ナンパダイヤル」である。これは登録した連絡番号と暗証番号を使って，録音と再生が可能ないわば声の掲示板であるが，やがて誰でもが思いつく番号を使った「オープンダイヤル」が登場し，見知らぬ人にメッセージを送る手段として利用されるようになった。そして次第に，それが未知の人とのやり取りに使われる「リレーダイヤル」や，交際相手を募集する「伝言ナンパダイヤル」へと発展して一時隆盛をきわめ

た。だが、やがて業者の「ダイヤルQ^2」や「テレクラ」に占拠されるようになった。NTT の情報料回収代行サービスである「ダイヤルQ^2」が開始されたのは、1989年のことである。これを利用して業者によるさまざまな提供番組が登場したが、そのなかで人気を博したのが、見知らぬ男女が自宅から電話でデートできる「ツーショット」と、数人の男女が電話で自由におしゃべりできる「パーティーライン」であった。ただ、全国どこからかけても0990で始まる番号であるため、同一地域の相手につながる保証はなく、必ずしもナンパに適していたわけではない。通話料に加え情報料が高額で払えなくなって自殺や殺人事件が相次ぎ、あるいは知り合った男性に女子高生が乱暴される事件が起きたことから、1991年から94年にかけてこれらのサービスは廃止に追い込まれた。そして、こうしたダイヤルQ^2の規制強化にともなって、一度は衰退していた「テレクラ」が再度復活し、第二次テレクラブームがまき起こった。しかし、それは以前のような店舗型のものではなく、これまでの「ツーショット」の料金の回収部分をダイヤルQ^2ではなく、銀行振り込みや自販機で購入したカードで済ます形にした無店舗型のものである。払い込みや購入の手間ひまがかかるぶん、ナンパ目的の利用が大半であった。その結果、いわゆる援助交際に利用されるケースが続出して問題化し、各都道府県でカード購入機や広告を規制する「テレクラ規制条例」が定められ、やがて衰退に向かうこととなった。

　受信機能しかもたない移動メディアのポケベルのサービスが始まったのは、1986年のことである。しかし1996年にいたって、プッシュホンで打ち込まれた数字を文字に変換することで短文を受信できるようになった。これをきっかけにして女子高生を中心にポケベルが大流行し、送信用に公衆電話を併用することによって、見知らぬ人とメッセージを交換する現象が広がった。いわゆる「ベル友」である。そこにはダイヤルQ^2のシステムもテレクラ業者も介在せず、「見知らぬ人との出会いが風俗産業にからめとられることなく、自分たちの世界の

なかで育まれだした現象」が現出したのである（富田，2006：154）。純粋な形の「インティメイト・ストレンジャー」の登場と言ってもよい。こうした文字通信のコミュニケーションは，PHS さらにはケータイに受け継がれ，やがてはパソコンの文字通信の潮流と合流することになる。そして役目を終えたポケベルのサービスは，つい最近の2007年3月に廃止された。

　つぎに，文字通信サービス系について。これについては，「パソコン通信」から「PC インターネット」そして「ケータイ・インターネット」の登場へという大枠の歴史はすでにみたので，「インティメイト・ストレンジャー」に関わる事象だけ簡潔に述べたい。1980年代初めに登場した「パソコン通信」は，90年代半ばに大幅に増加したが，そこで人気があったのが掲示板と会議室であった。「ハンドルネーム」を使って参加するそれらは，最初から「インティメイト・ストレンジャー」のためのサイトとなり，そこで知り合った男女が結ばれる「パソ婚」なども話題となった。しかし，パソコンの家庭普及率はまだ低く，これらの現象は一部の限られた人にみられたにすぎない。ところが，1993年に始まったインターネットの商業利用は，1995年のマイクロソフトの Windows95 と Internet Explorer の供用を契機に急速に広まり，インターネット人口は急上昇した。1997年からは主要ポータルサイトで「インスタント・メッセンジャー」の配布が始まり，サイト上の自分の趣味や年齢にあったチャットルーム（コミュニティ）で，多くの人たちがチャットを楽しむとともに，なかにはメッセンジャーを使って1対1の個人的なやりとりを楽しむ者も現れた。つまり，「インターネットは新しい男女の出会いの場を提供し」たわけであり（「恋するネット」！），まさに「インティメイト・ストレンジャー」を求める場となったのである（同：155）。事態が大きく動いたのは，1999年の NTT ドコモの「i モード」投入によるケータイ・インターネットの開始である。このケータイ向けサイトのコンテンツにも，収益性の高い「出会い系サイト」が登場し，もっとも人気の高いサイ

トになった。ただ、それは先に述べた「チャットルームで見知らぬ人と知り合って友だちになる」という、パソコンウェブのチャットにみられるスタイルのものではなく、いわゆる「マッチング・サービス」であった。つまり、「年齢や性別や住所などを入力し、好みの相手を検索するサービス」であり、「条件を入れるとそれに合った相手のメッセージを表示してくれる。そして、そのなかから気に入った人へメールを送信する」(同:156) というものである (いわゆる「メル友」!)。しかし、出会い系サイトで知りあった青少年が事件に巻き込まれ、女子高生の援助交際の温床になるなど問題が多発し、2003年には「出会い系サイト規制法案」が施行される。だが、こうした問題は現在も収まっていない。

　さて、アメリカで始まった「ブログ」サービスが2002年には日本にも上陸し、個人によるホームページの開設がごく簡単にできるようになった。そして、日記コーナーを設けて自分の記事を載せるとともに、それに対して「コメント」機能を使って他のひとが書き込むのを待ち、「トラックバック」機能を使って他人のブログ記事と双方向リンクを張り、あるいは「訪問者履歴」機能を使ってどんな人が自分の記事を読んでいるのか確かめたりする、つまりはユーザどうしの交流が可能なため人気を集めた。これに触発される形で、インターネットの「出会い系サイト」にも新たな動きが生じた。それは「個人認証を取り入れた出会い系サイトであるソーシャル・ネットワーキング・サービス (SNS)」(同:158) の登場である。いま急激に会員を増やしている「ミクシィ」や「グリー」などがそれである。これらは先に述べた「ブログ」をベースとするが、友だちの紹介がないとネットワークに参加できないもので、「友だちの友だち」というネットワークを利用して友だちの輪を拡大するとともに (友だちの友だちは友だちだ!)、ネット上の出会いに必然的にともなう危険や不安を「匿名性」を薄めることによって避けようとするものである。2004年2月に始まった「ミクシィ」は、わずか3年後の2007年2月で、会員数801万人までに急

成長している。

　以上，匿名性と親密性の結合した「インティメイト・ストレンジャー」という存在が，音声通話サービス系と文字通信サービス系でそれぞれ独自に形成され，風俗業者がそれにからむ形でさまざまなバリエーションを生みながら発展してきたのをみた。そして現在，ネット上には業者が開いた「出会い系」のサイトや彼らの送りつけるメールが氾濫するとともに，そこに危うく咲いた「インティメイト・ストレンジャー」に対して，「出会い」派が抱く危惧と希求が，「友だちの友だち」という匿名性の薄まった新たな形の「インティメイト・ストレンジャー」を，「SNS」や「MoSoSo」などのネット空間に生み出してきたとも言いうるのである。

3　浮遊する「愛」の文化

　では，こうした「インティメイト・ストレンジャー」をめぐって，「疑似コミュニティ」や「疑似個室」に集う「出会い」派に共通する意識，あえて言うなら彼らが育てつつある「文化」とは，いったいどのようなものなのだろうか。ネット空間の大半を占める「コクーン」派に比べれば，その数において少数派ではあるが，「ミクシィ」会員や「ブロガー」の着実な増加ぶりからも窺えるように，いまや彼らの存在は無視できないところまできている。あるいは，業者によるものが大半だとはいえ，PCメールやケータイメールで，出会い系の「迷惑メール」に悩まされた経験をもつ人も少なくないだろう。それだけ利用者がいるということだ。こうした諸現象の底に流れる人びとの意識こそが，かつての生活の場に成立した「貧しさの文化」に代わって，どうもつぎの時代の「文化」のひとつに育つのではないか，という予感がしてならないのだ。最後にこれをみておくことにしよう。

「出会い」派の意識

　まず、一般的にいえば、ネット空間にさまよい出た「出会い」派の人びとがもとめるものは、匿名性に守られた自由で気楽なコミュニティや男女関係のなかに、〈自分が受け容れられること〉それじたいであろう。かつてのような共同的な人間関係の場を失った人びとが、その代替物をもとめてたどり着いたのがこうした「疑似コミュニティ」や「疑似個室」なのだから。そこでは、〈自分を認めてほしい〉〈自分を受容してほしい〉という暗黙のメッセージが飛びかい、そうした無意識の願望が沈澱することとなる。これらの沈澱物こそが、ある意味でこうした「場」や「関係」の文化の土壌となるのであろう。しかも、かつて森岡が述べたように、コミュニケーションが匿名性の制限メディアをつうじたものとなることから、そこで認められたい〈自分〉、受容されたい〈自分〉とは、名前や職業など実世界のアイデンティティを離れた、無意識的にもしくは意識的にかくありたいと願う、もう一人の〈演じられた自分〉だということになる。では、電子の架空世界を現に徘徊する〈演じられた自分〉には、どのようなイメージが支配的なのだろうか。また、それらのなかにはどのようなメッセージが込められているのだろうか。これについて、森岡はつぎのように言う。ネット上では、「異性とじかに話をしたい、会ってデートしたいというひりひりするような『願望』のみが活性化され、増殖している……。……［ネット］空間には、会いたい、お話ししたいという匿名の願望であふれることになる。……次々とあふれ出てくる生々しい『性的願望』の群れ」と（森岡, 1993: 136～137）。

　このような光景は、「出会い系」など風俗産業がからむパーソナル・メディアのなかではより直接的でシステマティックなかたちで展開され、チャットなど草の根グループ・メディアのなかではより間接的でアドホックなかたちで展開されるものである。その強弱や展開に多少のちがいはあれ、それらは一連の現象と考えられるのである。そして、それらを共通に支配しているのが、「異性と話したい、デート

したい，つきあいたいというひりひりするような願望」であるのは間違いない。われわれが先に〈自分を認めてほしい〉〈自分を受容してほしい〉と一般的に述べた，匿名性のコミュニティや個室を支配する願望は，具体的には，〈異性から認められたい〉〈異性から受け容れられたい〉というかたちで表出され，さらにはそれが暴走して〈異性を抱きたい／異性に抱かれたい〉というかたちで噴出するのだ。これはいったい何を意味するのだろうか。作家の庄司薫がかつていみじくも喝破したように，「人類は発情期にある」ということなのだろうか。いや，そういう単純なことではあるまい。確かにデートをしたい，性的交渉をもちたいという赤裸々な願望がそこに見え隠れはする。匿名性の世界であるだけに，それはいっそう露骨なかたちで現れる。しかし，そういう卑猥な言説の背後に，ひと言でいえば，〈愛されたい〉という狂おしい願望，〈愛してほしい〉という切実なメッセージが潜んでいるのではないだろうか。彼らがさまざまな表現でくり返し語っているのは，いかに猥雑にみえようとも，またいかに即物的に思えようとも，〈愛されること〉，このひとつのことだけではないだろうか。

「愛」の文化？

「愛されたい，というこの現代の病──」と書いたのは，作家の中島梓であった。彼女はさらにつづける。「それは私たちを，愛されたいと思っているものだけが満ち，愛したいというもののいないという荒野に知らず知らずのうちに導いて行く。気がつくと私たちは，愛されたい，かわいがられたい，そしていつも自分を見ていてほしい，と望む男と女の集団になっている。男がかつてのようにその愛するという役割をひきうけるのをやめ，もっと自分の欲求にしたがって，自分だって愛してほしいのだ，という欲求を表面化させたいまとなっては，どこにも愛してくれる神の存在はなく，ただ愛してほしいという叫びで自分自身を満たした人びと，寂しくも不安な人びとだけが，世界をいっぱいにみたしていることになる」，と（中島，1991：168）。これが

書かれたのは，1991年のことであった。そして現在も，その状況は深まりこそすれ，解消されることはないのではないだろうか。

　ここで，やや私的な体験をもまじえて言うならば，われわれにとって真実であるのは，一般に〈愛する〉能力をもたずして他人から〈愛される〉ことは不可能なのではないかということである。もし，そうでなくとも成り立つ世界があるとしたら，それは〈愛する〉ことへの無知とエネルギー不足によっていつ崩れてもおかしくはない，いわば〈まがい物の「愛」の世界〉なのではないだろうか。そうした世界も，最初は確かにおたがいへの欲望と物珍しさと誤解のゆえに，〈疑似エネルギー〉を獲得して成立しうるのかもしれない。いや，そういうことはおおいにありうるのだろう。しかしながら，こうした「愛」もどきの世界はいずれ齟齬やエネルギー不足を来し，結局は破綻せざるをえないのではないだろうか。それこそが，現代のネット空間の「疑似コミュニティ」や「疑似個室」に広がる，荒涼たる風景なのではないだろうか。おたがい孤立しながら，他者からの愛をひたすら待つ寒々とした人間たちの群れ集まる世界！　あるいは，ひたすら欲望のおもむくままに，性的交渉をもとめてネット空間からあふれ出る人びと！しかも，業者の「出会い系」など，そうした欲望を金銭に換算する時代の通奏低音！

　では，それ以外の可能性を考えることは不可能なのだろうか。森岡の所説を引けば，彼はこうした匿名性のコミュニケーションのありうべき姿のひとつとして，「コンピュセックス」をかつて措定した。それは実際に当時のパソコン通信のチャットのなかに実現されたもので，つぎのような世界である。「われわれを束縛する現実の肉体的特徴が排除され，匿名性によっておたがいの私的空間がガードされ，そしてそのうえで，自己演出によってつむがれた断片人格どうしが，電子空間のなかでやさしくふれあい，おたがいのこころの深層へと侵入していく。その融合とせめぎあいのなかで，二人の意識がセクシャルに交流し，興奮と快感となぐさめが共有される」，と（森岡，1993：32〜33）。

こうしたいわばおたがいの想像力が活性化することによって実現される，ネット空間のなかの愛。確かにそれによって，実世界のなかで傷ついたわれわれにカタルシスがもたらされるのかもしれない。匿名性のコミュニケーションであるがゆえにもちうる，〈癒し〉という効果。

　しかしながら，よく考えてみれば，こうした〈愛〉を実現しうるにも，やはりひとを愛する能力というものが前提されるのは明らかである。何もないところに，突然そうした能力が湧き出るわけではない。〈愛されたい〉という現代の病に犯されたわれわれにとって，そうした飛翔は本当に可能なのだろうか。答えは，やはり悲観的とならざるをえない。「コンピュセックス」よりずっと手軽で，それゆえに凄まじい勢いで増殖をつづける「出会い系サイト」の実情がそのことを物語っている。そこでは，どこまでも卑猥で即物的な欲望の表現が軽いノリで飛びかうにすぎず，森岡の描くような真の意識交流など望むべくもない。カッコつきの「愛」の世界は，どこまで行っても負のエネルギーの世界を抜け出しえないのである。

　だがしかし，われわれがこのような貧弱な〈愛のコミュニティや関係〉しかもちえないからといって，いまさらかつてのような共同性の世界には帰るべくもない。かといって，金銭と効率性だけの支配する現代の人間砂漠に安らげるわけでもない。いかに貧弱であろうとも，これこそがわれわれがもちうる等身大の「愛」の世界に他ならないのである。そして，この〈愛されること〉をめぐって展開される社会意識こそが，いかに不毛なものであれ，新しい「匿名性のコミュニティ」や「匿名性の個室」の文化のひとつとなるものなのであろう。それは，つぎのような内容のものだとも言えよう。①匿名性の虚構世界に成り立つ，それゆえに自由で無責任，かつ軽いノリの流動化してやまない文化であり，②また，演技された自己がくり広げる，〈愛されたい〉という無意識の劇からなる文化でもあり，③しかも，その愛の劇がどこまでも性的なメタファーを多用した，猥雑な〈肉体的なつながり〉のレベルにとどまるような文化でもある，と。われわれがカッ

コツきの「愛」の文化と呼ぶゆえんである。

● 注 ──────────

(1) この急速な進化は,「チープ革命」によってもたらされたと梅田望夫は言う。IT産業に関して,「半導体性能は一年半で二倍になる」という「ムーアの法則」が知られるが, 現在ではそれは,「あらゆるIT関連製品のコストは, 年率30％から40％で下落していく」という意味に転じて使われる。梅田はこれをさらに拡大して,「チープ革命」という事態が現在進行していると説く。つまり,「『ムーアの法則』によって下落し続けるハードウェア価格, リナックスに代表されるオープン・ソース・ソフトウェア登場によるソフトウェア無料化,［定額制］ブロードバンド普及による回線コストの大幅下落,［グーグルなど］検索エンジンのような無償サービスの充実」があいまって,「ITに関する『必要十分』な機能のすべてを, 誰もがほとんどコストを意識することなく手に入れる」ようになる, という事態の進行である（梅田, 2006：10～11）。

(2) たとえば2002年の利用動向調査（通信総合研究所「インターネットの利用動向に関する実態調査報告書」）によれば, PCインターネット利用者のうち約76％がメールを利用しているが, そのうち発行者からの情報を購読者が一方的に受け取る形の「メールマガジン」の利用者は約22％に過ぎない。逆に, 2003年の利用動向調査によれば, ホームページ利用に関しては娯楽や旅行やニュースなど一方的な情報収集の項目がいずれも6～7割の高率を示し, 双方向的な対人コミュニケーションである「掲示板やニュースグループ」などの利用者は約17％にとどまるのである。こうした傾向は, ケータイのばあいはさらに強まる（一方向的な音楽や娯楽情報入手が4～5割, 双方向的な掲示板・ニュースグループ利用がわずか4.3％）。

(3) ただし, 近年の「ブログ」の普及は, ややこうした状況を変えつつある（2006年末で, ブログ利用人口867万人）。とくに後述のミクシィなど「SNS」の拡大には目覚しいものがあり, その与える影響は無視できない（2007年2月で, ミクシィ加入者は801万人）。

(4) そしていまひとつ明らかになるのは, ホームページ利用について, 利用されるメニューのバラエティに関するつぎの事実である。すなわち, PCインターネットの利用者は, 20種類のメニュー中11種類を20％以上が利用しているのに対して, ケータイ・インターネット利用者のそれは,「音楽やメロディをダウンロードする」「娯楽的な内容のウェブサイトを見る」のわずか2種類にとどまるということである（利用動向調査2003年。池田, 2005：35）。つまり, ケータイのホームページ利用は, きわめて限定された用いられ方しかされていないのである。

(5) さらに言えば、「家やオフィスなどで共有されがちなパソコンに比べ、小さなスクリーンをもつケータイは、より個人的なものなので、ケータイメールでのプライベートな会話を可能にしてくれる。一方、パソコンはより広がった社会的ネットワークを作り出す。PC メールは親しい人だけでなく、利用者をより広い世界に導き、誰といつつきあうかを選ぶことを可能にする」のである（宮田・ボース・ウェルマン・池田、2006：114〜115）。

(6) こうしたパソコンとケータイからのインターネット利用の違いについて、池田はそこに、「ケータイ・デバイド」の問題が生じつつあると論じる。つまり、ケータイのばあいはパソコンと比べて、「強い紐帯」で内輪に固まる傾向を生み、利用機能の少なさとあいまって社会参加や政治参加を阻害し、異質な他者への寛容性が減少する可能性を孕むと言う。とくに近年、ケータイしか使用しない若者が増えており、パソコン利用者ないしダブル利用者とのあいだに、この点に関して格差（デバイド）が生じつつあり、開かれた民主社会への隠れた脅威となるとするのである（池田、2005）。同じような傾向は「SNS」でも生じていると森健は論じ、それを「加速するパーソナリゼーションとスモールワールド（クラスター化）」と定式化して、やはり、「ウェブの進化が民主主義を衰退させる」と主張している（森、2005：117〜151）。

(7) 森岡はここから、ネットメディアの利用によって、既存のコミュニティがたんに脱地域化・架空世界化したに過ぎない実名性の「ノンプレイス・コミュニティ」（われわれのいう「コクーン」機能を利用したネット空間に相当する！）と、こうした「匿名性のコミュニティ」を峻別し、従来にないその新しい特質に注目する。われわれとしては主にケータイというパーソナル・メディアをもちいた「匿名性の個室」の概念を、これにつけ加えるのであるが。

(8) この匿名性を逆に、「グループ・メディア」に収斂させる方向で論じてゆけば、ポータルサイト上の各種の「コミュニティ」や、「アバター（自分の分身）」を活躍させてネット上の架空のコミュニティ・ライフを楽しむオンラインゲームの「セカンドライフ」、あるいはその子ども版の「カフェスタ」や「ジオシティ」や「ふみコミュ」などにたどり着く（下田、2004：244）。

(9) 当時のグループ・メディアのひとつ、電話を使った「パーティーライン」の森岡による分析は、この富田の説の源流と言えよう。森岡によれば、「パーティーライン」に参加してくるメンバーたちは、実名でなくさまざまな「ハンドルネーム」を名乗っておしゃべりを楽しむ（匿名性）。そこでは、音声という断片的な手がかりをもとにメンバーそれぞれのイメージを想像しあう（断片人格）。あるいは、それらメンバーを相手にさまざまな自己を演じて、変身願望をみたす（自己演出）。ひと言でいえば、そこでは、「参加者の『匿名性』に裏づけられた『匿名性のコミュニケーション』」が成立しているのである。森岡を引用すれば、「参加者たちは、電子の架空世界という『もうひとつの世界』

のなかで,『もうひとりの私』として,『もうひとつの生』を生き,そこで『もうひとりのあなた』と出会っておたがいの意識を触れあわせ,存在感を交流させる」というわけである(森岡, 1993：32～33)。

(10) ヤフーやMSNなどのポータルサイト上でも,見知らぬ男女の「マッチング・サービス」はおこなわれている。MSNでいえば,「恋人探し」や「恋愛・結婚」のボタンが入り口となる。

(11) フリージャーナリストの森健は言う。「迷惑メールの数は,この数年で爆発的に増加した。米コム・タッチ社の調べによれば,2001年にはネットを行き交う全メールのうち6％に過ぎなかったものが,3年後の2004年には65％以上を占めるに至っている。明らかに異常な事態だ。……迷惑メールでもっとも多いのは,『出会い系』と呼ばれるマッチング・サービスだ。昔もいまも,それは変わらない。男女の出会いの場としての掲示板をサービスとして提供するそれは,携帯用サイトにかぎらず,パソコン用サイトでも広く展開されている。届けられるメールには,タイトルやメールアドレスに女性を装ったものが使われたり,『昨日のことだけど……』といった人目を引くあざとい文面が綴られている場合が多い」(森, 2005：30～34)。

● 引用・参考文献

[1] 池田謙一編著『インターネット・コミュニティと日常世界』誠信書房, 2005年。
[2] 梅田望夫『ウェブ進化論』ちくま新書, 2006年。
[3] 小川克彦『デジタルな生活』NTT出版, 2006年。
[4] 小檜山賢二『ケータイ進化論』NTT出版, 2005年。
[5] 下田博次『ケータイ・リテラシー』NTT出版, 2004年。
[6] 富田英典「ケータイとインティメイト・ストレンジャー」松田美佐・岡部大介・伊藤瑞子編『ケータイのある風景』北大路書房, 2006年。
　　羽淵一代「高速化する再帰性」同上。
　　松田美佐「ケータイをめぐる言説」同上。
　　宮田加久子・J. ボース・B. ウェルマン・池田謙一「モバイル化する日本人」同上。
[7] 中島梓『コミュニケーション不全症候群』筑摩書房, 1991年。
[8] 日本記号学会編『ケータイ研究の最前線』慶應義塾大学出版会, 2005年。
[9] 森岡博通『意識通信』筑摩書房, 1993年。
[10] 森健『インターネットは「僕ら」を幸せにしたか』アスペクト, 2005年。
[11] 山下清美・川浦康至・川上善郎・三浦麻子『ウェブログの心理学』NTT出版, 2005年。

第 II 部

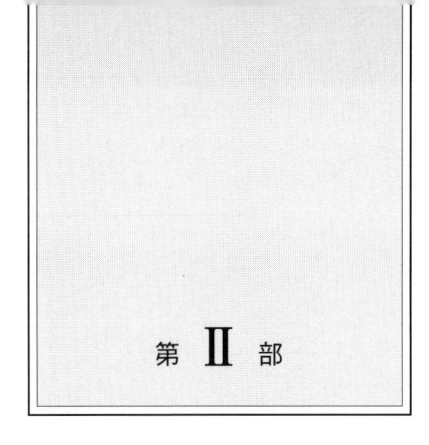

怒りはどこに

● 第 6 章 ●

社会性のゆくえ

　社会学の対象とする「社会現象」が，ウェーバーの言うように「意味性」と「社会性」をそなえた人間行為の集計であるとするならば，世紀末から新世紀にかけて時代の焦点は，明らかに「意味性」から「社会性」に軸足を移しているように思われる。「意味性」の軸が，かつて喧伝されたような「没意味化」と「意味覚醒」というきわめて能動的な社会の形成意志に関わるのにたいして，「社会性」の軸は，社会の「成立」と「解体」というむしろその存在の成否そのものに関わっており，時代の危機は後者のほうに移ったと考えられるからである。そのことは連日マスコミをにぎわせる「児童虐待」や，増えつづけてやまない子どもたちの「ひきこもり」など，あるいは時代の通奏低音として勢いを増す「少子化」の流れなど，社会の再生産や成立のメカニズムそのものの瓦解を予兆させる最近の多くの現象のなかにみることができる。あるいは，もう少し大きな流れのなかでいうならば，これを1989年の社会主義体制の崩壊を境にして，その内実はどうであれ「変革」や「理想」の看板が掲げられた「連帯」の時代は最終的に終焉し，グローバルな市場原理の貫徹のもと，個々人が個別利害のみを追い求める赤裸々な「欲望」ないし「利己」の時代が頂点に達したのだ，とも表現することができよう。後者の行き着くところは同時に，先に述べたような「社会性」の崩壊でもあるのだ。

　本章においては，こうした現代における「社会性」の成否や存立をめぐる病巣に迫ってみたい。そのさい，従来の社会学的分析の中心を占めてきたのは，「社会化」とその不全をめぐる「社会心理学的」な

アプローチであった。しかしながら，近年ではそれに加えて「秩序」や「信頼」の分析というかたちで，「合理的選択理論」による「ゲーム論的」なアプローチが，この問題について目覚ましい成果をあげている。この後者の理論は，いわばウェーバーの「方法論的個人主義」および「方法論的合理主義」の嫡子ともいうべき位置にあり，現代理論社会学の一方の潮流を代表しているが，その中心を占めるのは，「社会性」の成立をめぐる問題なのである。ここでは，まず，「社会心理学的」なアプローチの概要を簡単に述べ，そのうえで，「ゲーム論的」なアプローチからの分析について詳しく触れてゆくことにしたい。

ちなみに，21世紀初頭の日本社会の課題は，まさにこの「社会性」の再構築にこそあり，この課題の解決に失敗するとき，日本の社会に明るい未来はないと考えられるのである。ここで，われわれが「社会性」のゆくえを検討対象に選ぶゆえんである。

1　問題の所在

そもそも，社会学ないし社会科学には，原問題ともいうべきものが存在する。それはホッブス以来の，「もっぱら自己利害のみを功利的に追求する諸個人の衝突のなかから，いかにして社会秩序が生まれうるのか」という問題であり，言いかえれば，「社会はいかにして可能になるか」という問題である。これは，「社会性」のゆくえを問ううえでの理論的基礎をなすものであり，これを手がかりとしてわれわれは考察を進めることができる。けだし，「反社会性」や「非社会性」の蔓延というわれわれの問題意識は，協力や信頼の成立を問うこの秩序問題にそって生じるからである。これにたいしてはこれまで，さまざまな視点からさまざまな解が考えられてきた。ここではそのなかから，まず，社会統制や社会化にその機序をもとめる「社会学的」ないし「社会心理学的」な理論を検討することにしたい。そのあと次節で，「囚人のジレンマ」問題の解決というかたちで協力解をもとめた「合

理的選択理論」ないし「ゲーム理論」のばあいを検討することにしよう。

2　「社会心理学的」アプローチ

社会化の理論

　社会の成立を説明する従来の社会学ないし社会心理学理論としては，「共通価値体系」による社会統制と社会化にそれをもとめるパーソンズの理論が代表的である。が，ここでは彼の理論に限らず，もう少し範囲を広げて心理学者のピアジェやさらにはより実践的な精神医学の「交流分析」の理論などを組み込みながら，また，とりわけ社会化の側面に焦点を絞ってそのアウトラインを論じてみよう。社会化に限定するのは，児童虐待や「しつけ」崩壊など社会性をめぐる現代の病巣のひとつは，どうもこのあたりにあるように思えるからだ。

　さて，われわれの社会は自らの価値や文化を，さまざまな生活共同体を舞台とする「価値の内面化」ないし「社会化」の過程をつうじて成員に内面化することによって，また世代から世代へとそれを継承することによって，自らを成立させ維持してきた。タルド，デュルケーム，ボヴェ，マウラー，ピアジェ，フロイトの社会化論を独自に統合した作田啓一によれば，こうした人間の社会化は，つぎの二つの過程を経ておこなわれる。ひとつは，家族や地域などにおいて一般的な，若年者が年長者の権威を媒介にして年長者の文化や価値を取り入れるばあいである。いわゆる一方的な尊敬をつうじた社会化であり，これにはさらに，年長者への愛着（典型的には母親への）をつうじて相手の行動様式を取り入れるより幼少期の「発達同一化」と，年長者への畏怖（典型的には父親への）をつうじて相手の行動様式を取り入れるもう少し後の「防衛同一化」の二つが含まれる。いまひとつは，学校や職場などの仲間集団において一般的な，ある程度年長者による支配を脱した者どうしがお互いの同意を媒介にして，それぞれの内面化した価

値とは異なる新たな価値を形成するばあいである。いわゆる相互的な尊敬をつうじた社会化であり,「見地の相互交換」と呼ばれる同一化の過程である。端的にいって,前者は幼少期の既存の文化を継承する役割を担った社会化であり,後者はそれを革新する役割を担ったギャング・エイジ以降の社会化である。いずれにしろ,こうした二つの社会化の過程をつうじて,われわれの社会の維持と革新は図られてきたのである。[1]

交流分析の理論

さて,このような社会化の過程をつうじて,われわれはどのような「社会性」を身につけるのだろうか。われわれが獲得する「社会性」のあり方一般についての理論を提供するのが,ここで述べる「交流分析」の理論である。交流分析とは,フロイトの「精神分析」のいわば口語版として E. バーンによって創られ,精神医療や心身医学の治療現場で多大な実績を上げている理論だが,その中核にあるのが,社会化とりわけ「発達同一化」をつうじて形成される,「社会性」の性質一般についての理論なのである。

交流分析といえば,親と大人と子どもの三つの自我状態からなる「エゴグラム」の分析が有名であるが,社会化との関わりで重要なのは,むしろその理論的基礎をなす「ストローク」と「基本的な構え」と「時間の構造化」という三つの考えである。まず,「ストローク」とは愛情不足の乳幼児の発育不全に着目して生まれたアイディアで,母親による愛撫のように,人間が成熟するうえに不可欠な生物学的な刺激のことを指している。人間は一生涯これをもとめて生きており,幼児のこうした身体的ストロークから始まって,のちには賛辞のような言葉によるストロークにいたるまで,われわれは「刺激の飢え」そして「承認の飢え」に突き動かされてストロークを追いつづけるのである。そして,人間にとってこれらのストロークの得られない状態,つまり相手から無視されることほどの苦痛はないのであって,愛情,

承認，報酬などの「陽性のストローク」が得られないばあいは，むしろ逆に，憎悪，非難などの「陰性のストローク」をもとめるようになる。そして，人がその乳幼児期にそもそも親からストロークを受けたかどうか，またどのようなストロークをどの程度受けたかによって，さまざまなかたちで形成されるのが「基本的な構え」である。それは，「子どもがストロークを体験することによって，自分と他人との関係についてくだす結論，つまり人生にたいする態度」（池見・杉田，1973 : 36）であり，「人の生涯をつうじた立場」（同）となるものである。こうした「基本的な構え」には，つぎの四つのものがある。すなわち，①私は OK でない，他人は OK である，②私は OK でない，他人も OK でない，③私は OK である，他人は OK でない，④私は OK である，他人も OK である，の四つである。①は，われわれのなかの「気落ちしやすい憂鬱になりやすい」子どもの自我状態がとる構えであり，②は，おなじく「人生は無価値でなんらよいことはないと感じている」子どもの自我状態がとる構えであり，③は，「他人についよい疑惑を感じている」子どもの自我状態がとるものであり，④は，われわれのなかで「自分の価値と他人の価値を認め，それを尊重する」大人の自我状態がとる構えである（同 : 38〜42）。前三者は，幼児期の陰性のストロークによる感情的な体験にもとづいて形成される非建設的な構えであり，後者は，陽性のストロークによってそれを脱却して理性にもとづいて構築される建設的な構えだと言えよう。そしてさらに，われわれは幼児期に一度こうした非建設的な構えをとると，それを強化することによって自己の世界を予測可能な状態におこうとする。そこでは，まがりなりにも獲得された心身の調和（ホメオスタシス）を持続させるために，「時間の構造化」がおこなわれ，こうした構えを源として，他人とのあいだで生涯にわたる負の「ゲーム」を演じ，人生に関する負の「脚本」を演出するにいたるのである。

　さて，以上が交流分析のごく簡単なあらましだが，これが社会や秩序の成立の問題とどのように関わるのだろうか。上記の四つの「基本

的な構え」のうち，最後を除いて残りの三つの構えはいずれも自分や他人への不信や否定を含んでおり，それが重篤なばあいには，いずれのばあいも他者との協力や信頼を築くことができず，社会からの脱落や自殺や殺人や精神病へといたってしまう。つまり，人はその幼少期に親などから陽性のストローク（愛情など）を十分に受けないで育ったばあい，自他への信頼を育むことができず，ネガティヴな「社会性」を身につけてしまうのである。逆にいえば，そうしたストロークを十分に受けて育ったばあい（あるいは「治療」を受けたり，「自己陶冶」をしたばあい）には，自他への信頼をはぐくんでポジティヴな「社会性」を身につけることができる。こうした二つのコースのうち，前者が社会の解体に，そして後者が社会の形成につながっていることは言うまでもないだろう。そしてさらには，親子の交流のなかで獲得されたネガティヴな「社会性」もしくはそうした「構え」は，本人の子どもの自我状態のなかでプログラム化されて「脚本」となり，さらにその子へと受け継がれていく。児童虐待を受けて育った人が，自分の子にも児童虐待を繰り返すことがあるという周知の事実がその例である。いずれにしろ，先の「社会化」の理論とこうした「交流分析」の理論の統合のなかに浮かび上がってくる「社会化」の不全こそが，現代における「社会性」の病理を生みだしている原因のひとつであるのは間違いないだろう。

3 「合理的選択理論」によるアプローチ

ではつぎに，「合理的選択理論」においては，社会や秩序の成立の問題はどのように考えられ，またそうした視点からは，現代日本の「社会性」をめぐる問題状況およびそのゆくえはどのようにとらえられるのだろうか。これを，R. アクセルロッドと山岸俊男の理論によりながらみてゆくことにしよう。

アクセルロッドの「ゲーム理論」

「合理的選択理論」ないし「ゲーム理論」において，社会ないし秩序の成立の問題は，まさに「ホッブズ問題」そのものとして考えられている。すなわち，「自己の利益のみを功利的に追求する個人のあいだに，いかにして協力関係が成立しうるのか」，と。この問題にきわめて有力な解答を与えたのが，アメリカの政治学者 R. アクセルロッドによる「囚人のジレンマ」の研究である。彼に代表されるゲーム理論家たちは，もっとも協力関係が成立しがたい社会状況というものを考え（「囚人のジレンマ」），そこでどうすれば協力が成立するか，というかたちでこの問題を考える。そのさい，人びとはあくまで個人の効用の極大化をもとめて合理的に行動すると仮定され（「合理性仮説」），しかも，自分の選好のみによらず，他者との複雑な駆け引きのなかで戦略的に自己の効用の最大化を図るとする（「戦略的相互行為」）。そして，この諸個人のもっとも合理的な行動の集計が，結果として必ずしも彼らにとって最適な社会状態を生み出すとはかぎらない点にも注目する（「合成の誤謬」）。では，具体的にはどのように理論は展開されるのだろうか。

囚人のジレンマ

もっとも協力の困難な社会状況として考えられたのが，「囚人のジレンマ」である。いま，AとB二人の共犯者がある重罪容疑で別々に警察の取り調べを受けているとしよう（お互い，連絡はできない）。彼らがお互い協力してシラを切り通せば，別の微罪で懲役1年の刑で済み，ともに自白すれば5年の刑が科せられることを知っている。彼らはともに当然シラを切ろうとするだろう。そこで警察はそれぞれに悪魔的な取引をもちかける。もし素直に白状すれば，相棒には10年の重刑を科すがおまえは無罪放免してやろう，と。当然，彼らは考える。もし相手が黙秘したばあい，自分も黙秘すれば1年の刑がかかるが，白状してしまえば自分は無罪放免となる。だから，白状したほうが得

だ。逆に相棒が白状したばあいを考えれば、黙秘すれば自分だけが10年の重罪という最悪の結果となり、白状してしまえばなんとか5年の刑で済む。いずれにしろどちらのばあいも、自分は裏切って白状してしまったほうが得だ、と（「優越戦略」）。相手も当然おなじように考えるであろうから、協力してシラを切れば1年の刑で済むにもかかわらず、結果は裏切りあって共倒れに終わり、ともに5年というありがたくない刑をくらうことになる（「合成の誤謬」）。これが有名な「囚人のジレンマ」であり、そもそも協力関係が成立しえない構造になっている。

　ところが、「囚人のジレンマ」状況が1回きりのものでなく、何度も繰り返され両者の関係が長期化してくると様相が違ってくる。談合をしたわけでもないのに、自ずと協力関係が生じうるのである（フォーク定理）。このことを明らかにしたのが、アクセルロッドであった。彼は1980年にこの「反復囚人のジレンマ・ゲーム」を戦うさまざまな戦略をコンピュータ・プログラムのかたちで広く募集し、それらを各ペアごと総当りのトーナメント形式で戦わせたのである。その結果、もっとも好成績をおさめたのは、「初回は協力し、その後は前の回に相手がとった手をまねる」という「しっぺ返し戦略」であった。この戦略は、相手が裏切らない限りこちらからは裏切らない・相手が裏切れば即座に裏切り返す・相手が協力に戻ればすぐ協力に戻る・相手からみてわかりやすい・という特徴をもち、協力を基本とする戦略である[2]。この戦略を相手にとられると、結局は相手に協力する以外には、得点の稼げない「裏切りあい」（相互非協力）の泥沼から抜け出す道はないと悟らざるをえず、そこから、よりよい得点をもとめて自ずと協力関係が生じるのである。さらに、アクセルロッドはこうした「しっぺ返し戦略」について、集団内部における進化論的な研究をおこない、つぎのことを明らかにした。それは、こうした「互恵主義にもとづく協調行為は、非協調的な世界に侵入でき、百花斉放の諸戦略とのせめぎあいに打ち勝ち、いったん制覇した世界を守りぬくことができる」

（アクセルロッド，1998：106）ということである（「進化的に安定な戦略」）。つまり，「しっぺ返し戦略」は，お互いに絶対協力しない者（「全面裏切り戦略」）だけからなる「けちの世界」のなかでも，少数の「しっぺ返し戦略」どうしが「内輪づきあい」を繰り返して徒党を組むことによって，高得点をあげて周囲を打ち負かしてゆくことができる。また，こうして集団内部に徒党の橋頭堡を築いたあとは，徐々にその勢力を伸ばしてこの集団を支配するにいたる。そして，いったんこの集団を制覇すれば，他のいかなる戦略の侵入をも撃退することができるのである。[3]

　このように，自己利害のみを追い求める功利主義者たちの「万人の万人にたいする戦い」の世界においても，「協力関係」つまり「社会」が成立しうるのである。では，こうして「ゲーム理論」によって明らかにされた社会の成立の原理的な可能性に関連して，現代社会の「社会性」をめぐる病理は，どのようなかたちで浮かび上がってくるのだろうか。つぎに，「合理的選択理論」によって「信頼」の分析をおこなった山岸俊男の理論にそって，これをみてみることにしよう。

「信頼」の研究

　山岸は，おなじくホッブス的な裏切りあいの世界から出発し，そのような社会状況を「社会的不確実性」という概念でとらえる。つまり，功利的世界における協調の成立の問題は，この「社会的不確実性」への対処の問題へと変換されるのである。そしてまた，裏切りから協調への転轍手としての，「信頼」のはたす役割にも注目する。

　すなわち，われわれが相互不信の裏切りの世界を抜け出すには，つまりそうした社会的不確実性を低下させるには，つぎの三つのいずれかの方法によらざるをえない。ひとつは，実際の相手はどうであれ主観的に相手を信頼してしまうことである（このばあい，結果は保証されない）。いまひとつは，「人質の交換」ないし「人質の提供」という方法である。人質を担保することによって，お互い裏切ることのできな

い状況を作り出し，かくして社会的不確実性を取り去るのである。これは契約の際など，どちらかと言えば公的な領域で用いられる方法である。最後は，特定の相手とのあいだに安定した「コミットメント関係」(内輪づきあい) を作るという方法である。ちなみに，「コミットミント関係」には，相互の感情的な絆によって成立するいわば「恋人型」のコミットメント関係と，敵対的な外部社会に対応するために関係内部の結束を維持する「やくざ型」のコミットメント関係の二つがある。ある関係から社会的不確実性を減らす目的のために形成されるのは，このうち後者の「やくざ型コミットメント関係」のほうである。それは，「社会的不確実性の大きな社会的環境におかれた人たちが，特定の関係の内部で社会的不確実性を低めるために形成している関係」(山岸，1998：66) なのである。そして，この「やくざ型コミットメント関係」が，先の「反復囚人のジレンマ」の所で述べた，非協調的世界に侵入するさいに形成される「内輪づきあい」と原理的に同じであるのは言うまでもないだろう。

さて，山岸が問題とするのは，この最後の「やくざ型コミットメント関係」についてである。これは仲間うちで裏切りや騙しあいを排除して，外部社会にたいして結束し協力しあって得点を上げていくやり方である。俗に「集団主義社会」と呼ばれるものであり，「系列」や「派閥」など，従来の日本社会の主流となってきた組織原理でもある。こうした閉鎖的な組織原理は，従来は内部の安定した協力関係からもたらされる「安心」によって互いの「取引コスト」を節減し[4]，組織の効率と成果を引き上げることを可能とする効果的な戦略であった。しかしながら，山岸によれば日本社会においては近年，「関係を外部に対して閉ざすことの効用」よりも「外部に対して開くことの効用」のほうが大きくなりつつある。すなわち，別の相手に乗り換える「危険」と「利益」を比べたばあい，この「内輪づきあい」やその範囲の拡大による獲得利益よりも，それらによる逸失利益のほうが大きくなってきているというのだ[5]。グローバルな競争激化のなかで，これまで

のような集団主義やその拡大による閉鎖的な安定的利益の確保は、むしろ効率化の足かせとなって競争力の低下を招くのであり、「規制緩和」に代表されるように、日本の社会はいま、「閉鎖型ないし集団主義型の安心社会」から「開かれた機会重視型社会」への転換が迫られているのである。けだし、こうした「機会重視型社会」では、個人レベルでは「機会の有効な利用」を図ることにより、またマクロレベルでは「機会と人材のあいだの適切なマッチング」を図ることにより、個々人の成功および社会の効率がともにもたらされうるからである。つまり今日では、これまでとは逆の開放的な組織原理によって、あえて人間一般を「信頼」するリスクをとり、そのことでより大きな効率と成功の達成をめざすほうが効果的な戦略だと言うのである。山岸によればそのばあい、新たな協力関係の獲得のさいに果たす人間一般への「信頼」の役割が決定的であり、しかも、それをたんなる「お人好し」に終わらせないために、相手が信頼しうる人間かどうかを判別する「社会的知性」のはたす役割もまた、決定的に重要なのである。

　こうした日本社会の現状にあって、「社会性」をめぐる最大の問題点は、「集団主義社会は安心を生み出すが、信頼を破壊する」（同：1）という点にある。すなわち、集団主義的な「やくざ型コミットメント関係」の形成やその範囲の拡大は、一方で内部においては、お互いに裏切ることを避けて協力しあうわけだから、それが「安心」を生み出すことは容易に理解されよう。しかし、他方で外部にたいしては、こうした「安心」は当然期待できず、むしろそこではよそ者にたいする警戒が先に立つことになる。つまり、「人を見たら泥棒と思え」とばかり、外部の社会的不確実性の主観的な見積もりが高くなって、外部の人間一般にたいする「信頼」はむしろ低下するのである。ウェーバー言うところの、「対内道徳」と「対外道徳」の二重道徳の発生を想起させる事態である。こうした集団主義社会に特有の対外的な人間不信が、現代のように、リスクも大きいが集団の枠を越えることの利益がもっと大きいという状況下にあっては、みすみすチャンスを逃し

てしまう結果に終わることは容易に理解されよう。このような状況下における成功への道は、「他人が信頼できるかどうかを見分けるための感受性とスキルを身につけた上で、とりあえずは他人は信用できるものと考えるゆとりをもつ」(同：8) という戦略スタンスにある。そのことが、集団主義社会の外部に存在するチャンスを呼び寄せ、より大なる成功へと導くのである。だから逆に、「内集団ひいきの原理の生み出す集団の閉鎖性が、一般的信頼の発達を阻害しているという点」(同：201) こそが、現代日本社会における「社会性」をめぐる最大の問題なのだと言うのである。

4　非社会性という病い

では、ゲーム論的アプローチから明らかとなる「集団主義による一般的信頼の発達の阻害」というこうした病理と、先に述べた社会心理学的アプローチから明らかとなる「社会化の不全」という病理とは、「社会性」をめぐる病理として、相互にどのような関係にあるのだろうか。それらは、現れ方のちがう共通の現象なのだろうか、それとも、まったく別々の現象なのだろうか。あるいは、それらを規定するさらに深い病根というものが別に存在するのだろうか。最後にこれを検討してみよう。

まず、結論から先に述べよう。私には現代の日本社会において、「社会性」をめぐる最大の病理は、社会を形成する能力それじたいの衰退にあるように思えてならない。児童虐待にしろ、子どもの「ひきこもり」現象にしろ、若者の対人殺傷事件の多発にしろ、あるいは少子化の流れにしろ、いずれも現代の日本人が社会を形成する能力や意欲を失いつつあることの表れなのではないか。社会化の不全にしても、信頼の衰退にしても、この社会の形成意志の衰退という中心的事象をめぐる因子として存在し、その最終的に行き着くところがこうしたさまざまな社会病理現象なのではないだろうか。あるいは、山岸の理論

に沿うならば，集団主義が社会を形成する信頼の発達を阻害しているというよりも，むしろそれ以前に，集団主義そのものが自壊しつつあると言えるのではないか。社会の形成意志の衰退によって，われわれの「やくざ型コミットメント関係」を形づくる意志や能力そのものが瓦解しつつあるのではないだろうか。これを詳しく説明することにしよう。

「内輪づきあい」のたくましさの衰退

すでにアクセルロッドの理論の紹介で触れたように，「しっぺ返し戦略」は，持続的な関係や集団のなかにおいて，「内輪づきあい」の仕組みを採用することによって，「進化的に安定な」戦略たりうる。それはいかなる集団にも侵入できる「初期の活力」と，そこで勢力を伸ばしていく「たくましさ」と，他のいかなる戦略の侵入をも許さない「安定性」をかね備えた，きわめて「強い」戦略なのである。そして，一般に協力を基本とする「上品な」戦略はこれと同様，つぎの条件をみたすときそうした「強い」性格をもちうる。それは，①つきあいが十分に長続きすること，②相手からの裏切りに即座に怒りを表すこと，③自分の協力者か非協力者かをうまく見分けてつきあう相手をえらぶこと，の三つの条件である。そして山岸が「集団主義型社会」から「機会重視型社会」への転換にさいして必要なものとして描いた，他者への「一般的信頼」の育成および相手を見分ける「社会的知性」の涵養という処方箋は，実は「上品な」戦略が「強く」あるためのこうした条件の再構築という意味あいをもつ。あるいは，こう言ってよいかもしれない。互恵主義にもとづく協調関係（「利他的利己主義」）が，[6]内輪づきあいを繰り返しつつ上記の諸条件をみたして集団を制覇したあと，そこには「社会的不確実性」は存在しなくなり，「安心」が支配する世界となる。そこでは上記の②の怒りの表明や③の相手の選別という条件は必要とされなくなり，人びとはいつしかそれらの資質を失ってしまうと考えられる。あるいは，「利他的利己主義」という自

己の立場の戦略性すら忘却してしまうと言ってもよい。山岸が主張するのは、この一度確立した「集団主義社会」が、危険も大きいがチャンスも大きいさらなる外界に乗り出さざるをえなくなるとき、再度必要とされる自らの協力的態度の戦略性の自覚や、それに付随する一度休眠したこうした資質の再生への主張なのである。いわば互恵主義の「たくましさ」の復活の主張である。しかしながら現代の日本社会では、実は「集団主義社会」の問題点はそうした所にあるのではない。山岸が言うように、集団主義が内にこもり外部の人間一般への「信頼」を破壊することによって、互恵主義に本来的な外部にたいする「たくましさ」の芽を摘んでしまうという点にあるのではない。むしろ、現代では「内集団ひいきの原理」という集団主義じたいが衰弱してしまって、それ自身われわれの乗り越えるべき対象にすらならなくなった点にある。つまり、集団行動や集団づくりに長けていたかつての日本人は姿を消しつつあり、われわれの社会は、「内輪づきあい」ないし「やくざ型コミットメント関係」すら形成する意欲や能力を失った、「非社会的な」若い世代のみが目立つ社会となったということであろう。

再び社会化の不全へ

では、こうした現代日本のとくに若い世代に特徴的な「非社会性」は、そもそも何に由来しているのだろう。これにたいする答えのひとつが「社会化の不全」なのである。山岸も指摘するように、確かにこの理論の背後には、「ある人間の信頼が高い（他人を信頼する傾向が強い）のは、まわりに信頼に値する行動をとる人びとのいる環境で育ったからだ」とする、「信頼の濃密関係理論」が存在する（山岸, 1998：59）。それは、いわば「信頼の無限後退」ともいうべき説明構造をもっている。すなわち、この理論に依るかぎりどこまでいっても、信頼が信頼を生むという無限連鎖がつづき、不信や不確実性の支配する環境のもとでの「信頼」の誕生や拡大を説明できないのである。しかし

ながら他方で,「交流分析」の理論にみられるように,そこには不信の悪循環を断ち切ってあえて信頼の世界へと乗り出す方途も同時に示されている。というよりむしろこの理論じたいが,そうした悪循環から抜け出す途を指し示すための理論であると言ってもよい。この理論は,そもそも不毛な人間相互の不信の構造を治療するために医療の現場で構築されたものなのである。ここでは述べなかったけれども,「構造分析」「交流分析」「ゲーム分析」そして「脚本分析」という実践の場でこの理論の中核をなす部分は,そのことを示している。つまり,こういうことだ。山岸の分析は,人間にたいする一般的信頼へ乗り出す障害として立ちふさがる集団主義という,現代ではやや的はずれの病理を摘出したわけだけれども,「交流分析」の理論が浮かび上がらせるのは,むしろ獲得すべきこの一般的信頼そのものが自ら衰弱し奇形化するありさまと,それにたいする治療の途の提示なのである。他者を信頼する能力の再構築の途は,集団主義の克服のなかにあるのではなく,病める現代の社会化を正していくことのなかにある。とはいえ,そうして「信頼」の能力が回復した暁にも,社会的不確実性や裏切りにどう対処するかという問題が依然としてわれわれにはつきまとうのだが。山岸が問題としているのは,実は,それにたいして従来のように「拡大コミットメント・ネットワーク型関係」の構築の方向へと対処するのか,それとも新たに「オープン市場型関係」の構築の方向へと対処するのかの選択であり,今日の日本の取るべき途は後者にあるとする主張なのである。

　いずれにしろ,21世紀初頭のわれわれの社会が,「社会性」をめぐる問題を軸にして動いているのは間違いない。そしてまた,その最大の問題が,まずはわれわれ日本人とりわけその若い世代に蔓延する「非社会性」にあることも。この問題を解決したさらなる地平にこそ,「社会性」の再建をどのような方向の原理に収斂させていくのかという問題が現れてくるのだと言えよう。そして,急展開するグローバリゼーションのなかで,こちらの問題の解決も日本の社会にとって焦眉

の急であることは疑いえない。しかし、これについては、また別に論じることにしよう。

●注
(1) 私見によれば、社会化をつうじたこうした社会の成立と革新のメカニズムは、現代の日本社会においては、この間の急激な社会変動によって自壊しつつあると思われる。くわしくは、本書第4章で述べた。
(2) この特徴をアクセルロッドは、「上品」で、「タフ」で、「心がひろく」、「わかりやすい」と表現した。
(3) これら三つの性質を、アクセルロッドはそれぞれ、協調関係に関する「たくましさ」の問題、「安定性」の問題、「初期の活力」の問題として考察している（アクセルロッド、1998：93〜106）。また、このような性質をもつ戦略は、「しっぺ返し戦略」だけなのではない。総じて協力を基本とする「上品な」戦略はこうした「強い」性質をもち、「しっぺ返し戦略」はそのなかで最強だというのである。ただし、「上品な」戦略でありさえすれば強いというわけでもなく、強くあるためには、①相手が協力戦略か非協力戦略かをうまく見分けること、②相手からの一方的裏切りにたいして、即座に「怒り」を表すこと、の二つの能力が必要であり、その最たるものが「しっぺ返し戦略」だというのである。
(4) 「取引コスト」とは、仲間づきあいをする相手に関する信用調査や弁護士との相談などに費やす、労力や時間や費用のことを指している。「コミットメント関係」では、これを節約することができるということである。
(5) この逸失利益のことを、山岸は「機会コスト」と呼んでいる。また、山岸はこの後者の「内輪づきあい」の範囲の拡大を、「コミットメント関係のネットワークの拡大」と呼んで、現代社会は、「[こうした方法で]対処できるレベルを越えた機会コストの増大に直面している」とするのである（山岸、1998：202）。
(6) 「しっぺ返し戦略」を含む「上品な」戦略一般に与えた山岸の呼称である（山岸、1998：69）。
(7) 前記三つの資質のうち、①のつきあいの持続性と、②の怒りの表出という資質については、山岸の議論のなかでは論じられていない。彼がめざす「オープン市場型社会」のなかで、それらは「最低限の安心を提供するための社会制度」の問題として集団外部の問題に転嫁されているようである（山岸、1998：200）。
(8) このことは、先に述べた「コミットメント関係のネットワークの拡大」という方法をとるばあいにも、その最前線において結局何らかわりがないと考えられる。

(9) そのさい，親の世代から子の世代へと繰り返される不信の連鎖を抜け出す「治療法」は，基本的には，幼児期に埋め込まれた不毛な無意識の「負のゲーム」や「負の脚本」をこうした分析によって自覚し，それらを肯定的なものへと作りなおすというかたちをとる。
(10) 山岸はもう一方で，現代の日本社会がこれから直面する「安心の崩壊」とは区別される，「欧米の高度産業社会が直面している『信頼の崩壊』の問題」(山岸，1998：199〜200)についても触れている。その内容は，われわれの問題としている「非社会性」とオーバーラップする部分が多い。しかし，彼はこれについては簡単に触れるだけで，深く踏み込もうとしない。

◉ 引用・参考文献

[1] R. アクセルロッド，松田裕之訳『つきあい方の科学』ミネルヴァ書房，1998年。
[2] 池見酉次郎・杉田峰康『交流分析と心身症』医歯薬出版，1973年。
[3] 作田啓一『価値の社会学』岩波書店，1972年。
[4] 鈴木正仁「方法論的個人主義とシステム論」社会・経済システム学会『社会・経済システム』第19号，2000年。
[5] 山岸俊男『信頼の構造』東京大学出版会，1998年。

● 第 7 章 ●

「信頼」のゆくえ

　21世紀に入ったいま，日本の社会は何処にいて，何処に行こうとしているのか。バブルの崩壊したあと，1990年代は「失われた十年」と総括されるように，経済は長期低迷をつづけて国民はすっかり自信を失い，リストラにおびえる生活のなかで明日への希望はどこにも見いだせないできた。ようやく景気は回復基調にあるとはいえ，この萎縮した社会風潮は，いったい何なのだろう。そして，それはいったい何に起因するのだろう。

　前章ではわれわれは，時代の病理を「社会性」の喪失にもとめて，その原因を探る作業をおこなった。すなわち日本人，とくにその若い世代が「社会」を形成する意志や能力を失いつつあるという未曾有の事態と，その根底に横たわる「社会化の不全」という深刻な病理である。この作業のなかでわれわれは，「社会」の成立にとって，「信頼」が決定的な役割をはたすことに気づかざるをえなかった。そのことは，「社会心理学的」なアプローチをとるばあいにも，「ゲーム論的」なアプローチをとるばあいにも，等しく言えることである。たとえば，前者のアプローチのばあいには，幼児期の「陽性のストローク」によって育まれる，自他への「信頼（OK）」こそが，社会の成立の鍵を握るものであったし，他方，後者のアプローチのばあいにも，おなじく社会の成立の鍵を握るものは，条件つきであれ基本的にまずは他者を「信頼」してかかる「利他的利己主義（しっぺ返し戦略）」の採用なのであった。いずれにしろ，「信頼」こそは「社会」の成立を左右する根本要素であると言って過言でない。そして，実は後ほどくわしく分

析するように，現代の日本社会をおおう萎縮したムードないし閉塞感は，経済領域を中心とした現代の「信頼」の病的なあり方にそのルーツをもとめることができるのである。

　話はとりわけ，前章の山岸の理論展開に関わっている。すなわち，彼によれば現代の日本社会は，旧来の「集団主義社会」の原理が急速にその有効性を失って，新しく展開しつつある「市場主義社会」の障害となりつつあり，その鍵を握るものが，「集団主義は『安心』を生み出すが，『信頼』を破壊する」という命題なのである。そして，新しい社会を推し進めるためには，いま一度「利他的利己主義」の原点に立ち返って，つきあう相手をみわける「社会的知性」を涵養しつつ，外部者も含め他者一般を「信頼」する態度の復活が必要だとするのである。しかしながら，本当にそうなのだろうか。「信頼」をめぐる現状は，そんなに単純なものなのだろうか。現に，「系列」や「派閥」，「株式の持ち合い」や「メイン・バンク制」，「行政指導」や「護送船団方式」などこれまで日本経済の特質と言われ，いわば「集団主義社会」の中核をなしてきたものは，「構造改革」や「規制緩和」の深化によってその多くはすでに崩れ去り，「オープン市場型社会」が現実のものとなってきている。山岸流の「信頼」にたいする障害物は取り除かれつつあると言ってよい[1]。にもかかわらず，経済を中心とした状況は，「貸し渋り」や「貸し剥がし」の横行など，「信用収縮の悪循環」の進行に見舞われたのである。つまり，山岸の想定とはまったく逆に，「市場主義社会」の進展は皮肉なことに，「リスクをとって信用を供与する」という経済をめぐる「信頼」の基本から，もっとも遠い地点にわれわれを導いたと言っても過言でない[2]。なぜ，こういうことになってしまったのだろう。どこにその原因があるのだろう。少なくとも山岸のように，実際には崩壊しつつある「集団主義社会」に原因をもとめるのは無理があるだろう。

　本章では，必要に応じて経済学の領域にまで踏み込んで，「信頼」もしくは「信用」をめぐる現状とその課題を分析してみたい。後ほど

詳しくみるように、ことは「デフレ・スパイラル」や「不良債権問題」や「慢性的金融危機」など、近年の深刻な日本経済に深く関わっており、経済学的な分析を避けてはこの問題の核心に迫れないからである。ここでは主に、小林慶一郎・加藤創太の分析（小林・加藤,2001）と、北坂真一の分析（北坂,2001）に依りながら、論考を進めていくことにする。まずは、経済領域における「集団主義体制」のこれまでの実体と、バブル崩壊後の資産価格下落によって生じた「信用収縮の悪循環」を明らかにする。そしてつぎに、その後の「不良債権処理の先送り」によって企業間の協力体制に生じた、さらなる「信用の劣化」について説明することにしよう。そしてさらに、こうした劣化をこれまで未然に防いでいた「行政指導」の調整機能が後退することによって、また、信用を保証するこれまでの担保主義に代わる、新たな「リスク評価システム」が十分に確立されないことによって、信用劣化に歯止めがかからなくなったことを明らかにしよう。いずれにしろ、これらの考察から明らかとなるのは、現代の日本社会において「信頼」ないし「信用」が日々衰えつつあるという、これまた未曾有の危機の出来なのである。そして、われわれを動かしている「時代の精神」もまた、病んでいるということなのである。

1　経済的集団主義と土地神話の崩壊

山岸が明らかにしたように、利己的な「裏切りあい」の泥沼から抜け出して「協力関係」を築きあげるには、大きく三つの方法がある。「一方的信頼」方式、「人質」方式、および「やくざ型コミットメント」方式がそれである。結果の保証されない第一の方式は別として有効性をもつのは後二者であり、現実にはこれら二つが併用されるばあいが多い。否、正確にはこれに加えて、強制的な「社会統制」方式の三つが併用されるというのが社会の実状であろう。これを従来の集団主義的な「日本的経営」に即して考えれば、つぎのようにまとめるこ

とができる。

経済的集団主義

これまでの日本的な経済運営の特徴の第一としては、まずは山岸も言うように、戦前からの旧財閥や戦後の都市銀行を中心とする企業集団など、「系列」や「派閥」の形成があげられよう。これは敵対的な市場競争のなかにあって、仲間うちで結束し、「安心」裡に相互取引をおこなうことによって「審査コスト」や「監視コスト」などの取引費用を節減し、経済効率を高める方法である。上記三つの裏切りあい脱出法のうち「やくざ型コミットメント」方式にあたり、これまでの日本的経営の最大特徴をなしてきたと言ってよい。そしてまたこれが、ほぼ進化論的な反復囚人ジレンマ・ゲームでみた利他的利己主義のとる「内輪づきあい」戦術にあたるのは、すでに明らかにしたところである。もちろんこれとは別に、企業間や企業と銀行の取引においては契約が交わされ、その実効性を高めるために何らかの「担保」、とりわけ「土地担保」が設定されることも多い。さらには、「メイン・バンク」を中心とするグループ内企業間において、「株式の持ち合い」を通じて、より強固に裏切りを相互におこないえない状況を作り出す手法も多用されてきた。これら二つは、もちろん山岸の言う二番目の「人質」方式に相当し、詳しくは前者は「人質の提供」、また後者は「人質の交換」にあたり、それぞれ経営の常識に属する。そしてまた最後に、こうした企業集団の間の敵対や競争を調整するために、政府によって「行政指導」やその究極態たる「護送船団方式」などがとられ、また有効に機能してきたことも周知の事実である。もちろんこれは、上記のうち最後の「統制」方式に該当する。

こうした「系列」や「派閥」、「土地担保」や「株式の持ち合い」や「メイン・バンク制」、それに「行政指導」や「護送船団方式」こそ、これまでの「集団主義社会」日本の経済の中核を形成してきたものである。またそれだからこそ、グローバリゼーションの進行のなかで欧

米から厳しく攻撃され,あるいは日本経済の非効率性の元凶とされ,その改廃が「規制緩和」ないし「構造改革」の名のもとでおこなわれてきたのである。あるいはひと言でいえば,これらのものこそが従来の日本の「信頼」ないし「信用」創造の中心システムをなしてきたのだとも言えよう。さて,山岸はこれらが,「集団主義」として一方で「安心」を提供するが,他方では「信頼」を破壊するとして厳しく批判したのである。だが,本当にそうなのだろうか。これを近年の日本経済の経過に即して詳しくみていくことにしよう。

「信用収縮の悪循環」の発生

さて,すでに述べたように経済領域における「信頼」ないし「信用」の確保は,「人質」方式,「コミットメント」方式,および「統制」方式のミックスによっておこなわれる。ここでは,銀行と企業のあいだでみられる「信用」の創造と供与について,まず「人質」方式をめぐってこの間何が起こったのかを検証してみよう。結論からいえば,銀行(プリンシパル)と企業(エージェント)のあいだの「情報の非対称性」に起因する,企業のがわの裏切り(怠業)を避けるための,いわば「人質」の担保に関わる事前の「信用制約」と事後の「不良債権のペナルティ」の縛りが,資産価格の下落によって強まり,それが「信用収縮の悪循環」という問題を引き起こしたのである。これを説明するためには現代の金融理論に踏み込んで,「エージェンシー理論」および「フィナンシャル・アクセレータ」の理論にそって考察する必要がある。

　エージェンシー理論　まず,「エージェンシー理論」ないし「プリンシパル・エージェント問題」の説明から。すなわち,現代の経済理論では,事業資金の提供者である銀行を「プリンシパル(依頼人)」,その資金を活用して事業をおこなう企業を「エージェント(代理人)」と考え,前者から後者に対しては事業資金の提供,そして後者から前者に対しては,獲得した事業収益からの元本返済・利子支払いという関

係が存在すると考える。そのばあい、これまでの完全情報・完全競争の仮定に立つ「新古典派経済学」とは違って、現代の経済学ではプリンシパルとエージェントのあいだに存在する「情報の非対称性」に注目する。資金を活用して展開される事業内容について、資金提供者の銀行と事業主の企業を比べたばあい、明らかに後者の企業のほうが当事者としてその実状に詳しく、銀行は事業の実状を完全には把握できないというのである。

 こうした「情報の非対称性」から帰結するのは、仮に事業が失敗したばあいにも、銀行からすればそれがやむをえない事情による失敗なのか、それとも事業者の怠業(モラル・ハザード)や放漫経営によるものなのか、にわかには判断しがたいということである。したがってそこから必然的に生じる、資金提供者の眼をかいくぐって怠業したいという事業者の誘惑を防止するために、銀行は事業が失敗に終わったばあい提供資金の回収を優先し、たとえ事業者が収益見込みの大きい新たな投資案件を持ち込んでも融資に応じることを拒否する(事後的な「不良債権のペナルティ」)。また、モラル・ハザードによって事業が失敗しても被害を蒙らないように、もともと銀行は事業者に提供資金に見合う「担保」(これまで多くのばあい土地)の提供をもとめ、事業失敗に際してはその没収・処分を図るのが常である。逆にいえば、こうした事業者保有資産の担保価値に見合った資金しか提供しようとしないのである(事前の「信用制約」)。

 したがって、まず「信用制約」によって企業はその所有資産にみあった資金しか銀行から調達できないし、また事業に失敗したさいは、いくら有望な新規投資案件をかかえていても、基本的には「不良債権のペナルティ」のメカニズムをつうじて、市場からの退場(倒産)を余儀なくされるのである。そしてこれらはいずれも、事業者のモラル・ハザードを避け市場の健全性を保つために不可避の社会的コストだと考えられている。いうなれば、こうした「人質」をめぐる二つの規律の設定こそが、ミクロ経済学的に考えたばあいに想定される、信

用確保のための機構なのである。

　「フィナンシャル・アクセルレータ」の理論　ところが，いま何らかの理由で土地や株式など企業の所有資産の価格が下落したとしよう。そのばあい，マクロ経済学的には，そこに経済全体として新たな「外部不経済効果」が発生する。それを説明するのが，以下の「フィナンシャル・アクセルレータ（金融増幅効果）」の理論である。

　すなわち，こうした資産価格の下落は一方で，銀行からの借り入れが担保資産の価格を超えられないという「信用制約」を相対的に強化することによって，企業の資金調達を困難にし，そのため投資活動は停滞して経済全体の総需要は減少することとなる。また他方で，資産価格の下落は，返済不能な債務の増加をつうじて「不良債権のペナルティ」を作動させ，超過債務者企業の新規の投資を減らし，これまた総需要を収縮させる。こうした二つの経路をつうじた総需要の低迷は当然，資産の収益性を低下させる。そしてこれによって，資産価格はその収益に見合ったレベルにまでさらに下落せざるをえない。そうすると今度は，この資産価格の下落によって「信用制約」と「不良債権のペナルティ」がいっそう強化され，さらに投資が落ち込んで，結果として総需要はさらなる収縮を重ねることとなる。この悪循環のなかで，銀行の供与する資金（信用供与）はどんどん先細りしていくことになる。いわば「人質」ないしそれのもたらす信頼が，痩せ細ってゆくのである。

　こうした悪循環は債務者企業のみならず，資産価格の下落による「信用制約」の強化をつうじて，他の健全な企業をも巻き込んで進行するのであり，それはまさにマクロ的な「外部不経済効果」と言わざるをえない。いわゆる「信用収縮の悪循環」の発生である。つまりこれこそは，「資産価格の下落と実体経済活動の収縮が相乗的に増幅しあって，不況が長引く」という，最近までわれわれが直面していた事態であり，言いかえれば，「低い資産価格，多くの企業倒産，設備投資の低迷」というわれわれに馴染みの事態（「低位均衡」）なのである

(小林・加藤, 2001：143, 149)。

土地神話の崩壊と金融危機

以上,「フィナンシャル・アクセルレータ」の理論によって説明される現象が, バブル崩壊以降の日本経済に生じていたことは, さまざまな角度から実証されている。とりわけ, バブルの崩壊以降1997年から98年の金融危機にかけての経済の落ち込みは, この理論によって説明が可能なのである。

すなわち, 戦後の経験に裏打ちされた, 地価は上がり続けるものだという「土地神話」を背景にして, バブル期には銀行などによってきわめて強気の土地担保融資が実行された。その収益性を離れて, 購入価格の10割を超える土地担保評価額が設定されることも多く, 企業や家計は, 土地のキャピタル・ゲイン（値上がり益）を狙って新たに購入した土地を担保にさらに土地を買い増し, こうした行為を繰り返すことによって, バランスシート（貸借対照表）の資産（土地）と負債（借り入れ）をともに積み増していった。いわゆる「両建て取引」であり, 企業と家計はともに「財テク」に走ったのである。[7]こうして地価や株価が高騰をつづける「資産バブル」は, その沈静をねらった1990年の「総量規制」や「地価監視区域制度」の強化などを機に反転し, 逆のサイクルを辿り始めた。バブルの崩壊であり, 土地神話の崩壊である。もちろん, 企業にしろ家計にしろ, 資産項目の土地の値段は下がりつづけるのに, 負債項目の借入金の額はそのままであり, こうして「バランスシートの毀損」が進んだのである。[8]銀行など金融機関からすれば, 返して貰うあてのない「不良債権」の増大である。

もちろん, こうした土地を中心とする資産価格の下落は, これまで銀行部門に集中してきた, いわば「土地本位制」と言ってよいような日本の信用システムを直撃した。[9]そして, ミクロ経済学的には, 多くの債務過剰企業・家計を生み出すとともに, 金融機関の不良債権を急激に増加させて, それを機能不全に陥らせることになった。また, マ

クロ経済学的には，上に述べた「不良債権のペナルティ」と「信用制約」の強化による「金融増幅効果」をつうじて，日本経済に急速な「信用収縮の悪循環」を生ぜしめた。こうした一連のプロセスが，バブルの崩壊から97年から98年にかけての「金融危機」として進行し，日本経済を深刻な不況に導いたのである。

2　不良債権処理の先送りとディスオーガニゼーション

しかしながら，こうして資産バブルの崩壊によって生じる「信用収縮の悪循環」がもたらした不況も，本来は景気循環的なものであり，従来と同様ケインズ的な総需要管理政策（財政出動と金融緩和）によって，需要の下支えをしているうちに自然回復すべきものである。ところが，異常なまでの低金利政策と，度重なる「総合経済対策」にもかかわらず，そうはならなかった。なぜだろう。

小林によればそれは，90年代以降，日本の銀行で日常化した「不良債権処理の先送り」によって，本来倒産すべき多数の債務超過企業がゾンビのように生き残り，そのことが企業間取引の「信頼」を劣化させて，経済の「ディスオーガニゼーション（組織破壊）」という，これまでにない事態を生みだしたからだと言う。いわばこれは，信頼確保の第二の方式である「コミットメント」方式をめぐって生じた異変である。ゲーム論的にいえば，日本経済は相手への信頼の程度によって帰趨の決まる，「成長均衡」（分業生産）と「停滞均衡」（単独生産）をもつサプライ・チェーン形成のための「複数均衡ゲーム」において，不動産市場の崩壊などの外生的な金融ショックの発生によって経済全体が悲観的なムードに覆われてしまい，そこに生じた信頼の低下ないし劣化によって，後者の「停滞均衡」に陥ってそこから抜けだせなくなっていたとするのである。また，こうした事態がやはり総需要の収縮という「外部不経済効果」を日本経済にもたらして，バブル崩壊の低迷からの回復を諸外国に例をみないほど遅くしたのだと言う。少し

専門的になるが、これを小林・加藤の説明にしたがってみていくことにしよう。

「不良債権のペナルティ」と景気回復

　前節で述べた「信用収縮の悪循環」という外部不経済効果は、そもそも資金の貸し手と借り手のあいだの「情報の非対称性」にもとづく、借り手側のモラル・ハザードを避けるための規律（「信用制約」と「不良債権のペナルティ」）がもたらすものであった。であるとするならば、この問題を解決するには、つぎの三つの方法が考えられる。ひとつは、この情報の非対称性そのものを除去すること、つまり情報が完全に共有される「完全競争市場」を実現することである。が、現実にはこれは不可能である。いまひとつは、不信の発生源たる不良債権じたいを政策的に除去すること、つまり銀行による「債権放棄」などを進めることである。しかしこれも、実質的には「不良債権のペナルティ」の免除につながって借り手のモラル・ハザードを招きかねず、さらにはそれを警戒する銀行の「貸し渋り」につながって経済の収縮を招きかねない。副作用が大きく、これも本来取るべき途とは考えられないのである。そして最後は、ケインズ政策によって需要の下支えをおこない、その間に当事者間の交渉をつうじた自主的な解決を待つことである。上に説明した景気循環論的な立場であり、基本的にはこの方向での解決がめざされたのである。

　すなわち、債務超過に陥った借り手企業は当然、「債権の劣後化」（返済猶予）を認めないという貸し手からの「不良債権のペナルティ」が課せられ、新規の事業資金を得られないまま倒産・整理に追い込まれることになる。こうした不良企業の連鎖倒産がつづくことによって不良債権の処理は進み、需要が一時的には落ち込んでも、やがてはこうした不良プレイヤーの市場からの退場によって経済は自然治癒することになる。ところが、現実には最近までそうはならなかった。不良債権処理はいっこうに進まず、銀行管理下の「死に体」の企業のみが

増えつづけた。いわゆる「不良債権処理の先送り」が常態化したのである。そしてとくに1990年代後半以降は，これによって経済の低迷が長期化した。なぜこういうことになったのだろうか，つぎにこれをみてみよう。

「不良債権処理の先送り」の原因

小林と加藤によれば，この間の日本の銀行は，実質的な「追い貸し」によって「不良債権のペナルティ」を回避し，したがって債務超過企業が倒産に追い込まれることは少なかった。それは，ひとつには悪化の原因がバブル崩壊による「資産価格の下落」という，モラル・ハザードには起因しない一時的で外的な原因にあると考えられ，当初は借り手企業の責任追及に向かわなかったからである。また，ひとつには銀行の経営者自身が，自分をトップに引き上げてくれた融資実行者の前任者への遠慮から，このペナルティの発動に消極的となり，自らがモラル・ハザードを引き起こしたからである。いまひとつには，破綻した「担保主義」に代わる新たなリスク評価システムがみつからず，そうしたなかにあっては，新規の融資先を探すよりも既存の債務超過企業の奇跡的回復を願うほうが，より大きな収益につながると考えられたからである。そして最後には，この間の政府の公共投資が，問題の巨大債務をかかえる建設業や不動産業を優遇するものだったため銀行には他力本願が生じ，またそれを許す制度や慣行が当時あったからである。

いずれにしろ，こうした理由から実質的な「追い貸し」が常態化し，日本経済には「不良債権のペナルティ」をつうじた市場の正常化メカニズムが働かず，これほどまでに経済の低迷が長期化したのである。では，こうして「不良債権処理の先送り」が常態化したばあい，そこに何が生じるのだろうか。

「ディスオーガニゼーション」への途

　結論からいえば、多数のゾンビ企業の市場参加によって、「供給連鎖や生産ネットワークの萎縮」つまり経済の「ディスオーガニゼーション（組織破壊）」という、従来の理論では想定されなかった新たな「外部不経済効果」が生じ、それが先のモラル・ハザード防止メカニズムとは別の経路で、総需要の収縮やさらには潜在成長率の低下をまで招いたのである。そして、この「コミットメント」方式の崩壊ともいうべき「ディスオーガニゼーション」そのものは、多数のゾンビ企業の市場参加によって日本経済が、「成長均衡」（分業生産）と「停滞均衡」（単独生産）の二つの均衡点をもつ供給連鎖の形成をめぐる取引ゲームにおいて、銀行管理下の取引先企業とバックの銀行への「信頼」の低下から、このうち「停滞均衡」（単独生産）のほうに陥ってそこから抜け出せなくなることにより生じたのである。[13]

　すなわち、今日の高度化した企業の生産活動においては、すべての生産工程を単一の企業でおこなうことはほとんどなく、生産性を上げるために、専門化した多数の企業の分業と協業、つまり大きな「供給連鎖（サプライ・チェーン）」ないし「生産ネットワーク」を形成しておこなうのが常である。そして、現代のようにめまぐるしく変わる経済環境のもとでは、変化に応じて新規の取引相手を見つけて、この「供給連鎖」を常に再構築していかねばならない。ところで、こうした「供給連鎖」を組むには当然、相互のあいだで、特定の取引相手にだけ通用する人脈の形成など「高度に相手に特化した企業関係」、ひいては相手の注文に応じるための特別な製造設備の設置など「取引先に特化」した先行投資が必要となる。つまりは、他の企業との「特化」した関係を維持することを、あらかじめ「コミット（約束）」する必要がある。これは企業にとっては、ひとつの「リスク」である。なぜなら、相手企業がいつ何時この約束を反故にし、こちらの先行投資が無駄になってしまうとも限らないからである。もちろん、それを避けて生産性の高い分業生産を実現させるために、企業と銀行（正確

には株主も含めて）のあいだで銀行借入れを軸とした「最適契約」が結ばれ，また，企業間では互いの意志疎通のための連絡が密にされることになる。あるいはまた，それを反故にしたばあい翻って当該企業は自分自身も不利益を蒙るので，もともとそうしたインセンティブそのものが働かないはずである。[14]

　ところが，企業が債務超過に陥ったにもかかわらず実質的な「追い貸し」を受けて存続し，実質的に銀行の管理下に入ったばあいには話が違ってくる。企業は当事者能力を失ってしまうのである。相手企業に「コミット」する能力を奪われ，お互いの意志疎通にも困難を来たし，銀行の都合によっていつ倒産させられてもおかしくない状態に陥るのである。しかも，これまでの取引企業どうしの協力関係と違って，それぞれのバックにある銀行どうしは，一般に競争関係にあるのが普通である。そこから，相手企業に「コミット」することが，まさに「リスク」となってくる。バックの競合する銀行の都合次第で，いつ相手が倒産させられ，その「コミット」が反故にされるかわからないからである。つまり，こうした銀行管理下のゾンビ企業の参入によって，企業間の取引関係はこれまでの契約に保証され連絡の密な協力関係とは違って，実質的にはお互い競合関係にある背後の債権者銀行どうしのあいだで展開される，銀行の都合次第でいつ一方的に「コミット」が解消されてもおかしくない，情報の遮断されたきわめて危ういゲームへと変化するのである。[15]このゲームの構造をくわしくみてみよう。

「複数均衡の罠」

　いま，生産性を高めるために，複数の企業がある製品の生産のための「サプライ・チェーン」を形成するばあいを考えてみよう。これは基本的には，つぎのような二つの企業 A・B 間の取引ゲームに単純化できる（表1）。

　まず，この分業を組むには，それぞれが150万円ずつ相手に特化し

表1　複数均衡のある取引ゲーム

		企業 B	
		分業生産	単独生産
企業 A	分業生産	500,500	100,250
	単独生産	250,100	250,250

た先行投資をする必要があるものとする。そしてお互いが相手を信頼し、分業が成立してその効果が上がったばあい、それぞれは500万円の利益をあげることができるとしよう。逆に相手不信から、それぞれがともに単独生産に走ったばあいには生産性が上がらず、250万円ずつの利益しか得られないものとする。もちろん、いずれの企業とも単独生産の低い利潤に甘んじるより、分業を組んで高い利益を手にしたほうが良いに決まっている。ところが、いま何らかの理由で、どちらかが相手を信頼しなくなったとしよう。一方は信用して150万円の先行投資をするにもかかわらず、相手は裏切って単独生産に走るわけである。このばあい相手に特化した投資は無駄となり、信頼を裏切られた企業は250－150、つまりわずか100万円の収益しかあげられないことになる。これは企業にしてみればもっとも避けたい事態である。とするならば、企業にとって合理的な判断とはつぎのようなものとなる。相手が「コミット」を守ると予想されるばあいは、こちらも先行投資に踏みきって分業体制に入り増益を図ること、逆に相手が「コミット」を反故にする（あるいは倒産する）と予想されるばあいには、こちらも単独生産体制に入って余分な出費を避けること、これである。なぜなら、相手が協力すると予想されるばあい、相手を裏切るよりこちらも協力して高収益をあげるほうが得であり（500＞250万円）、逆に相手が裏切ると予想されるばあいは、こちらも裏切って単独生産したほうが、一人むなしく協力して投資分を無駄にするより得だからである（250＞100万円）。

したがって、このゲームは相手を信用するか否かによって決まる、

「分業生産・分業生産」と「単独生産・単独生産」という二つの異なる均衡をもつゲームだということになる。お互い相手を信用すれば，望ましい分業生産にもとづく「成長均衡（高位均衡）」に落ち着き，逆に相手を信用しなければ，本来望ましくないはずの単独生産にもとづく「停滞均衡（低位均衡）」に落ち着くのである。小林と加藤によれば，このゲームの特徴はつぎの３点にまとめることができる。ひとつは，このように相手の状況がこちらの得点に影響を与える相互依存のゲーム状況のもとでは，必ずしも古典派経済学が想定したように，均衡点において最適状態が達成されるとは限らないということである。このゲームでは，そうした「成長均衡」もあれば，逆の「停滞均衡」もあるのである。いまひとつは，このうちどちらの均衡に落ち着くかは，お互い相手の行動をどう予想するか，つまり相手をどの程度信頼するかにかかっているということである。お互い相手を信頼できず悲観的な予想が共有されたばあいには，それぞれが相手にとって好ましくない行動（裏切り）をとることになり，この悲観的予想は事後的に立証されて（「やはりそうだった！」）さらに強化されるという，社会学でいう「予言の自己成就」のプロセスが進行することになる(17)（もちろん，楽観的な予想が共有されたばあいは，逆方向への同様のプロセスが進行する）。そして最後は，実際の均衡がこのどちらかに落ち着くと，どちらの均衡であれ，それは持続性をもつということである。たとえば先の例でいえば，楽観的な予想が共有されて分業の利益があがっているのに，わざわざ分業から離脱してその収益をふいにしたり（250＜500万円），あるいは逆に悲観的な予想が共有されて分業の利益が望めないのに，わざわざ自分だけ先行投資にふみきって傷を負ったりするという（100＜250万円），均衡を抜け出すインセンティブは働かないのである。

日本経済の長期停滞

小林と加藤によれば，とくに1990年代後半以降は不動産市場の崩壊など，外生的な金融ショックのもとで激増したゾンビ企業のゲーム参

加によって，こうした複数均衡をもつゲームが成立するようになった。そこでは従来の「最適契約」によって保証された，双方の分業にもとづく生産性の高い「成長均衡」に収斂する優良企業どうしの取引が後退し，「経営者解雇権」を得た背後の競合しあう管理銀行の意志や都合に支配された，合意と意志疎通を欠いた取引が支配的となった。経済全体が悲観的なムードに支配されるなか，お互い（銀行どうし）が悲観的な予想を共有するようになって，これら二つの均衡のうち，双方の単独生産にもとづく生産性の低い「停滞均衡（低位均衡）」に陥り，そこから抜け出せなくなってしまったのである。そして，これこそがバブル崩壊後の日本経済の低迷を，諸外国に例をみないほど長期化した原因だという。言いかえれば，このようにして生産ネットワークの「ディスオーガニゼーション」という最悪の事態が進行したわけであり，それがさらに生産性の低下と所得水準の低下を招き，そこから総需要の収縮さらには潜在成長率の低下という，予期しない「外部不経済効果」までが生じたのである。

　すなわち，悲観的な予想が共有されて「単独生産・単独生産」という「停滞均衡（低位均衡）」に陥ってしまい，いったんこの悲観的予想が経済を支配し始めると，そこから抜け出そうとするインセンティブは働かなくなってしまう。これを実状にそって説明してみよう。まず銀行にしてみれば，自分の管理下にある超過債務者企業を倒産・整理して，新しい融資先を探すことにはほとんどメリットを感じない。というのは，ひとつには手間暇かけて健全な新しい融資先企業をみつけても，ゾンビ企業の跋扈する状況下では，その企業の取引相手を見いだして分業ネットワークを広げることは難しく，企業自身ひいては銀行も収益を向上させることが期待できないからである（むしろ銀行にとってはその手間は無駄な出費に終わる可能性が高い）。いまひとつには，経済が奇跡的に回復したようなばあいには，この新規融資先から得られる利得より既存債務者企業から得られる利得のほうが上回る可能性があり，他の銀行が過剰債務企業を生かし続けるかぎりは，自分も倒

産処理を進めないほうが得だからである[19]。いずれにしろ，いったんこうして相互不信の泥沼に陥ってしまえば，そこから抜け出すのは容易なことではない。企業は危険を避けて，従来どおりの仲間うちだけで実行できる小規模な事業を手堅くおこなったり，あるいは単独生産の低収益に甘んじるようになるのである。分業構造の分断であり，経済の「ディスオーガニゼーション」の進行である。そのことは具体的には1990年代以降の，手形交換高および全銀システム取扱高の二つの顕著な減少にみられる企業間取引の収縮や，あるいは供給連鎖の複雑な産業ほど顕著に観察される生産の落ち込みなどからも，推察されるのである[20]。

　そして，こうして進んだ日本経済の「ディスオーガニゼーション」から，短期的な需給ギャップが生じただけでなく，長期的な潜在成長率の低下という「外部不経済効果」すら生じるにいたった。まず，短期的にはこうした分業の分断は，生産活動と生産性の低下をつうじて投資と消費をともに冷やし，結果として総需要の収縮を招くのは言うまでもない[21]。それだけでなくさらに，長期的にはこの分業の分断は，アダム・スミス流の成長命題，つまり「需要の拡大と専門分化による生産性の向上が，相互に働きあうことによって経済は自律的に成長する」という命題を逆回転させることによって，日本経済の潜在成長率の低下をも招いてしまった[22]。いわば技術革新とならんで，経済成長の原動力と目される分業と専門分化の進展が滞り，さらには逆に後退すら始めてしまったのである。つまり，「不良債権処理の先送り」に端を発した「企業のコミットメントの信頼性」の劣化が，分業構造の分断を進行させ，これをつうじて経済の自己組織化のスピードつまり「潜在成長率」をも低下させたのである。そして，こうした「潜在成長率の低下」というこれまでにない「外部不経済効果」こそが，先行きのみえない不況を限りなく暗鬱なものにしたのである。

3 行政指導の後退

 しかしながら、こうした相互不信ないし相互の疑心暗鬼の地獄から抜け出す途がないではない。つまり、複数均衡ゲームにおいて、「停滞均衡」を抜け出して「成長均衡」へといたる途である。それはこれまでの日本の経済運営の常套手段であった、政府による「行政指導」である。いわば裏切りあい脱出の第三の方式としての、「統制」方式の介入である。これについてみてみることにしよう。

「行政指導」や「護送船団方式」の役割

 上に述べた複数均衡をもつゲームにおいては、外生的な金融ショックなどによって経済全体が悲観論に支配され、お互いが疑心暗鬼にかられて悲観的な予想が共有されたときは望ましくない停滞均衡に落ち着き、逆に楽観論が経済を支配し、お互い信頼しあって楽観的な予想が共有されたときは望ましい成長均衡に落ち着くのであった。そのさい、疑心暗鬼を発生させる原因として最大のものは、お互いのあいだに生じた意志疎通の障害ないし情報の遮断である。そもそも「囚人のジレンマ」状況とは、この情報の遮断が大前提となって成立するものである。であるとするならば、この状況を抜け出す有力な手段のひとつは、第三者が介入して遮断された情報を媒介してやり、お互いの疑心暗鬼を取り除くことである。こうすれば、両者を「停滞均衡」から「成長均衡」へと誘導してやることができる。そして日本経済において、これまでそうした役割を担ってきたのが政府による「行政指導」である。

 すなわち、政府はお互い情報が遮断され疑心暗鬼に陥った各企業の情報の仲介役および調整役として登場し、また、企業のがわにしても「停滞均衡」に陥ればみすみす自分も損するのがわかっているので、この法的拘束力をもたない「行政指導」に従うことでそれを回避して

きたというのである。いわば「保証人」としての役割と言ってもよい。あるいは、1990年代半ばまで続けられてきた金融機関の「護送船団方式」にしろ、業界団体をつうじた政府との交流にしろそうした行政指導の集合体とも解され、またそういう利用のされ方がなされてきたのだと言う[23]。

「行政指導」の後退

しかしながらこの「行政指導」も、つぎの三つの理由から「規制緩和」や「構造改革」の最大の標的とされ、事実、それは近年大幅に後退しまた弱体化した。すなわち、ひとつにはこうした「行政指導」は市場にたいして競争抑制的な効果をもち、そのことが経済厚生に多大な害を及ぼすと考えられたからである。いまひとつには、この「行政指導」をつうじて官民が癒着する危険性があり、それが汚職や談合の温床となってやはり経済厚生を害しかねないからである。そして最後に、こうした弊害に加えて、なによりも近年になって企業や銀行の政府にたいする信頼が落ち、政府の保証人や情報提供者としての調整機能があてにならなくなってきたからである。しかも、「複数均衡の罠」にたいして、従来はこうした「行政指導」が有効に機能してきたがゆえに、かえってそれに代わるべき新たな「不良債権の流通市場」などの制度や慣行の発達は遅れてしまった。こうして裏切りあいの泥沼脱出の第三の方法、つまり「統制」方式に頼る信用創出法も、機能不全に陥ってしまったのである。

4　信用劣化がもたらしたもの

以上、経済領域を中心に現在の日本において「信用の劣化」が進み、それがごく最近まで加速しつづけたことを明らかにした。「信頼」を確保して裏切りあいの泥沼から抜け出すための三つの方式、つまり「人質」方式と「コミットメント」方式と「統制」方式のいずれも、

バブルの崩壊とそれへの不適切な対処のなかで有効に機能しなくなり，むしろ「信頼」ないし「信用」を劣化させる方向へとそのメカニズムを逆回転させたのである。もちろん，こうした事態にたいしてエコノミストたちからは，さまざまな専門的な処方箋が出され，また現に実行に移された。とりわけ，停滞均衡から抜け出すための方策として，大きくは「公的セクターの介入」と「不良債権の流通市場の整備」が提唱され，それらはかなり強引に実施に移され，また多くの効果を上げてきている。(24)しかし，この本は経済学の専門書ではないので，それらの論議はここでは省略する。むしろ，ここで問題としたいのは，こうして進んだ「信用の劣化」がもつ社会的な意味である。だがそのまえに，まずは山岸の主張の当否を再度検討しておこう。

信用の劣化と集団主義

　すなわち，上に分析した「信用劣化」のメカニズムと，山岸の「集団主義は『安心』を生み出すが，『信頼』を破壊する」という命題の関係についてである。最初に指摘しなければならないのだが，「信頼」の創出に関わるのは現実には「人質」方式と「やくざ型コミットメント」方式と「統制」方式の三者すべてであり，山岸のように「コミットメント」方式のみに考察を限定しては，その実情に迫りえないということである。経済領域における「集団主義」あるいはその信用創出法といっても，これら三つの方式のミックスとして成立しているのである。たとえば，その重要な柱のひとつ「土地担保主義」は，「不良債権のペナルティ」と「信用制約」をつうじて，むしろ「コミットメント」を外から補強するかたちで信用供与に関わるのであって，しかもそれらは，山岸が期待した「相手を見分ける能力」には限界がある（情報の非対称性）という前提から出発して，現実に構築されたメカニズムなのである（もちろん他方で，この「土地担保主義」に代わるべき「不良債権の流通市場」など，山岸の言う「効率的で公正な社会・経済・政治制度」の整備が，新たな「信頼」の養成方式として緊急の課題であるの

は言うまでもないが。そして，それらが不十分な点こそ最大の問題であったとも言えるのであるが)。

　いや，むしろ山岸が想定する「集団主義」とは，狭く「派閥」や「系列」の形成のみを指していると解すべきなのかもしれない。しかし，そのばあいでもこれを「コミットメント」一般と切り離して考えるのは難しく，また現代の経済活動において「生産ネットワーク」を組むのが必然であるとするならば，ことさらこれを非難の対象とするにはあたらない。さらに限定して，山岸の命題を「(派閥や系列などの)集団主義は，集団外部者への『信頼』を破壊する」と絞ってみることにしよう。しかし，やはりこれでも現実にはそぐわない。なぜなら，現実に日本経済に起きたのはそうした事態と言うより，むしろ「集団主義は，集団内部で裏切りへの『怒り』の表明がなされないときには，モラル・ハザードをつうじて(内部の)『信頼』を破壊する」とでも言える事態だからである。いわば，進化的な「反復囚人のジレンマ・ゲーム」において，「しっぺ返し」戦略が勝ち残りのためにとる「内輪づきあい」のなかで，裏切りにたいする「しっぺ返し」ないし「怒りの表明」を中止したら何が生じるか，を示す実例と言ってもよい。

　このように山岸が「集団主義」の閉鎖性に対置した，「他人が信頼できるかどうかを見分ける感受性とスキルを身につけた上で，とりあえずは他人は信用できるものと考えるゆとりをもつ」という戦略スタンスは，少なくとも今日の経済の領域においては，きわめて限定つきで有効であるにすぎない。まず，すでにみたように信用創造について「担保主義」が支配的なあいだは，他人を見分ける「社会的知性」は万能ではない。そうした知性の多寡にかかわらず，「信用収縮の悪循環」のメカニズムをつうじて「信用の劣化」が自動的に進む可能性がある。たとえば「債権流通市場の整備」など，他のリスク評価法が構築されるのを待って，初めてこの知性は効力を発揮するにいたるのである。そしてつぎに，現状においては「信頼」一般の有効性を説くこ

とも適切とは言えない。むしろ、協力を基本とする「上品な」戦略が強くあるためにアクセルロッドがあげた条件のひとつ、つまり「相手からの一方的裏切りにたいして、即座に『怒り』を表すこと」のほうが、現局面では重要だと考えられるのである。このことをネグレクトしたために思わぬ苦境に陥った、「不良債権処理の先送り」の分析において、それはつぶさに確かめられたところである。

信用劣化と時代精神の萎縮

しかしながら、われわれの主要な関心はそうしたところにあるわけではない。また、時代の問題も、凋落の著しい日本の「集団主義」の悪弊から生じているのでもない。そうではなく、それは「市場主義社会」の展開のなかで、山岸の想定した理想のコースとは背反するかたちで急速に進行した「市場主義社会」化がもたらした信用の劣化が、われわれの「時代の精神」に与えた深刻な影響のなかにこそある。信用の劣化と悲観的予想の相乗効果のなかで、防御的姿勢をとるうちにわれわれの精神が萎縮してしまい、未来に勇敢に挑戦する覇気を失いつつあること、これこそが最大問題なのである(25)。これを最後に考えておこう。

「リスクをとって信用を供与すること」、こうした果敢な精神どうしの共鳴と挑戦のなかから経済の自律的成長が生まれ、また未来の社会が立ち上がるとするならば、現在われわれは、それからもっとも遠い地点にいる。企業や生活の自己防衛のなかで人びとの精神は萎縮し、未来に向けたその協力関係は分断されてきた。いわば、「現状維持」が護るべき目標とされ、それこそがわれわれの時代の精神になってきたと言ってもよい。ふり返ればこの間、高度経済成長からバブル経済にいたるまで、「ジャパン・アズ・ナンバーワン」の掛け声に酔いしれ、経済的繁栄を誇った日々ではあった。こうした宴のあと、われわれ日本人は覇者アメリカと勃興する中国の狭間にあって、このままかつてのローマ帝国や大英帝国と同じく、ただただ没落の道を辿りつづ

けるしかないのだろうか。いや、そんなはずはあるまい。かつて苦境のドイツにあって戦いつづけたマックス・ウェーバーの言葉を借りるならば、少なくとも、「われわれは七百万の国民ではなく、一億をこえる国民」であり、衰えたりといえども、いまだGDP世界第二の経済大国なのだ。であるとするなら、われわれはまさにそうした「小国民とは違って、われわれの錘を［歴史の］秤皿のなかに投ずることができる」だろうからである。

◉注
(1) もちろん、山岸は「信頼」の育成にとって、「集団主義」の克服だけでなく、それに代わって「普遍的な原理に従った効率的で公正な社会・経済・政治制度を確立する必要」をも同時に指摘する（山岸、1998：202）。しかし、残念ながら日本経済の現状についていえば、後ほど「債権流通市場の整備」の所で触れるように、それらが不十分なまま「オープン市場型社会」への移行が進んでいるのが実情である。そしてそのことが、進行しつつある集団主義の「崩壊」とあいまって、むしろ「信頼」ないし「信用」の急速な劣化を招いていることこそが問題なのである。
(2) 銀行による「信用創造」には、日銀やコール市場や預金者からの資金調達というもうひとつのプロセスが存在する。こちらについても、低金利やペイ・オフや預金シフトの問題などさまざまな問題が生じているが、本論考では触れない。このように金融と実体経済の関係において、「信用量（クレジット）」なかでも「貸し出し市場」を重視する分析を、「クレジット・ビュー」と呼ぶ（北坂、2001：117〜118）。
(3) 従来の経済理論では、情報が各当事者によって完全に共有されるという「完全競争市場」の仮定に立ち、投資はそれのもつ「期待収益性」によってのみ決定されると考えられてきた（→「モディリアーニ＝ミラーの定理」）。
(4) また、「借り手には借り入れに不利な情報を隠す誘因（インセンティブ）が存在する」。ここから、つぎに述べる「モラル・ハザード」だけでなく、ハイリスク・ハイリターンの不良投資案件が、リスクを隠して提案されることによって、相対的にローリスク・ローリターンな優良案件を駆逐するという、「逆選択の問題」なども生じる（北坂、2001：155〜156）。
(5) ミクロ経済学ではこれを、「デット・オーバーハング（債務超過）効果」と呼ぶ。
(6) 正確には提供資金額は、「担保の価値と事業が失敗する確率（純粋な事業リスクに経営者が怠業する確率を加味したもの）とを勘案して決定される」（小

林・加藤，2001：141)。
(7) こうしたバブル期の事態は，いわば銀行による事前の「信用制約」という規律が働かなかったケースと考えることができる。つぎに述べる，銀行によるバブル崩壊後の不良債権処理の先送りが，いわば事後の「不良債権のペナルティ」という規律が働かなかったケースだと考えれば，これら二つの事態は，バブルをはさんで好一対をなしていると言えよう。
(8) よく指摘されるように，デフレ経済のもとでは，実質的な債務額はむしろ増加するのである。
(9) もちろん，資産価格の下落には株式のそれも含まれ，株価の下落が地価の下落に先行したのである。そして，2001年の持ち合い株式への「時価会計」導入後は，株価の下落のほうがより深刻な影響を日本経済に与えた。
(10) 与信が減少したのはこれ以外に，1993年の銀行の自己資本の充実を求めた国際的な合意，「BIS 規制」（自己資本比率規制）の実施によるところも大きい。
(11) 1997年，Kiyotaki と Moore によるコンピュータ・シミュレーションによって，「一時的なマクロ経済ショックによる生産性の低下が，GDP に循環運動を発生させ……，[この] 一時的なショックが消滅して生産性が回復しても，景気の循環運動は長期間にわたって持続することが確認された」のである。つまり，「フィナンシャル・アクセレレータの理論も，有効需要の収縮メカニズムを説明する理論の一つとして位置づけられる」のである（小林・加藤，2001：144〜145）。
(12) 「債権放棄」に加え「債権の証券化」をも含む，いわゆる「債権リストラクチャリング」である。
(13) このばあいの「信頼」の低下は，山岸の意図する「相互作用の相手が信託された責務と責任を果たすことに対する期待」に関するものではなく，彼が排除する「社会関係や社会制度の中で出会う相手が，役割を遂行する能力をもっているという期待」に関するものではないか，という疑問が当然生じる。しかしながら，後ほど述べるように，ゲームそのものの実質は背後の銀行が，管理下にある債務超過企業に「分業生産」を選択させるか「単独生産」を選択させるかについての，相手行の意図に対する「信頼」をめぐるものであり，「相手の能力に対する期待としての信頼」の低下というより，やはり「相手の意図に対する期待としての信頼」の低下に近いと考えられる。債権者銀行どうしの「信頼」の帰趨は，取引企業どうしのあいだの「信頼」とは独立に決まるからである。そしてこの「信頼」の低下そのものは，外生的な金融ショックなどから経済全体に悲観論が蔓延することによって生じるのである（小林・加藤，2001：197，参照）。
(14) それは，ひとつには自分のほうの先行投資も無駄となってしまうからであり，いまひとつにはその企業にたいする市場の信頼が揺らいで後のち支障を来して

⒂　小林はこのサプライ・チェーン形成をめぐる取引ゲームを，単一の均衡点（囚人双方による自白）をもつ典型的な「囚人のジレンマ」に若干の変更を加えて，複数均衡をもつ「囚人間のゲーム」として構成する。そして，それが「タカ−ハト・ゲーム」もしくは「チキン・ゲーム」に近い形態のゲームだとする（小林・加藤，2001：167）。なお，後の叙述からもわかるようにこのゲームは，「調整ゲーム型利得行列」をもつ「適応型学習にもとづくゲーム（確率的進化モデル）」にあたり，「その時点での2種類の戦略の分布状況を見たうえで利得（の期待値）を最大にする選択を行う」ばあいであると考えられる（武藤，2001：213〜219，参照）。

⒃　すなわち，「このような［複数均衡という］ゲーム論的な考え方は，経済を自由放任状態にしておけば，『神の見えざる手』が［唯一の］最適均衡へと自動的に誘導すると考える，古典派経済学の考え方を根本から揺るがせる」ものなのである（小林・加藤，2001：175）。

⒄　予言の自己成就については，作田啓一「予言の自己成就」（作田啓一・井上俊『命題コレクション　社会学』筑摩書房，1986年，60〜65頁），を参照。

⒅　小林はこれを，外生的な金融ショックなどの発生によって起こった，「デット・オーバーハング（繰り越し債務）のない最適均衡」から「デット・オーバーハングのある複数均衡」への移行としてとらえる。すなわち，前者は「経営者の事故の検出」と「生産性の高い分業生産の実現」という二つの条件を充たして，株主の収益率を最大化するような，株主・銀行・経営者のあいだの「最適契約」をもとめ，そのもとで企業経営者のあいだで展開される「協力ゲーム」として解析される（なお，経営者が事故を起こしたばあいは，銀行は即座に経営者を解雇し新たな企業とのあいだに「最適契約」を結ぶとされる）。これにたいして，後者は「外生的な金融ショック（不動産市場の崩壊など）」が発生し，その結果，債務を返済できず，契約により債権者銀行が「経営者解雇権」を握るがそれが実行されない「債務超過企業」が続出したばあいに生じる，競合しあい意志疎通を欠く，債権者銀行どうしのあいだで展開される「非協力ゲーム」として解析される（なお，現在では前者のゲームも，契約違反をも含む契約であることから，「非協力ゲーム」に含めて考えるのが普通である）。そしてこのばあい，経済を構成するすべての人びとの悲観的予想が一定の割合を超えれば選択は単独生産に収斂し，逆にそれを超えず楽観論が支配的であれば分業生産に収斂する（小林・加藤，2001：430〜435）。

　なお，以上に述べた変化を，外生的な金融ショックなどによって経済全体を悲観論が支配するようになり，繰り返しゲームにおいて関係の長期化が阻まれた結果，短期的な合理性に従って単独生産がより採用されやすくなったとして考えることもできる。

⒆ なぜなら,「新規融資案件は,その融資に基づいて実施されたプロジェクトが大成功を収めても,銀行は元本プラス利子分の支払いしか受けることができない。それに対し,『追い貸し』した案件が大成功を収め既存債務者の業績が回復すれば,銀行は『追い貸し』の元本プラス利子に加え,過去に貸し付けた資金を一部回収することもできる」からである(小林・加藤, 2001:181)。

⒇ 供給連鎖の複雑性は,「複雑性指数」を使って示される。

(21) 消費の減退は,生産性の低下によってその成果配分たる所得が低下することによって生じる。なお,こうした「供給連鎖の萎縮」という小林の分析にたいしては,そうした現象は社会主義崩壊後のロシアに顕著にみられこそすれ,日本においては観察されないという経済学者からの批判がある(大竹・柳川, 2003)。

(22) 小林はこの成長メカニズムを,アダム・スミスの「需要の大きさによって分業の度合いが決定され,その結果,経済の生産性が決まる」という命題から出発してつぎのように説明する。「①需要の大きさが増えて経済の専門分化が進むと,生産性が上がり人々の所得水準が上がる。②所得水準が上がると消費が増えるので経済全体の需要も大きくなる。③そうした需要の拡大がさらなる分業構造の深化を促す」,と(小林・加藤, 2001:230)。

(23) 小林によれば従来,この「行政指導」の効力の源は,行政官庁の「先見性」や従わないときの「意趣返し」にもとめる説が有力だったが,実はこの「仲介者」ないし「保証人」としての役割が決定的に重要だという(小林・加藤, 2001:199)。おそらく真実は,その中間にあるのだろう。

(24) 「公的セクターの介入」とは,政府など公的セクターが,「すべての銀行に『同時に』あるいは『一斉に』不良債権処理を進めさせ,いわば『オーケストラの指揮者』あるいは『情報の仲介者』の役割を果たすこと」であり,いわば「統制」方式の復活の主張と言えよう。また,「不良債権の流通市場の整備」とは,こうして「企業の債務の流動性を高める」ことによって,別々の銀行管理下にある債権を売買をつうじてひとつの銀行に集約したり,あるいは,そうした「債権市場における価格付け」をつうじて投資家たち(銀行)のあいだで事業への「将来予想」の共有化を図り(あるいは「予想」を同じくする投資家グループへのメンバー組み替えを図り),分業が分断される危険性を減じることである。これは,いわば「コミットメント」方式の改良の主張とも言えよう(小林・加藤, 2001:204〜205)。

(25) もちろん,産学が連携したベンチャー企業の育成や,それを支える資本市場の「東証マザーズ」や「大証ヘラクレス」の立ち上げなど,こうした風潮に立ち向かう試みもないではない。だが,ITバブルの崩壊などにみられたように,それらは順調にいっているとは言いがたい面がある。

(26) マリアンネ・ウェーバー『マックス・ウェーバー』(大久保和郎訳,みすず

書房，1965年，435頁）。第一次世界大戦のさなか，デンマークやスイスなど近隣小国とドイツを対比して，その歴史的使命を述べたウェーバーの言葉。なお，引用文では現代日本にあてはめて，当時のドイツの7000万を現代日本の1億に変えてある。

◎ 引用・参考文献

[1] 伊藤隆敏『インフレ・ターゲティング』日本経済新聞社，2001年。
[2] 大竹文雄・柳川範之編著『平成不況の論点』東洋経済新報社，2003年。
[3] 北坂真一『現代日本経済入門』東洋経済新報社，2001年。
[4] 小林慶一郎・加藤創太『日本経済の罠』日本経済新聞社，2001年。
[5] 鈴木多加史『日本経済分析 改訂版』東洋経済新報社，2001年。
[6] 滝田陽一『日本経済 不作為の罪』日本経済新聞社，2002年。
[7] ポール・クルーグマン，中岡望訳『恐慌の罠』中央公論新社，2002年。
[8] 武藤滋夫『ゲーム理論入門』日経文庫，2001年。
[9] 山岸俊男『信頼の構造』東京大学出版会，1998年。
[10] 山岸俊男『安心社会から信頼社会へ』中公新書，1999年。
[11] 山岸俊男『社会的ジレンマ』PHP新書，2000年。

● 第 8 章 ●

「安心」のゆくえ

　言い古された言葉だが，日本は「水と安全がタダ」というのがある。途上国だけでなく欧米の先進国も含めて，日本だけが例外的にこれらのものにコストのかからない国だと言うのだ。あるいはこれに，「トイレも」とつけ加えてもよい。ことほどさように日本という国は，治安のよい安全な国だと思われてきたし，また事実そうであった。確かに欧米の街に滞在するさい，強盗や殺人や強姦など夜間に近づいては危険な地域を意識して行動することや，昼間でも車上狙いを警戒して車に荷物を置いたままにしないなどの緊張を，日常的に強いられた経験は誰しももっていることだろう。それに比べて日本は，「夜間も女性が一人歩きできる」稀有な国というわけだ。

　しかし，こうした「世界一安全な国・日本」の像も，いまや急速に崩れつつある。たとえば，『平成15年版　犯罪白書』によれば，14年度の交通事犯を除く一般刑法犯の認知件数は285万件を超え，140万件前後であった昭和期の約2倍となり，7年連続で戦後最多記録を更新している。しかも，その検挙率はこの15年間で60％台から20％前後へと劇的に下がり，治安の悪化を如実に物語っている(1)。あるいは，同じ時期に刊行された『平成15年版　警察白書』では，急増する来日外国人犯罪を初めて正面から取り上げ，そうした国際犯罪組織とわが国の暴力団が連携した凶悪犯罪の多発に焦点を合わせて話題を呼んだ(2)。「若年者犯罪の変貌［凶悪化］」「暴力団と外国人犯罪者の変貌［連携］」「女性・未成年者・高齢者の被害の増加」「犯罪発生の地域的変動［拡散］」「社会的背景とその影響」の五つを，今日の犯罪状況を読

み解くキー・ワードにあげた先の『犯罪白書』とあいまって，これらの指摘は，「安全崩壊」の今日的状況を象徴するものと言えよう。あるいはこれにともなって，国民の治安悪化への不安も急速に高まり，2004年に公表された「内閣府国民意識調査」によれば，「現在の日本で悪い方向に向かっている分野」として，「治安」をあげた人が39.5％（第3位）とこの5年間でほぼ倍増している。この時点では第1位と2位の座こそ，いまだ「景気」(45.5％)，「雇用・労働条件」(44.6％)に譲るものの，前年にくらべて改善の著しい経済の分野（それぞれ，19.8％，7.0％改善）とは対照的に，悪化が著しく（8.8％悪化）国民的不安の高まりがうかがえる。そして，2005年公表の調査では，改善の著しい「景気」を抜いてついにトップに踊り出たのである。こうした数字は，景気の回復という明るい兆候の一方で，「ピッキング盗」や「サムターン回し」や「焼き切り」など，住宅街における組織的な侵入盗の急増対策に頭を悩ませる最近のわれわれの生活実感とも一致している。

さて，ここで再び山岸俊男の命題，「集団主義は『安心』を生み出すが，『信頼』を破壊する」に立ち戻ることにしよう。前章では，この命題のうち「信頼」に関わる後半に焦点をあわせて，土地担保主義に代わる新たな「リスク評価システム」が未確立なままの「オープン市場型社会」への急速な移行が，経済領域における「信用劣化」を招き，さらにはそれがわれわれの「時代精神」の萎縮までもたらしている様を明らかにしたのであった。しかし，この命題の前半部分，つまり，かつて集団主義社会において確保されていた「安心」のほうは，進行する「集団主義社会からオープン市場型社会への移行」によってどうなるのだろう。「信頼」をめぐる状況のほうには，「債権流通市場」の整備や「産業再生機構」の立ち上げなどこのところ著しい改善がみられ，先行きに明るさが増しているだけに，いっそう気になるところではある。もちろん，山岸の議論は主として経済的チャンスや社会的チャンスをめぐって展開されるものであり，ここに掲げた「治

安」の問題を正面から取り上げたものではない。しかしながら，集団主義社会に固有の「安心」に関連した議論をするなら当然，そうした集団主義社会の衰退によってもたらされる「治安の悪化」の問題は避けて通ることのできないものであり，また事実，彼のあげる「安心の崩壊」の実例にもそうしたものが含まれている。問題の基本的な論理構造は同じなのである。

たとえば，中国からの（本来は本国で服役中のはずの）少なからぬ凶悪犯の（不法な）流入と，彼らに情報と便宜を提供する日本の暴力団の連携によって起こされる，凶悪犯罪の実情とその背景を暴いて衝撃を与えた，富坂聰の『潜入——在日中国人の犯罪シンジケート』のなかのつぎの言葉は，われわれが直面するこの問題の核心をついている。「たとえば，夜道を安全に歩け，鍵をかけ忘れたまま寝てしまったとしても大事故にはつながらない社会を維持するのか。それとも，本格的に移民を受け入れ，安全は自分で"買う"と割り切り，治安の悪い社会を容認する代償として，流入する外国人の活力で高い経済成長を手に入れるのか」（富坂，2003：236），と。そして，「やがて日本の住宅も，中国や台湾で見られるように，扉の前に鉄格子の扉を二重に取り付けたり，窓を鉄格子で囲ったり，壁の上にガラスの破片をばらまく，あのスタイルが定着する日が訪れるのだろうか」（同：221），と。「治安」や「安全」ひいては「安心」をめぐるこうした現状をどのように考え，またどのように対処すればよいのか。われわれはこのどちらの社会を選ぶべきなのだろうか。

この章では，まずはこうした問題をめぐる山岸の議論を整理してみることにしよう。それは集団主義社会における「安心」の確保の議論から始まって，オープン市場型社会への移行にともなって起こる「安心の崩壊」の問題が述べられる。そしてさらには，そうした市場主義社会において必要となる，これまでの集団主義には頼らない新たな主体のあり方（一般的信頼とヘッドライト型社会的知性と情報公開）を議論する一方で，安全確保のための新たな社会状況の整備（「みんなが原

理」の活用と適度な社会統制) に関する議論が展開されるのである。つぎに, われわれはこうした山岸の議論の整理にたって, 来日外国人犯罪者とそれにタイアップする暴力団や日本人犯罪者の急増という事態にたいして, 彼の考えるオープン市場型社会での安全確保のための処方が, はたして有効なのかどうかを検証してみることにしよう。こうした作業をつうじて, われわれは今後とも進む日本社会の国際化のなかで, 最大の問題として浮上しつつある「治安」ないし「安全」の問題について, なんらかの見通しと対応策を探ってみたい。

1 集団主義社会と「安心」

「集団主義は『安心』を生み出す」という山岸の前半のテーゼは, なにを意味しているのだろうか。まずは, その検討から始めることにしよう。そのうえで, 現代日本において集団主義社会が終焉を迎えるなかで, そうした「安心」がどのように失われてしまうのか, つぎにこれを分析してみることにしよう。

集団主義社会における「安心」

これまでの日本の社会は「集団主義」の支配する社会と考えられ, その内部に住む人間にとってはきわめて「安全」であり, 「安心」して暮らすことのできる社会だと考えられてきた。山岸によれば「集団主義」とは, 「人びとが集団の内部で協力しあっている程度が, 集団間で協力しあっている程度よりもずっと強い状態」であり, 「この『内集団ひいき』の程度がとくに強い社会のこと」であるとされる (山岸, 1999:51)。それは, 相手の行動次第で自分の利益が危険にさらされる「社会的不確実性」を前にして, われわれがとる対処法のひとつであった。より詳しくは, 一方的に相手を「信頼」して主観的に「不確実性」の程度を下げるやり方とは逆に, 「人質の提供・交換」および「社会統制」とならんで, この「不確実性」そのものを社会から

客観的に除去する対処法のひとつである。すなわち,「囚人のジレンマ」ひいては「社会的ジレンマ」など,相手への裏切りが個人にとって有利な結果をもたらすような状況,つまり「社会的不確実性」が大きい社会状況のもとで,こうした裏切りへの誘惑をお互い絶つために,一定の人間のあいだでよそ者を排除した緊密で永続的な関係(「コミットメント関係」)を形成し,結局,そうした特定の相手との永続的な関係のもとでは裏切りよりも協力のほうが得であること(←しっぺ返し戦略・利他的利己主義の優位性),およびそうした相手については多量の情報が蓄積され相手の意図の的確な判断が可能になること(←情報の非対称性の解消),この二つをバネにして,内部での裏切りの可能性つまり「社会的不確実性」を除去するのである。こうした努力によってもたらされる「社会的不確実性が存在しない状況についての認知」こそが「安心」であり,「集団主義社会」は,相手の審査や監視に必要とされる「取引費用」の節約とともに,こうした「安心」を当事者たちにもたらすのである。山岸は,ピーター・コロックによる東南アジアの「生ゴムの取引」市場と「米の取引」市場の比較研究および実験を例に引きながら,このことを原理的に説明する。コロックによれば,仲買人にとって原料を見ただけでは品質の見分けが難しい,その意味で不確実性の大きい「生ゴムの取引」においては,生産者とのあいだに何世代にもわたって続く「コミットメント関係」が形成され,特定の相手との取引がおこなわれる。これとは逆に,品質の見分けが簡単な,その意味で不確実性の小さい「米の取引」においては,オープンな「せり市場」で不特定の相手とのあいだで自由な取引がおこなわれるのである。このうち,前者の「生ゴムの取引」においてみられる,不確実性の大きい状況下での安定した「コミットメント関係」の形成とそれによる「安心」の確保こそが,「集団主義社会」のプロト・タイプだというのである。

　さらに,山岸によればこうした集団主義社会への適応に特化した社会的知性というものが存在し,彼はこれを「地図型社会的知性(関係

性検知能力)」と呼ぶ。それは集団内部の人間関係について、誰との関係が「安心」をもたらし、逆に誰との関係が「安心」をもたらさないのか判断することに特化した知性である。集団主義社会で生きていくうえで、それはもっとも必要とされる能力であり、またそこでの効率と安心の達成にもっとも適合した知性であると言えよう。なぜなら、集団主義社会とは継続的な人間関係がもつ拘束力（相互監視と相互制裁）がきわめて大きな社会であって、そこでは対人関係のチャートを描き、個々の人間関係の質を見極めうるか否かの能力こそが自らの「安心」の確保に直結し、自らの死命を制することになるからである。こうした能力は、まさに山岸が「集団主義社会・日本」の代表例としてあげる、「派閥」や「学閥」をわれわれが泳ぐさいに必要とされるメンタリティそのもの（たとえば人脈の重視など）であり、これまでの日本人にとってきわめて馴染み深いものであった。

集団主義社会の崩壊と「安心」

しかしながら、近年急速に進んだオープン市場型社会をめざす構造改革や規制緩和によって、たとえば「終身雇用」や「年功序列」などの雇用慣行、あるいは「系列」や「株式の持ち合い」などの取引慣行など、これまでの「集団主義社会・日本」の背骨をなしてきた安定した「コミットメント関係」は改革の主要なターゲットとされ、事実、それは急速に衰退への道を歩んできた。たとえば、終身雇用・年功序列の安定した「正社員」の多くが、いわゆる「リストラ」や「アウトソーシング」のなかで、急速に「派遣社員」や「契約社員」や「パート・タイマー」などの不安定で一時的な非正規労働者に置き換えられ、あるいは、株価の下落・低迷のなかで経営の足かせとなった長期にわたる「株式の持ち合い」の解消が図られ、また従来の「系列」を超えた企業買収や企業統合が繰り返されるというように、まさにこれまでの安定的な「コミットメント関係」つまり「集団主義社会」が解消され、自由な競争が支配する「市場主義社会」への移行が進行したので

ある。では，こうした集団主義ないし安定的なコミットメント関係の衰退によって，これまでわれわれが享受してきた「集団主義社会」固有の「安心」はどうなるのだろうか。

まず，山岸は「集団主義社会」から「市場主義社会」への移行を，大きくは「社会の流動化」ないしは「コミットメント関係の脆弱化」としてとらえる。すなわち，基本的には伝統的な村落に典型的にみられる緊密で小規模な固有名詞の世界から，現代の巨大都市のゆるやかに組織された大規模な匿名性の世界への移行である。上記の雇用慣行や取引慣行の変遷の例も，山岸はそうした大きな社会変化の流れの一環として，とりわけ経済分野に現れたそれとしてとらえている。山岸によれば，こうした流れに逆らって「集団主義社会」ないし安定した「コミットメント関係」にあえて固執することは，これまでとは逆に審査や監視のための多大の「取引費用」を必要とし，また他方では，関係を固定することによって失われる「機会費用」を増大させることになる。(7)なぜなら，そこではこれまでと違って，「しっぺ返し戦略」ないし「利他的利己主義」の有効性が薄れ「社会的不確実性」が増大して新たな審査と監視が必要となるとともに，また集団離脱者の増大によって集団内部よりむしろ外部にさまざまな有利な機会が生み出されるからである。

すなわち，まずは安定したコミットメント関係が脆弱化し，特定の相手との関係の継続性が薄れることによって，これまで集団内部の裏切り（社会的不確実性）の発生を抑制してきた「しっぺ返し戦略」ないし「利他的利己主義」が，その有効性を失ってしまう。なぜなら，「反復囚人のジレンマ・ゲーム」の所で詳しくみたように，そうした戦略は，「協力には協力を・裏切りには裏切りを」というかたちで，「一方的な裏切りによる搾取」という背教者の選択肢を事実上排除することによって，相互協力による長期的な利益の実現を図るやり方であり，このことは関係が継続してこそ成り立ちうることだからである。また，集団が大規模化し内部の匿名性が増すことによっても，同じく，

「しっぺ返し戦略」ないし「利他的利己主義」の有効性は弱まる。なぜなら、一人ひとりのそうした戦術のインパクトは大人数のなかでは薄められてしまい、また匿名的な人間関係のなかにこの戦術発動の手がかりとなる裏切り者の悪評も溶解してしまうからである。そればかりか、そうした大人数の集団のなかではそうしたタフな戦術は別の協力者の目には非協力者の増大と映り、そこから、「非協力の悪循環」が生じてしまいかねないからである。

このようにして、集団内部の裏切りの可能性ないし社会的不確実性を除去する、「集団主義社会」のやり方が有効性を失うことは、同時に、これまで確保されてきた集団内部での「安心」が失われてしまうことを意味する。そうした不確実性を除去する手段を欠いた社会は、「安心」の保証されない社会でもあるからだ。山岸の言う「安心社会の崩壊」の問題であり、「安全神話の崩壊」のかたちで現在われわれが体験しつつある事態である。しかもこうした過程を、山岸は不可抗力的なものだと考える。というのはすでに述べたように、監視費用と機会費用の増大をつうじて、これまでのような「集団主義社会」の維持のために要するコストが暴騰し、われわれはその負担に耐えられなくなっているからである。

2　市場主義社会と「安全」

では、「集団主義社会」に代わって成立しつつある新しい「オープン市場型社会」において、「安心」の問題はどうなるのだろうか。「集団主義社会」におけるような拘束的な人間関係に代わって、拘束力の弱い自由で競争的な関係、つまり「社会的不確実性（リスク）」の大きい人間関係が支配するなかで、どのようにすればわれわれは増大する「機会」をものにしつつ、新しく「安全」を構築することができるのだろうか。つぎに、この問題を考えてゆくことにしよう（山岸の「安心」概念は客観的な「安全」と主観的な「安心」とが未分化なままなので、

以下の「市場主義社会」をめぐる議論では混乱を避けるために，客観的な「安全」という限定された用語を用いることにする)。

さまざまな手法の難点

「安全」確保のために考えうるいくつかの手法について，「市場主義社会」においてもはたして有効でありうるのか否か，これを順に検討してみることにしよう。まずは，特定の相手と継続的な関係を形成して，そのなかで「しっぺ返し戦略」ないし「利他的利己主義」によって，裏切りへの誘惑をお互い抑止するというあの「集団主義」の手法である。これについては，「市場主義社会」への不可抗力的な歴史過程のなかで進む「関係の流動化・脆弱化」によって，その有効性を失ってしまうことはすでにみたのでここでは繰り返さない。したがって，ここで問題としたいのは，「教化主義」と「アメとムチ」方式という山岸が検討対象とする，それ以外二つの手法の有効性如何についてである。

「教化主義」とは，さまざまな「社会化」とりわけ「教育」をつうじて，社会の成員のあいだに自己犠牲を厭わないで他者に尽くす「愛他主義」を広め，こうした大々的な「人間改造」によって，社会や集団から裏切りの芽を摘んでいこうとするやり方である。かつてのソ連や人民中国など旧社会主義体制のもとで，考えられるかぎり徹底したかたちで追及されたものがこれである。しかし山岸によれば，このやり方はどうしても人によってその教育効果にムラが生じてしまう。そして，教化に成功して産出された「愛他主義者」が，教化に失敗して輩出する「利己主義者」によって搾取されてしまうという事態が起こり，失敗に終わらざるをえないのだと言う。「人民のために」というスローガンのもとで，この方式の壮大な歴史実験となった社会主義体制の挫折と崩壊が，そのことを如実に物語っている。「囚人のジレンマ」や「社会的ジレンマ」という不確実性の大きい状況のもとに置かれれば，「愛他主義」は一方的な搾取の標的にされ，その無力ぶりを

露呈せざるをえないのである。

　つぎに「アメとムチ」方式について。こうした「教化主義」の対極にあるのが、つぎに検討する「アメとムチ」方式である。これはホッブス以来の「社会統制」方式のことであり、社会の構成員が少なくとも部分的に自らの自由と独立を放棄してこれを公権力に委ね、そこに生じる強制力により裏切り行為に走る構成員に罰を与えてこれを押さえ込む。他方、協力者には報償を与えて協力行為を奨励する。言いかえれば、ゲームの利得表を裏切りに不利となり、協力に有利となるよう書き変えるのである。かくして、社会に「秩序」と「安全」と「安心」を提供するという強権的なやり方である。それは「教化主義」による人間改造を断念した地平から始まり、人間社会の歴史において繰り返し試みられた手法であって、また現実にも多くの成果を生み出してきたものである。しかしながら、山岸によればこの手法は、いくつかの決定的な副作用をわれわれの社会にもたらすのであって、必ずしも万全のものとは言いがたい。「過剰統制」の問題、「二次的ジレンマ」の発生、「統制中毒」の問題という、三つの副作用がそれである。

　まず、「過剰統制」の問題であるが、「アメとムチ」方式をとろうとすれば、そこにどうしても人びとの行動を監視し統制するためのコストが発生する。そしてこのコストが、ばあいによっては協力によって生み出される利益をうわまわってしまい、なんのための統制かわからなくなってしまうという問題である。いわゆる「角を矯めて牛を殺す」ともいうべき事態の出来である。つぎに、「二次的ジレンマ」の発生について。もともとこうした社会統制は「囚人のジレンマ」や「社会的ジレンマ」の単刀直入な強制的解決法として採られたものであるが、そこでは統制のために発生するコストを誰が負担するのかという問題、言いかえれば、自分はコストの負担から逃れて安全というその果実のみを享受したいという「フリー・ライダー」をどう防ぐかという、「二次的ジレンマ」の問題が発生してしまうのである。そして、この「二次的ジレンマ」解決のためにさらに必要となるコストを

誰が負担するのか……というかたちで，問題の解決が，無限に後退してしまう可能性がある。最後に，「統制中毒」の問題とは，ジレンマの解決をこうした社会統制に頼るやり方を続けてゆくと，だんだんメンバーの自発的な協力への意欲が薄れ，そのためにによりいっそう強力な統制が必要となり，さらに協力への意欲が薄れ……というかたちで，統制への依存がどんどん強くなってしまうという問題である。山岸によればこうした過程については，自発的にやれば楽しい行為でも，外的報酬をもらうようになれば楽しくなくなるという「内発的動機づけの喪失」と，それだけでなく，そのうち他人の協力をも強制されていやいややっているにすぎないと見なすようになるという「外的帰属による解釈」から，この協力への自発的な意欲の減退を説明しうると言う。いずれにしろ，「アメとムチ」方式はこうしたさまざまな副作用をもっており，とりわけそれは全体主義的な強権の発動へと転落する危険性をつねに孕んでいるのである。われわれの自由と独立そのものを脅かしかねず，安易にこれに頼ることは戒めなければならない。

市場主義社会における「安全」の構築（1）

では，こうした弱点をもつ手法に頼らないで，「市場主義社会」において「安全」を確保するにはどうすればよいのだろうか。これという何かよい方法はあるのだろうか。山岸によれば，それには大きく二つのものがあげられる。ひとつは増大する社会的不確実性を前提としたうえで，とりあえずは他者への「一般的信頼」を育みつつ「社会的知性」に磨きをかけて危険を避けるという，「信頼社会」を構築するためのわれわれの主体的な努力に関わるものである。いまひとつは，「しっぺ返し戦略」に代わって，この不確実性そのものを除去する方法であり，実はわれわれ人類は長い進化の過程（淘汰の過程）でそうした手法を発達させてきたのである。

まず，われわれの主体的な努力に関わるものについて。「集団主義社会」に適応的な社会的知性としての「地図型知性（関係性検知能

力)」についてはすでにみたが、山岸はこれとは逆に、行動への外的拘束力の弱い「市場主義社会」に適応的な社会的知性として、「ヘッドライト型知性(人間性検知能力)」というものを考える。それは集団内の対人関係の性質を手がかりに他人の行動を予想する「地図型知性」とは違って、むしろ集団の範囲を超えて、相手への認知的な共感や相手の役割にたいするシミュレーション能力によって人間性そのものを判断し、相手の行動の予測をおこなうものである。こうした種類の知性は、社会的不確実性の排除された「安心」の支配する「集団主義社会」においては必用とされないものであり、むしろ増大する社会的不確実性のなかで他者への「一般的信頼」にもとづいて、増大する機会コストを追い求める「市場主義社会」においてこそ必要となる知性である。「集団主義社会」においては育たなかった他者にたいする「一般的信頼」を、たんなる「お人好し」に終わらせないためにも、こうした「社会的知性」を、山岸はいわば「嘘発見器」の役割をはたすものとして重視する。だが他方でそれは、つぎに述べる政治や制度の透明性や情報開示と組み合わせることによって、「市場主義社会」における新たな「安全」の創出にも一定の役割をはたすことになる。

　すなわち、山岸の比喩的な表現を借りれば、まずはこうした知性は人間一般への信頼を頼りに、集団の外部に広がる闇の世界、あるいは暗さを増す集団内部の旅をナビゲートするヘッドライトの役割をはたす。だが、さらにこれを、「談合」や「コネ」などの「情報の非対称性」に満ちみちた社会でその透明性を高める情報公開への努力、いわば闇を照らす街路灯の設置を進める努力とドッキングさせることによって、われわれは裏切りなど危険な不確実性の存在を前提としたうえで、他人への「一般的信頼」をベースにしつつも、そうした危険を回避し「安全な」旅をすることができるようになる。こうした努力によって、不確実性そのものを除去することこそできないものの、「情報の非対称性」を減じて不確実性を予め避けるというかたちで、われわれは「市場主義社会」においても「安全」を確保しうるようになるの

である。しかしながら，山岸も言うように「集団主義社会」の崩壊が，「一般的信頼」や「社会的知性」構築の，ひいてはそれにもとづく新たな「安全」構築の好機であるとはいえ（そしてまた，そうした方向への誘因＝増大する社会的不確実性と機会コストによる，「信頼と信頼性と社会的知性の共進化」[13]も存在するとはいえ），こうした手法の成否はやはり今後のわれわれの主体的な努力に関わっており，その行く末は不分明である。そこに，さらなる手法が必要とされる根拠がある。

市場主義社会における「安全」の構築（2）

　さらなる方法は，これとは対照的に「社会的不確実性」そのものを客観的に除去するために，われわれ人類が進化の過程で獲得してきたある行動原理に，適度の社会統制を組み合わせるというものである。それは，効果を失いつつあるこれまでの「集団主義」（安定した「コミットメント関係」と「利他的利己主義」の組み合わせ）に代わって，現在の「関係の脆弱化・流動化」のなかにあっても，依然として有効性を失わず機能しうる手法である。つまり，「集団主義」が崩壊し流動化した現代の日本社会にあっては，いま述べたような「信頼」と「社会的知性」を育む努力だけでなく，われわれは多少なりともこうしたゆるやかな「ムチ」にも頼らざるをえないのである。では，それはどのようなものなのだろうか。

　われわれ人類が「社会的ジレンマ」を解決するために，進化の過程で獲得してきた行動原理とは，山岸が「みんなが原理」ないし「互恵性原理」と呼ぶものである。彼によれば，近年目覚しい脳の研究から，人間の脳はただひとつの中央演算装置（CPU）がすべての情報処理をおこなう現在のパソコンのようなものではなく，「単純な処理を専門におこなう無数のマイクロチップを使った，並列分散処理型のコンピュータのようなもの」であることがわかってきた（山岸，1999：160）[14]。人間が進化の過程で遭遇した課題ごとに，その都度それを解決する単純な情報処理に特化した「モジュール（基本単位）」が形成されてきた

のであって、人間の脳はそうしたモジュールの集合体だと言うのである。そして、このモジュールのひとつに、人間社会に普遍的に存在する「社会的ジレンマ」の解決に特化した、「社会的交換モジュール」の存在が推定されるという（「マキャベリ的知能仮説」）。つまり、肉体的には非力な人類がこれほど繁栄することができたのは、集団を作って協力しあってきたからであるが、そこには当然、自分は働かないで協力の果実にのみ与ろうとする「フリー・ライダー」が発生する。このズルの発生をどう防ぐか、進化の過程で遭遇するこうした「社会的ジレンマ」の解決に特化して脳内に形成されたのが、「社会的交換モジュール」である。

では、それはどのようにして機能するのだろうか。「社会的交換モジュール」とは、人間が「社会的ジレンマ」状況に置かれたときに、その状況をある特定の仕方で判断し、それに従ってある特定の行動をとってしまうようにあらかじめセットされた情報処理装置である。もう少し具体的にいえば、われわれが「囚人のジレンマ」に直面したとき、きまってこれを主観的に「安心ゲーム」と（誤って）認知し、「みんなが協力するなら自分も協力するが、誰も協力しないのに自分一人だけ協力して馬鹿をみるのは嫌だ」という、（「安心ゲーム」の解決に適した）「みんなが」原理に従った行動をとる傾向が強い。そして、こうした「みんなが主義者」がフリー・ライダーというズルを摘発する能力を身につけ、しかも社会の多数派を形成するようになるとき、そこに「社会的ジレンマ」問題の解決される可能性が開けるのだと言う。これを以下、それぞれのゲームの利得表も使いながら説明してみよう。

山岸による「順序つき囚人のジレンマ」実験によって、このことはつぎのような形で実証される。いま、AとBそれぞれが実験者から与えられた500円を相手に寄付すれば、実験者から500円が追加され倍にして相手に与えられるものとしよう。もし、こちらが寄付したばあい相手も寄付してくれれば、それぞれは1000円を手にすることができる。しかし、相手が裏切って寄付してくれなければ、こちらは元手の

第8章 「安心」のゆくえ　173

表2　囚人のジレンマの例

		プレイヤーB			
		協力		非協力	
プレイヤーA	協　力	1000	1000	0	1500
	非協力	1500	0	500	500

500円を失って無一文になってしまい，相手は元手の500円と寄付の500円と追加の500円とで計1500円の丸儲けになる。逆のケースでは，こちらが1500円の丸儲けで相手が無一文となる。そして，双方が相手の裏切りを恐れてともに寄付しなければ，それぞれは元手の500円のままにとどまる。寄付するかしないかこの選択をA・Bが同時におこなうばあい，これは表2で表される典型的な「囚人のジレンマ」ゲームとなる。合理的に考えれば，このゲームは「非協力・非協力」に落ち着くはずである（唯一のナッシュ均衡）[15]。ところが，実際には多くのばあいそうはならない。山岸のおこなった実験では，実に38％の協力率が得られている。これはいったい何を意味しているのだろう。被験者が事態を十分に理解していないからなのだろうか？　そうではないと山岸は言う。そこにわれわれの「社会的交換モジュール」が介在し，「みんなが」原理が働いているのだと言う[16]。

　これを明らかにするために，つぎに「順序つき囚人のジレンマ」ゲームとしてこのゲームをやればなにが起こるかを山岸は検討する。つまり，最初の被験者が500円を寄付するかどうかを決め，その結果を知ったうえでもう一人の被験者も寄付するかどうか決める，という1回きりのゲームである。合理的に考えれば，結果は決まりきっているように思われる。相手が寄付してくれないばあい，みすみす500円寄付して無一文になるのは馬鹿げている。寄付してくれたばあいでも，相手を裏切れば丸まる1500円が濡れ手に粟で手に入る。裏切って寄付しないに限る，と。もちろん，繰り返しゲームではないので，裏切っても「しっぺ返し戦略」などによる報復を恐れる必要もない。ところ

が，実際に山岸と共同研究者が日本・米国・韓国の三カ国でおこなった実験では，第一プレイヤーの協力（寄付）にたいして非協力（搾取）で応えた筋金入りの利己主義者は，日本で25％，米国39％，韓国27％にすぎないという結果を得た。残りはみな協力（寄付）で応えているのである（日本75％，米国61％，韓国73％）。また，第一プレイヤーの非協力（寄付なし）に協力（寄付）で応えるお人好しは，日本で１割，他国はゼロという結果も得ている（なお，最初の第一プレイヤーが協力［寄付］する割合は，日本83％，米国56％，韓国55％となっている）。ここで注目すべきは，相手の出方がわかっていない「同時決定」条件のばあいよりも，わかっているこの「相手先」条件のばあいのほうが，はるかに協力率が高くなっていることである。つまり，各国ともに約３分の２にあたる大半のひとは，「相手が協力（寄付）しているかぎりは，相手の協力につけこんで1500円もらうよりも，自分も協力（寄付）して1000円もらうほうが満足できる」と考えており（→「みんなが」主義！），ゲーム理論が想定する徹底した合理主義をとる人間は，2.5割から４割弱という少数派にとどまるのである。現実にわれわれが自分自身どう行動するかを想定すれば，さもありなんと納得のいく結果ではある。では，こうした「みんなが主義者」の行動は，自分の利害を放棄する「愚かな」行動なのだろうか。違うと山岸は言う。「みんなが主義者」が７割，「利己主義者」が２割，「お人好し」が１割という日本の現実に近い人員構成からなる集団を考えて，彼らのあいだでこの１回きりの「順序つき囚人のジレンマ」ゲームのシミュレーションをおこなったばあい，第一プレイヤーの獲得期待値は，「みんなが主義者」が800円，「利己主義者」は600円となる。つまり，自分の利益を徹底的に追求する合理主義者よりも，「みんなが」原理に従う非合理主義者のほうが，本人に有利な結果を得るのである。[17]

　山岸によれば，そのときこの「みんなが」主義者の内部では，「囚人のジレンマの安心ゲームへの主観的変換」という，われわれの「社会的交換モジュール」に特有の認知メカニズムが働いているのだと言

表3 「安心ゲーム」の例

		プレイヤーB			
		協力		非協力	
プレイヤーA	協　力	1500	1500	250	500
	非協力	500	250	500	500

う。そして，この認知メカニズムが働くことによって，われわれは「社会的ジレンマ」の問題を集団的に解決してきたのだと言う。つまり，こういうことだ。173頁の表2を見ればわかるとおり，「囚人のジレンマ」状況とは，「たとえ相手が協力していても，自分にとっては非協力行動をとるほうが協力行動をとるよりも大きな利益が得られる状況」(1500＞1000円)，ないし「自分が怠けていても他の人が作業をしてくれれば，その成果のおこぼれにありつける状況」(1500円)である。ところがこういう状況に置かれたばあい，われわれの多くは直感的にこれを，「みんなが」状況ないし「安心ゲーム」と誤認する傾向がある。「安心ゲーム」(「みんなが」状況)とは，前の章でみたような「複数均衡」をもつゲームのことであり，サプライ・チェーンの形成如何の例に代表されるゲームである(表3)。それは，「相手が協力しているなら，自分にとっても協力行動をとるほうが大きな利益が得られる状況」(1500＞500円)，ないし「自分が怠けているといくら他人が作業をしても成果があがらない状況」(500円)だとも言えよう(同：151)。つまり，このばあい実は「怠けていても他人の努力にタダ乗りできる[囚人のジレンマ]状況」であるはずなのに，われわれはついこれを，「タダ乗りができない『みんなが』状況」と直感的に誤認する傾向があるというのだ(同：151〜152)。そして多くの人は，「みんなが協力するなら自分も協力したほうが満足できる」と考えるというのだ。こうした「みんなが主義者」は，一人では無力だが，たくさん集まって集団を形成すれば，利己主義者より大きな利益をあげることができ，それによって社会的ジレンマの問題をうまく解決することがで

きる。つぎに、そのことを示す山岸の実験を紹介しよう。

さきほどのシミュレーションは、1回きりの「順序つき囚人のジレンマ」であったが、これをより現実に即したかたちのゲームに改めてシミュレーションしてやるのである。具体的には、ゲームを「同時決定」条件に戻し、誰と出会うかわからない場面でたまたま出会った相手と、「自分に与えられた500円を相手に渡すと、相手はその倍の1000円をもらえる」という囚人のジレンマを繰り返しプレイすると、誰が最大の利益を得るかというゲームである。[19] もちろんそこでは、プレイヤーの裏切り者を判別する能力と「みんなが主義者」の占める割合がおおいに結果を左右するのは言うまでもないだろう。そこでまず、「利己主義者」「みんなが主義者」「お人好し」がそれぞれ3分の1ずつの集団で、「みんなが主義者」の「裏切り者探索能力」がパーフェクトなばあいを考えてみよう。このとき、「利己主義者」と「みんなが主義者」の獲得利益は同額で833円ずつ、「お人好し」は667円となる。「利己主義者」は「お人好し」から1000円搾取できるが、「みんなが主義者」のほうも他の「みんなが主義者」と「お人好し」からそれぞれ差し引き500円ずつ計1000円得られるからである。さらに、この状況で「お人好し」がいなくなったばあいには、「利己主義者」の利益は搾取の対象を失って500円にとどまり、「みんなが主義者」は750円の利益となって後者のほうが有利となるのである。つぎに、3分の1ずつの構成で「みんなが主義者」の探索能力がまったくあてにならないばあいである。そのときは悲惨で、「利己主義者」1000円、「みんなが主義者」750円、「お人好し」500円となってしまう。ところでこれが「利己主義者」と「みんなが主義者」が2分の1ずつの構成で、「みんなが主義者」が相手の4分の3を正しくみわける中途半端な能力をもつばあいには、両者の利益は同額となる。そして、同じ判定能力で、「利己主義者」が3割、「みんなが主義者」が7割というより現実的な構成を考えてやると、「利己主義者」が675円で「みんなが主義者」が725円と、「みんなが主義者」の獲得利益のほうが大きくなるの

である。すなわち，以上の実験より明らかとなるのは，こうしたよくみられる社会的ジレンマ状況のもとでも，「みんなが主義者」が集まって集団を形づくり，その「裏切り者探索能力」にみがきをかければ，「利己主義者」を凌駕する利益をあげてそこに協力関係を築くことができ，彼らのあいだで「安全」を確保しうるということである。

　もちろん，この手法には二つのネックがある。ひとつは，「裏切り者探索能力」をどうやって高めるかという問題である。この能力は先に述べた「人間性検知能力」ないし「社会的知性」と同じものを指すが，すでにみたようにわれわれの主体的な努力に関わる問題であると言えよう。いまひとつは，どうやって「みんなが主義者」に有利な，彼らが多数派を占める社会を形成するかという問題であり，逆にいえば，どうやって「利己主義者」の増加を抑え，彼らを不利な少数派の位置に押し止めるかという問題である。そして，この第二の問題の解決について山岸は，現代のような流動的かつ匿名的な巨大社会においてはどうしても「社会統制」方式に頼らざるをえないとして，さらに，問題はこの統制をいかにして最小限度のものに止めて，全体主義的な強権発動に陥らないようにするかだという。そのためには，実は「みんなが主義者」が「利己主義者」よりも大きな利益をあげうるような社会的状態を達成しさえすればよいと山岸は言う。それはこういうことだ。「みんなが主義者」といっても，他にどれくらいの割合の人が協力していれば自分も協力に踏み切るか，その「みんなが主義度」には個人によって違いがある。たとえば，クラスでみられる「いじめ」に立ち向かうばあいを考えれば，他に協力者がいなくても敢然といじめに立ち向かう「清貧主義者」から始まって，過半数の協力者がいればなどというさまざまな程度の「日和見主義者」をあいだにはさんで，最後まで我関せず焉と非協力的な傍観の態度を決め込む冷淡な「利己主義者」にいたるまで，協力傾向の程度とその人数分布（集団の何割以上の人間が協力していたら自分も協力に踏み切るか，その程度ごとの人数分布）には濃淡の差があるのが常である。そして，当該の集団におけ

るこの協力傾向の程度と分布による協力者の累積人数を考えてゆけば、ある一定の協力度における累積人数（「限界質量」）を境にして、あとは半自動的にほぼクラス全員が一致協力していじめに立ち向かうという状況が達成される。逆に、協力者の数がこの「限界質量」に達しないばあいには、急速かつ半自動的にほぼクラス全員が傍観者の態度を決め込むという悲惨な事態に転落する。あるクラスではほぼ全員がいじめに立ち向かうのに、他のクラスにおいてはほぼ全員が傍観を決め込むという、相反する現象がみられるのもそのためである。クラスのメンバーの質にそれほど差があるわけではない。「最初にどれだけの人びとが協力しているか」、その分布の初期値がこの限界質量を上回っているかどうかただそれだけによって、最終的な結果がまったく正反対のものになってしまうわけである。そしてこの「限界質量」そのものは、協力傾向の累積曲線が45度の右上がりの直線と交わる三つの交点のうち、真中の交点の値として求めることができる。[21]

　以上よりわかるのはつぎのことだ。「みんなが主義者」に有利な、彼らが多数派を占める社会を築くためには、非協力的な「利己主義者」の分布の初期値がこの限界質量を超えないように、必要最小限の「アメとムチ」を使ってやりさえすればよいということ、これである。非協力者の分布の初期値が限界質量を超えてさえいなければ、あとは連鎖反応的に協力者が累積していって協力状態が自動的に達成されるのだから。それ以上の強権を発動する必要はないのである。メンバーは裏切り者を判別する能力に磨きをかけつつ、ただそれぞれの「みんなが主義」原理に従って行動するだけでよいのである。これが市場主義社会における「フリー・ライダー」や「犯罪者」など利己的な非協力者の発生と増大を客観的に抑止する第二の手法であり、ひと言でいえば、われわれが進化の過程で獲得してきた「互恵性原理」を活用して、それが社会を有効に支配するように、適度の社会統制を援用するというものなのである。

3　市場主義社会の「安全」と来日外国人犯罪

　以上，われわれは山岸の理論に依拠しながら，集団主義社会から市場主義社会への移行にともなって生じる「安心の崩壊」の問題と，新たな市場主義社会において必要となる「安全の確保」のための二つの方策について詳しい検討を試みた。それは社会関係の脆弱化・流動化という不可抗力的な歴史の趨勢のなかにあって，逆に集団主義のくびきから解き放たれたことを奇貨として他者への「一般的信頼」を育み，同時にわれわれの「社会的知性」ないし「人間性検知能力」を高めつつ，さらには社会の「情報開示」を推し進めるというやり方がひとつ，いまひとつはわれわれに埋め込まれた「互恵性原理」の活性化を図りつつ適度の社会統制で情勢の悪化を避けるというやりかたである。これらはいずれも，市場主義社会の新たな「安全」の確保策となるものに他ならないが，最後に日本社会の現状との関わりで問題としたいのは，このうち後者の社会的ジレンマのなかで積極的に協力関係を築きあげて「安全」を得る方策のほうである。[22]

来日外国人凶悪犯罪の増加と「互恵性原理」

　これに関して問題は二つある。ひとつは来日外国人による凶悪犯罪の急増と「ヒット・アンド・アウェイ」という彼らの犯行パターンの特質がもたらす問題であり，いまひとつは彼らと暴力団など日本人の犯罪者や一般市民との連携や日本人偽装犯の増大がもたらす問題である。前者は，要するに利己主義者／犯罪者の増大が社会の許容する限界質量を超えてしまって，協力状態／治安の維持が「互恵性原理」の自動的メカニズムによっては達成されない，強権発動に頼らざるをえない段階に突入しつつあるのではないか，そしてその強権発動も首謀者や実行犯の国外逃亡によって有効性を失ってきているのではないかという問題である。そして後者は，来日外国人犯罪者が日本人の犯罪

者や欲望に負けた市民と結託したり，逆に外国人を装う日本人犯罪者が増えることによって彼らの識別が困難となり，したがって彼らの摘発が難しくなるといういわゆるゲーム理論でいう「検知問題」の深刻化である。それぞれを詳しく検討していこう。

　まず，来日外国人犯罪の急増と治安悪化の問題について。これについて，『平成15年版　警察白書』は，「検挙件数の増加」「凶悪化の進展」「組織化の進展」「地方への拡散」の４点を指摘する。まず，総検挙件数は2002（平成14）年で３万5000件弱（前年比25.2％増），総検挙人員も１万6000人強（前年比10.6％増）と，いずれも過去最多を数えた。これを10年前と比べると，それぞれ1.8倍と1.6倍となり，刑の長期化による収容増とあいまって取り調べのさいの通訳や収容する刑務所にも事欠くほどの増加傾向がつづいている。つぎに，凶悪犯（強盗・殺人・強姦・放火）については同じく14年で323件と353人となり，５年前と比べてそれぞれ1.5倍と1.4倍とやはり増加が著しく，刃物を振りまわす韓国人武装スリ団や中国人侵入盗グループが家人の殺傷にいたるケースなど，犯罪の凶悪化が進んだと言わざるをえない。また組織化についても，もともと日本人犯罪者に比べて複数犯の比率の高いのが外国人犯罪であったが，この間その組織化の進展には目をみはるものがあり，1993（平成５）年で22.4％であった共犯事件比率は2002（平成14）年には61.5％へと急上昇して，いまだ単独犯事件が８割強を占める日本人犯と著しい対照をみせている。とくに強盗・窃盗・知能犯において共犯率が高く，多人数で役割分担を徹底して組織的・計画的に犯罪がおこなわれているのがわかる。最後に，発生地域別に検挙件数の推移をみれば，首都圏での集中発生に始まって近年は地方での増加が著しく，北海道から九州まで全国いたるところに拡散をつづけている。こうした分析にたいして，総検挙数のなかには刑法犯だけでなく半数を占める不法入国・滞在のそれが含まれること，また日本人を含む全検挙数に占める来日外国人犯罪者の比率そのものは微増であることなどをもって，こうした分析を為にする外国人排斥のフレーム

アップに過ぎないとする議論もある。しかし,『白書』も指摘するように, 密航費用など多額の借金を抱えた不法入国者から, 刑法犯とりわけ強盗など凶悪犯に移行する割合が高くその温床となっていること, あるいはつぎに述べる日本人犯罪者との連携や模倣犯を誘発する効果をつうじて, 総犯罪件数を大きく押し上げていることを考えれば, 「治安悪化」の原因究明にとってこの批判は的外れだと言えよう。

さて, 問題はこうした来日外国人犯罪の増加・凶悪化・組織化・拡散が, 「互恵性原理」と「適度の社会統制」の組み合わせという期待される「安全」の確保策に, どのようなマイナス効果をもつかということである。指摘されるべきはつぎの２点である。第一点は, こうした犯罪者の増加が直接的および間接的に社会における「みんなが主義者」の割合と「みんなが主義度」の相対的低下をもたらし, 犯罪の発生が社会の許容する限界質量を超えてしまって, 治安維持のための「互恵性原理」の自動メカニズムの働きを無にしてしまわないかということである。ここで直接的にというのは, 来日外国人犯罪者が数量的に増大していることがひとつ, そして, 彼らの犯行が従来の日本人の犯罪の常識を超えた大胆なものであることや, なかでも中国本土で服役中のはずの少なからぬ凶悪犯が犯罪目的だけのために不法に出獄・入国して犯罪を繰り返していることからくる, 犯罪の質的転化 (凶悪化) がもうひとつ。これらのことは, 社会を裏切る徹底した利己主義者・非協力者の増大とその「利己主義度」の増悪を意味しており, 言いかえれば, 「互恵性原理」にもとづく「安全」の確保を直接的に困難にするものである。また間接的にというのは, こうした外国人犯罪の増大とその様態が日本人による犯罪に影響を与えて, これまたその増大と凶悪化を結果しているということである。そのばあい, 両者の提携によるものもあれば, 日本人の模倣によるものもある。いずれにしろ, こうした間接的な効果をつうじても来日外国人犯罪はわれわれの「互恵性原理」のありようや, さらには「安全」を危うくしているのである。そして, 第二点として指摘しなければならないのは, こ

うした状況の悪化を押しとどめるべき社会統制つまり取り締まりの強化にしても、「ヒット・アンド・アウェイ」方式という彼らに多くみられる特有の犯行パターンによって、多くの効果を期待できないということである。もともとのホーム・グラウンドを取り締まりの及びにくい海外の出身国にもつこと、また精巧な偽造パスポートの使用や（パスポートや公文書の売買による）実在の人物への〈なりすまし〉によって彼らは自由に出入国をくりかえすこと、これらの事情によりその首謀者や実行犯を捕捉することは困難をきわめるのである。

日本人との連携と「検知問題」

　残されたいまひとつの、こうした来日外国人犯罪者と日本人犯罪者や市民との結託や日本人模倣犯の増加の問題について。『平成15年版警察白書』と『平成15年版　犯罪白書』のいずれも、こうした来日外国人犯罪者集団と日本人暴力団との連携が進んでいることを指摘している。密入国と強・窃盗と麻薬取引において連携の度が高く、取り締まり現場の声として今後この傾向は強まるとの調査結果が示されている。とりわけ問題なのは、強・窃盗など従来は出身の同国人だけをターゲットにしていたものが、日本人の暴力団員や情報提供者の協力を得て、日本人の一般市民や事務所をターゲットにした犯行が急増したこと、しかも盗み出した預金通帳の引き出しやクレジットカードの使用には気づかれにくい不良日本人を使うなど、犯行が巧妙かつ捕捉困難となってきていることである。ひと言でいって、犯罪をめぐって外国人と日本人との壁が崩れてきているのである（富坂，2003：203）。

　こうした現象は、「互恵性原理」と「社会統制」に頼るわれわれの「安全」確保策にどのようなマイナス効果をもつのだろうか。答えは二つある。ひとつは、言うまでもなくすでに述べたように、日本人との連携によって全体として犯罪状況の悪化と拡大を招くというマイナスの効果である。この間の急速な「治安」（とくに「体感治安」）の悪化はその結果とも言える。そしていまひとつは、日本社会の内部に足場

をもたなかった初期と違い，日本人と連携した来日外国人犯罪者が日本の社会に溶け込むことによって，彼らの犯罪の捕捉や摘発が飛躍的に困難になったことである。出入国を繰り返す「ヒット・アンド・アウェイ」という方式，および情報収集と足のつきやすい役割を日本人に委ねることによって，彼らの犯行は巧妙となりその捕捉は困難をきわめるのである。あるいはこの困難は，外国人犯罪者を装う日本人犯罪の激増という悲しむべきパロディによっても加速される。ゲーム理論でいう「検知問題」の深刻化である。そもそも「みんなが原理」に頼るやり方の成否は，「みんなが主義者」が社会に占める割合だけでなく，他方でその「裏切り者探索能力」にもかかっているのであって，こうした事態の悪化は取り締まりに当たる当局や一般住民の検知能力に，より大きな困難と負担を強いることになるのである。

4 「国際化」の罠

　以上，われわれは「集団主義社会」から「市場主義社会」への移行によって生じる「安心の崩壊」と，そこで新たに「安全」確保策として浮上する方策について詳しく検討した。そして，その脅威となる来日外国人犯罪および彼らと結託する日本人の急増という，近年顕著な現象について詳しい検討を加えた。グローバリゼーションの進行および「市場主義社会」への移行が現実のものとなる過程で，現在，われわれは新たなかたちの「安全」を構築するのに成功しうるか否か，その岐路に立たされていると言ってよいだろう。

　この間の日本の景気は着実に回復しており，デフレ不況のなかでいったんは沈静化するかにみえた外国人の流入圧力は，経済状況の改善と歩調を合わせて今後ますます強まってくることが予想される。止まらない少子化の流れとあいまって，今後予想される労働力不足のなかで，安い外国人労働力導入をもとめる産業界の声もますます大きくなっていくことだろう。こうした事情を背景にして現に，FTAをめぐ

る交渉のなかで看護・介護労働者の受け入れ自由化をフィリピンから迫られそれを受け入れることとなった。しかしながら，われわれがここで留意しなければならないのは，そうした動きと並行してアンダーグラウンドの世界でも，不法入国・不法滞在への圧力が増していくということである。そして，それがわれわれの「治安」や「安全」を脅かすものになるということも。ここに象徴的な出来事がある。それは，森元首相が「日本は5年以内に世界最先端のIT国家となる」として，外国人IT技術者を導入する「IT基本戦略」を策定・実施に移した2001年，これにいち早く反応したのが中国人"蛇頭"グループとそれに連なる日本人暴力団であったという事実である。"IT技術者"として大手を振って入国した大半は経歴を詐称した中国人犯罪者たちであり，そのお膳立てをしたのがこれら日中で連携した犯罪者集団であった。審査書類の不正の発見から始まって捜査官たちがたどり着いた先には，「完全なアンダーグラウンドの世界」が広がっていたのだ。「部屋の中からピッキングの道具が出てきたなんてことも何度かありました。本当に苦々しい気持ちです。我々は，ドロボウにどんどん許可を出していたんだなあって考えると，本当にガッカリです」(富坂, 2003：276)，と当時の入管幹部は語る。

　こうした事実が物語るのは，「国際化」や「規制緩和」や「構造改革」など，われわれにとって自明とも思える口当たりのよいスローガンの背後に潜む"罠"の存在である。われわれはそうした美辞麗句に酔いしれることなく，それらがもたらしうるさまざまな可能性に冷静に思いをめぐらせ，慎重にことを運ぶ必要がある。そして何よりも成長重視か治安重視か，われわれはこれら二つの進路のあいだで選択を迫られていると自覚したうえで，ありうべきそれぞれの未来のいずれかを引き受ける覚悟が必要なのである。いずれにしても，展開しつつある「オープン市場型社会」にとって，「安全」の確保は，ことのほか困難かつコストのかかるものだと言わねばならない。

●注

(1) 河合幹雄は，さまざまな犯罪統計の数値を検討して，「殺人，強盗，強姦，傷害，暴行，脅迫，恐喝」の重大犯罪の認知件数について，1990年までは減少傾向にあり，「96年まで横ばい，97年からわずかながらも増加傾向が始まっている」（河合，2004：47）として，治安の悪化はこの数字ほどひどくはないとする。数字の悪化そのものは，急増する車上荒らしなど逮捕できる可能性が低い事案に警察が書類を作らずに済ます「前さばき」を止めたことが大きいとするのである。また，検挙率の低下についてもこの「前さばき」の中止，および人手不足によってつかまえた犯人の「余罪追及」に手が回らなくなったことに原因があるとする（同：41）。ただ一方で，「ずっと継続している警察官の増員のおかげで，全体としての警察の検挙能力がかろうじて維持されているにすぎない」として「事態は深刻である」（同：85）とも指摘する。

(2) ちなみに，法務省速報値によれば，2003年末で外国人受刑者の数は5671人（10年前の2.6倍），全受刑者の7.7％に達し，この13年間連続して増加している。なお，国籍では中国，韓国・朝鮮，イラン，ブラジルの順に多く，そのうち中国人の占める比率が34％，韓国・朝鮮人が29％であり，新規来日外国人受刑者に限れば，中国人の比率は4割を超えている。

(3) 正式の呼称は，「社会意識に関する世論調査」（2002年12月，2004年1月，2005年2月，内閣府実施）。なお，年によって増減のみられる他の項目と違って，「治安」への不安のみは一貫して増大している。そして，2005年2月の調査では47.9％（8.4％悪化）と，ついに38.45％（7.0％改善）の「景気」を抜いた。なお，「景気」は第3位で，第2位が「国の財政」（39.1％），第4位が「雇用・労働条件」（35.4％，9.2％改善）である。また，2004年の調査によれば逆に，「日本の国や国民について誇りに思うこと」について，「治安のよさ」をあげる人は，前年比－9％の20.0％と激減している（『日本経済新聞』2004年3月28日朝刊）。また，2004年7月15日発表された同「安全・安心に関する特別世論調査」によれば，「今の日本は安全・安心な国か」という質問にたいして，「そう思わない」人が55.9％となり，「そう思う」人39.1％を大きく上回った（『日本経済新聞』2004年7月16日朝刊）。

(4) 河合は現在の状況を主観的な「体感治安の悪化」としてとらえ，その原因を「安全神話」の崩壊に求める。「安全神話」とは，「『非日常』と『日常』という境界によって，犯罪を非日常世界に閉じこめること」「『犯罪に無縁の一般住民』が，日常生活において犯罪に係わることに出会わないように，『犯罪に係わる人々』が尽くす」ことを基本構造とするが，伝統的地域共同体の衰退と社会の流動化・匿名化・24時間化によって，主要にはこうした「［危険な］繁華街と［安全な］住宅街，［危険な］夜と［安全な］昼等の境界も活用して『安全地帯』を確保」するやり方が崩壊したのだとする（河合，2004：273〜274）。

この議論は、後に検討する「集団主義社会」の崩壊とも微妙に重なっている。そして彼の主張は、「集団主義社会」の復活そのものと読むこともでき（「方法論的共同体主義」という主張！）、共感できる部分が多々ある。
(5)　日銀の金融緩和政策の続行や、りそな銀行への公的資金の投入を契機とした株価の反転回復、あるいはリストラを推し進めた企業努力などによって、「企業債務が減り、銀行の不良債権処理も進展し、民間のバランスシート調整が前進したのは確か」である。しかしながら、「その裏で進んだのは政府債務の累積であり、日銀のバランスシートの膨張」であって、「病巣の所在が民間から政府に移れば、危機の指標は株価から国債価格（長期金利）に変わり、主戦場も債券市場に移った」だけだ、ということはあるのだが（『日本経済新聞』2004年4月4日朝刊）。
(6)　富坂はさらに、この文章をつぎのようにつづける。「少子化の進む日本では、いずれ人口減少の問題に突き当たり、マーケット縮小に怯える経済からは『移民受け入れ』の大合唱が起こることは恐らく間違いないだろう。そのとき、民善官悪の単純な判断基準しかもたぬマスコミは、再び『世界に向けて扉を開け』と経済人のお先棒を担ぐのだろうか。私はいま、敢えて一つの考察に取り組みたいと思う。それは、日本の知識人を中心に金科玉条のごとく唱えられてきた"国際人"という言葉はいったいどんな"人"なのか。またはどんな生活スタイルを描いて使われてきたのだろうか。そして外国人が押し寄せてきたこの二十年間、少しは日本人の国際人化は進んだのか。もっとはっきり言おう。ただやみくもに日本が外に向かって扉を開けたこの二十年で日本人はその恩恵を享受して、物質的・精神的にかかわらず、豊かな生活を実現できたのだろうか。少なくとも、私自身は一人の日本人として明確に答えることはできない。ピッキング対策に二重の扉をつけ、ホテルにチェックインするとき自宅住所と電話番号を記すことさえ抵抗を感じる社会であっても、経済のためには移民もやむなしとの判断を、十分な議論の末に選択するのか。もしそうであるなら私はこれに異を唱えようというのではない。ただ、もしもいま外国との窓口をさらに開くか開かないかの問題が再び俎上に上るのなら、単純に開くべきかどうかではなく、まず日本人が将来目指すべき姿を定め、そのために必要か不要かの議論を経て開放してほしいと思うのだ」（富坂、2003：236〜237）。北京大学中文系に留学した経験をもつだけに、富坂の言葉は重い。
(7)　山岸によれば、「機会費用」とは「ある行動に投資した費用や時間を、別の行動に投資したばあいに得られる利益のこと」だとされる（山岸、1999：71）。
(8)　山岸は「安心」に依拠する従来の「集団主義社会」と、「信頼」に依拠して成立する「市場主義社会」を対比させて、「［前者のような］安定した社会的不確実性の低い状態では安心が提供されるが、信頼は生まれにくい。これに対して［後者のような］社会的不確実性の高い状態では、安心が提供されていない

ため信頼が必要とされる」(山岸, 1998：50) とする。つまり,「安心」とは,「自分を搾取する行動をとる誘因が相手に存在しないと判断することから生まれ……, 相手と自分の関係には社会的不確実性が存在しないと判断すること」であるのに対して,「信頼」とは, 社会的不確実性の高いなかで,「相手の内面にある人間性や自分に対する感情などの判断にもとづいてなされる, 相手の意図についての期待」だとして両者を峻別する (同：46〜47)。そして, どちらも結果として人間関係に客観的な (広義の)「安全」をもたらすが,「信頼」のほうはそのために, 相手の人格を慎重に見分ける「注意深さ」ないし「用心深さ」(「社会的知性」) が不可欠だとする。

　ここでは,「集団主義」によってもたらされる「安心」とは区別する意味で,「信頼」と「用心深さ (社会的知性)」からもたらされるものについて, (狭義の)「安全」という概念を用いることにする。「安心」と「用心深さ」とは, まったく相反する心理特性だからである。また, 信頼するがわの特性である「信頼」と, 信頼されるがわの特性である「信頼性」とが区別されるのは言うまでもない。

(9)　以下で検討する手法は,「集団主義」,「教化主義」,「厳罰主義」,「信頼と知性＋情報開示」方式,「みんなが主義＋適度の社会統制」方式の五つであるが, 山岸によればそれらは,「動機づけ」と「インセンティブ適合性」という二つの観点から整理することができると言う。つまり, 行為者の内部にあって彼をつき動かす「動機」に訴えかけて事態の改善を試みる, 前者のいわば主体改革方式と, 逆に人間の環境にあって彼を特定の方向に誘導する「インセンティブ」に働きかけて事態の改善を試みる, 後者のいわば環境改革方式の二つである。「社会的不確実性」の存在を前提として主体の努力に賭ける前者と,「社会的不確実性」そのものの除去をめざす後者と言ってもよい。おおまかには「教化主義」と「信頼と知性＋情報開示」方式が前者に,「集団主義」と「厳罰主義」と「みんなが主義＋適度の社会統制」方式が後者に分類できよう。

(10)　この無限後退の問題の解決は, 裏切り者だけでなく, 裏切りを見逃すひとをも罰するというというかたちで解決すると言われている。

(11)　山岸によれば,「[幼稚園児の『お絵かき実験』などの] 内発的動機づけについての一連の研究は, 内発的動機 (すなわちある行動をすること自体が楽しい, あるいはその行動自体から内的な報酬を得ている) にもとづいて行われている行動に外的な報酬を与えると, そもそもの内発的な動機づけが失われてしまうことを示して」おり, さらに, おなじく社会心理学の「外的帰属」の理論からは,「アメとムチにより協力行動が促進されているばあいには, 自ら進んで協力しようという内発的動機づけが弱くなるだけではなく, 他人が協力しているのは進んでそうしているのではなく, 強制されていやいや仕方なく協力しているのだと思うようになる」ということが示される (山岸, 2000：102〜103)。

⑿　もちろん,不確実性そのものを除去するもうひとつの方法である「人質の提供・交換」は,「市場主義社会」においても有効である。しかし,山岸はその有効範囲には限界があるとして,これを「安全」確保のメインには据えない。
⒀　「共進化」とは,「ある特性がそれ独自では適応価値をもたなくても,独自の適応価値をもたない別の特性と組み合わさることによって,適応価値をもつようになるという原理」(山岸,1998：186)のことであり,山岸はそうした関係が,「信頼と信頼性と社会的知性」のあいだに成り立っているというのである。
⒁　そのことは,意識の座である左脳とは独立して,意識されない情報処理をおこなう右脳の働きに関する「分割脳」の研究や,脳のどの部分がどういう機能をつかさどるかを映像的にとらえる,脳神経医学の「F-MRI」による診断・研究からも実証されてきた。
⒂　もちろん,これを同じ相手との繰り返しゲームにすれば当然,そこでは「しっぺ返し戦略」が優位を占めるようになり,最終的には協力関係が成立するのは言うまでもない。しかし,関係の流動化が進み一時的な対人関係が主流を占める現代においては,繰り返しゲームではなく,1回きりの「囚人のジレンマ」ゲームにおいての協力関係の成立如何こそが問題となってくる。
⒃　山岸がおこなったこの実験では,「同時決定」条件で38％であった協力率が,つぎに述べる「相手先決定」条件という非協力への誘惑の多い状況下で62％へと,むしろ上昇するのである。
⒄　このことは多くの「囚人のジレンマ」実験で,たとえば合理的に行動するゲーム理論の専門家の教授連が,一見非合理的・常識的に行動する普通の学生たちとの対戦に敗れるという予想外の結果とも符合する。なお,このケースを含め,以下一連のケースの計算式は,煩雑になるので省略する。
⒅　あるいはこれを,「みんなが協力しているかぎりは自分も協力したほうがいい,しかしみんなが協力していないなら協力しないほうがいい」状況と言ってもよい(山岸,1999：149～150)。
⒆　ちなみに,「人間関係の脆弱化・流動化」という現状を反映させたこの条件のもとでは,継続的な「コミットメント関係」の形成は排除される。
⒇　進化心理学者のコスミデスは,社会的ジレンマ状況における「裏切り者を捜す」作業についても,それに特化したモジュール(「裏切り者探索モジュール」)が存在すると主張し,「ウェーソンの4枚カード問題」を使ってこれを証明しようとしている(山岸,2000：131～136)。
㉑　山岸はこうしたアイディアを,核分裂の連鎖反応に関する物理学の「限界質量」の理論から得ており,それを,「人間行動の連鎖反応」の理論として応用するわけである。
㉒　ちなみに,山岸の言う「みんなが原理」ないし「互恵性原理」とは,「ウチとソトの峻別」と「内集団ひいきの原理」という日本社会に顕著な本来の「集

団主義」にたいして，それとミックスしてわれわれの社会を作り上げてきたいまひとつの「集団主義」だと言ってよいのかもしれない。「自分だけ馬鹿を見るのは嫌だ」というこの原理は，言いかえれば，「集団主義社会・日本」にもう一方で特徴的な「横ならび意識」ないし「和をもって貴しとなす」という意識とどこか共通するものがあり，そのことは，先ほどあげた1回きりの「順序つき囚人のジレンマ」実験において，第一プレイヤーが最初にとりあえず協力（寄付）する割合が日本は8割強と，5割強にとどまる韓国・米国と比べて，突出して高いという事実や，第一プレイヤーの利己的な非協力にも協力（寄付）で応じる人が皆無の米国・韓国にたいして，日本では1割もいるという事実のなかにみて取ることができよう。ともあれ，ここではこの「互恵性原理」との関わりにおいて，現在の来日外国人犯罪を中心とする治安の悪化の問題を考えてみたい。

(23) たとえば，「『外国人犯罪増加』報道の欺瞞」（「メディアの辺境地帯」http://www.nanzo.net/henkyo/）など。しかしながら，2002（平成14）年の有罪人員総数に占める外国人有罪人員比率は12.2％と，総人口に占める外国人比率1％に比べて著しく高く，しかも科刑状況の推移をみれば長期刑化の傾向が著しいなど，来日外国人犯罪が日本の犯罪動向（増加と凶悪化）に与えている影響はとても無視できるものではない（『平成15年版　犯罪白書』73～74頁）。

(24) 中国人服役者が不法入国して，凶悪犯罪を繰り返している現状については，富坂の前掲書，『潜入』に詳しい（富坂，2003：37, 39, 87, 207）。

(25) これについても，同上書が詳しい（富坂，2003：181～183, 189～190, 211）。

(26) 富坂，2003：268～279，参照。ここに一部を引用してみよう。

……「今回，改めて調べ直したファイルの中に，実は，数年前に強制送還になった女性も見つかりました。……今回の申請では，出身地が上海になっていた人物が，強制送還されたときは，福建省籍だったり。そうした人々が，堂々とソフトウェアの開発技術者を名乗って再度，この『IT』の時流にのって申請してきているのです。日本の"旬"な話題がITであることや，そのIT技術者を名乗れば入りやすいことが分かったら，抜け目なくその緩んだ隙間に押し寄せる。彼らの機をとらえる敏感さには，つくづく驚かされますね。」申請書と同時に提出された卒業証明書には，中国で"名牌大学"と呼ばれる有名大学の名前がズラリと並んでいた。もちろん，公証書でさえ簡単に偽造してしまう中国で，卒業証書の偽造など，むしろ朝飯前のことだろう。……（同：271）。

……「昨年十月頃，我々はすでにIT技術者として日本で働いている中国人の実態調査を実施しました。……このとき調査対象にした七十四ヶ所は，そこまでする以前に，書類から『怪しい』と思わせるに十分なものだったのです。彼らが受入先住所として残した場所に足を運んでみると，全七十四ヶ所のうち，なんと四ヶ所では，堂々と広域暴力団の名を記した看板が掲げられていたので

すから」……（同：274）。

● 引用・参考文献

［1］ 河合幹雄『安全神話崩壊のパラドクス』岩波書店，2004年。
［2］ 北芝健『治安崩壊』河出書房新社，2005年。
［3］ 警察庁編『平成15年版　警察白書』ぎょうせい，2003年。
［4］ 富坂聰『潜入──在日中国人の犯罪シンジケート』文春文庫，2003年。
［5］ 法務省法務総合研究所編『平成15年版　犯罪白書』国立印刷局，2003年。
［6］ 三沢明彦監修『組織犯罪』中央公論新社，2004年。
［7］ 山岸俊男『信頼の構造』東京大学出版会，1998年。
［8］ 山岸俊男『安心社会から信頼社会へ』中公新書，1999年。
［9］ 山岸俊男『社会的ジレンマ』PHP新書，2000年。

● 第 9 章 ●

「怒り」はどこに

　つい先日，憂うべき調査結果が発表された。それは日本・米国・中国の三カ国についてそれぞれの高校生の意識を比較したもので，米国・中国に比べて日本の高校生は，自分の将来にたいしてきわだって「悲観的」であり，ある理念をもって将来に備えるより現在を楽しむ「享楽的な」生活態度が顕著で，なおかつ自分の国に誇りをもつ度合いが著しく低い「自尊心に欠ける」存在だというのである。(1) たとえば，自分の将来を「輝いている」と答えた高校生は，米国46％，中国34％にたいして日本は24％と低く，逆に「あまり良くない」が10％，「だめだろう」が6％と，悲観的な者の数が両者あわせても1.5％にとどまる米国や，5.5％の中国を大きく上まわっている。また，将来への備えについては，「将来にそなえて今からしっかり勉強しておくべきだ」と考える高校生は，米国79.8％，中国55.2％にたいして日本はもっとも少ない48.6％，逆に，「将来を思い悩むより，現在を大いに楽しむべき」と考える割合は50.7％と，19.5％の中国や39.7％の米国と違って過半数を超えている。そして，国にたいする誇りを強くもつ高校生は，29％を数える米国・中国にたいして日本は15％にとどまり，国旗・国歌についても，「誇らしい」と50％前後が答える米国・中国とは逆に，日本は「何も感じない」者が60％も占めるのである。こうした数値は国際的にみても，紛争や飢餓にあえぐ一部の国を除けばきわめて特異なものであり，やはりどこかおかしい。この数値から，初めて海外に出たとき，「日本人は姿勢がわるい。もっと胸を張って歩け！」と忠告されたことをはからずも思い出す。こうした現象はとく

に若い世代だけの問題ではなく、現代の日本人すべてに共通のものではないか。

　他方で、日本をとり巻く国際情勢に目を向ければ、北方領土をはじめとして、竹島や尖閣諸島など、歴史的経緯をたどれば日本固有のものである領土をめぐってのロシア・中国・韓国の隣国との軋轢や、海底資源をめぐる中国による日本権益の侵害、あるいは日本の国連安保理事会常任理事国入りにたいする中国・韓国の反対など、日本の国家としての鼎の軽重を問われる問題にわれわれは直面している。これまで紛糾する事態が起きるたび、経済援助を唯一の切り札としつつ、他方で「冷静に事態の推移を見守りたい」との決まり文句のもとに、問題と正面から向きあうことを避け、そのつど問題の先送りをつづけてきたわが国外交姿勢のツケが、ここにきて一気に噴き出した感すらある。このことは、われわれが海外に出たとき体験する日本のいびつな存在感あるいは非在感、つまり、世界第2位の経済大国あるいは歴史的な伝統文化の保持国としての確かな存在感と、他方でそれとは桁違いにあまりにも希薄な政治的ないし外交的な存在感という、バランスを欠いた国家のありようとどこかで通じている。冒頭に掲げた若者の閉塞感と、こうした日本国家のありようとは無関係ではありえないだろう。結論から先にいえば、「平和国家」でありかつ「商人国家」であるという戦後日本の国家経営の二大方針がここにきて行きづまり、その有効性が問われはじめているのだと言えよう。

　すなわち、明治維新以来さきの敗戦にいたるまで、日本は「富国強兵」のスローガンのもと近代国家としての国づくりを推し進め、かつそれに成功したアジアで唯一の国となった。しかしながら、太平洋戦争の敗北によって、このうち「強兵」路線を放棄し、その後は1960年代の高度成長政策に代表されるように、「富国」路線一本槍の国づくりを進めてきた。つまり資金と資材と人材を、官・民にわたる経済活動の分野に集中的に投資したのである。現在の「平和国家」「商人国家」としての日本がそれであり、世界第二の経済大国としての日本は

その成果だと言えよう。しかしながらバブル経済期を頂点として，その崩壊による「失われた十年」を経て現在，冒頭に記したような閉塞感が広く国民と国家を覆っている。確かにこの間の少子高齢化の急速な進展（人口の老齢化）や，グローバリゼーションのもと激しさを増す雇用の流動化（賃金・処遇のダウン・シフト）や，長引いたデフレ不況のもとで莫大な数値に膨らんだ財政赤字（財政危機）などが，この閉塞感の直接の原因ではあろう。しかしながら，どうも「平和国家」と「商人国家」という二大支柱がここにきて揺らぎはじめ，そのことがこの閉塞感にどこか関係しているように思えてならないのだ。では，なぜ，またどのようにして，これまでの国家経営の二つの方針はその有効性を減じたのだろうか。これを以下，「平和国家・日本」の問題と，「商人国家・日本」の問題にわけて，ゲーム理論を使いながら論ずることにしよう。くわしくは，前者の問題は「タカ―ハト・ゲーム」の理論をもちいて，また後者の問題は「コミットメント問題」の解決をめぐる最近のゲーム理論をもちいて論じてみる。

　こうした作業をつうじてわれわれは，国家としての日本の現時点でのありようとその問題点を探り，そしてまた，そこからみえてくる今後に向けての課題を明らかにすることができるであろう。いまこそわれわれはつぎの段階へ向けての，新たな国づくりのデッサンが必要とされているのである。

1　「平和国家・日本」の問題

　まず，これまで戦後日本の一方の国是とされてきた「平和主義」，ないし「平和国家・日本」について，それがどのような問題を孕んでいるのか明らかにしてみよう。現在，焦点となっている，領土や海底資源や国連安保理常任理事国をめぐる中国や韓国との軋轢に関して，これまでのような「問題の先送り」を避け，本気で真正面からこれに対峙しようとすれば，どうしても「平和国家・日本」がかかえる問題

について考えていかざるをえないのである。ここではこれをゲーム理論をもちいて、とりわけ1970年代に始まり、90年代になって盛んに論じられるようになった「進化ゲーム」の考え方、なかんずくそのひとつである「タカ―ハト・ゲーム」の理論を参照しながら考えてみたい。

進化的に安定な戦略と「タカ―ハト・ゲーム」の理論

近年、EUやASEANやNAFTAなど国家を超えた地域統合が進展している。とはいえ、国際社会において、さまざまな生存の資源やチャンスをめぐって競合し争いあっているのは、やはり最終的には「国家」であろう。「国家」はおたがい、いまだ「生活に必要なあらゆる資源をめぐる直接の競争相手」なのである。たとえば、最近の世界経済の先行きに暗雲を投げかけている原油価格の高騰にしても、著しい経済発展によって大量の資源消費国となった中国の参入による、消費国どうしの資源獲得競争の激化がもたらしたものという側面をもつ。あるいは、東シナ海の海底資源をめぐる日中の確執も然り。そこでは、「国家」どうしが直接ぶつかりあっているのである。こうした「国家」とは基本的には、自らの繁栄をもとめて「自分にとって都合のよいことなら何でも、みさかいなくおこなうようにプログラムされた存在」と規定しうる。それゆえ「国家」どうしは当然、有限の資源やチャンスをめぐってお互い競合し反目しあう可能性を常にもつことになる。しかしながら、では多くの「国家」がそのばあいたんに、たがいに戦って相手を打ち倒すことによってのみ利害の獲得をめざし、争いの決着を図ろうとするのかというと、もちろんことはそれほど単純ではない。戦うべき相手や時期や程度の選択あるいはお互いの合従連衡や妥協など、「戦うべきか否かの決断に先立って、……複雑な『損得計算』がなされている」（ドーキンス，1991：113）のが常である。この損得計算について、ある生物種の個体間の生存競争をつうじてすすむ「進化」を対象として、原則的な分析モデルを考案したのが生物学者のJ.メイナード＝スミスであり、彼の「タカ―ハト・ゲーム」の理

論と「持久戦」の理論である。「国家」どうしの生存競争についても，いちおうこの理論が適用できると考えられるので，ここではこのうち，前者の「タカ—ハト・ゲーム」の理論を使って考察を進めていくことにしよう。

まず彼はこの理論のキー概念として，「進化的に安定な戦略(ESS)」という考えを採用する。それは，生物の「個体群の大部分がそれを採用すると，べつの代替戦略によってとってかわられることのない戦略」と定義され，別の言いかたをすれば，「個体にとって最善の戦略は，個体群の大部分がおこなっていることによってきまる」ということを意味する。あるいは，「個体群の残りの部分は，それぞれ自分の成功を最大にしようとしている個体で成り立っているので，残っていくのは，いったん進化したらどんな異常個体によっても改善できないような戦略だけ」であり，「淘汰はこの戦略からはずれたものを罰する」ということになる（同：114）。この概念を中心に展開された，生物個体の生き残りと繁栄をかけた「攻撃」をめぐる，「タカ—ハト・ゲーム」の理論をつぎにみてみよう。

いま，ある種の生物の個体群には自己の生存と繁栄をめぐって，それぞれタカ派型とハト派型という二つの戦略のどちらかをとる個体しか存在しないとしよう。タカ派の個体は，「つねにできるかぎり激しく際限なく戦い，ひどく傷ついたときしかひきさがらない」という戦略をとり，ハト派の個体は，「ただもったいぶった，規定どおりのやりかたで脅しをかけるだけで，だれをも傷つけない」という戦略をとるものとする。当然，タカ派とハト派の個体が戦えば，「ハト派は一目散に逃げるのでタカ派が勝ち，ハト派のほうは負けるがけがをすることはない」。タカ派の個体どうしが戦うと，「彼らは片方が大けがをするか死ぬまで戦いつづける」。また，ハト派とハト派が出会ったばあいには，「彼らは長いあいだお互いにポーズをとりつづけ，どちらかがあきるか，気にするのをやめるまでそれはつづく」。これらどのばあいにも，「ある個体は特定のライバルがタカ派であるかハト派で

あるかを，あらかじめ知る手段はない」ものとし，また，「特定の相手との過去の戦いの記憶もない」ものとする（同：115）。

いま，仮にこの戦いの勝者には80点，敗者には0点，重傷者には-320点，そして長い戦いによる時間の浪費には-20点が与えられるものとし，これらの得点の合計が，その個体種の繁殖数の増減に換算できるものとしよう。[2] 世代を重ねるにつれ，いったいタカ派とハト派のいずれが優勢となり，「進化的に安定な戦略」となるのだろうか。これを考えてみよう。まず，全員ハト派からなる個体群があるものとする。そのばあい，彼らはお互い戦っても，どちらかがあきらめるまで「長い儀式的な試合やにらみあい」をつづけるだけで，だれも傷つくことはない。より頑張りぬいた勝者は80点を獲得するが時間のロスによって20点を失い，あきらめた敗者はおなじく時間の浪費によって20点を失う。平均すればハト派の個体はいずれも，争いの半数に勝ち半数に負けると考えられるので，彼らの1戦あたりの得点は，勝者の+60点と敗者の-20点の平均，つまり20点となる。しかしつぎに，こうした平和な世界にタカ派型の突然変異個体が現れたとしよう。彼の対戦相手はハト派ばかりなので，いずれの戦いにも勝って80点を獲得し，これが彼の平均得点となる。平均得点20点のハト派集団のなかにあっては，彼は莫大な利益を享受して急速にその数を増やしていくだろう。ところが，このプロセスが進行するとタカ派が増えつづけ，タカ派個体の相手はハト派だけではなくなってくる。そしてついには出会う相手はタカ派だけになったとしよう。すると事情は一変する。タカ派どうしが戦いあうと，片方は傷つくので-320点，勝ったほうは+80点を獲得することになり，おなじくそれぞれは半数の戦いに勝ち半数の戦いに負けると考えられるので，彼らの得点は，勝者の+80点と敗者の-320点の平均，つまり-120点ということになる。そうすると事情は反転する。今度はハト派に有利になるのである。タカ派個体群に現れたハト派の変異個体は，もちろんいずれの戦いにも負けるので得点は0点，しかし傷つくこともないのでそれがそのまま平均得点となる。

平均得点−120点のタカ派個体群のなかにあっては、彼は圧倒的に有利な立場にたち、今度はハト派が急速にその数を増やしつづけることになる。

こうしたハト派とタカ派の個体数の増減が、個体群のなかで一方から他方への振動として現実に起こり、あるいはそれがいつまでも続いたりする必要はない。どこかにタカ派とハト派の「安定した比率」というものが存在し、そこでは両者の平均得点がちょうど等しくなる。そしてもし、たとえばタカ派の数がこの比率を超えて増えすぎると、ハト派が余分の利益を受けて増え始め（＝タカ派が減り始め）、比率がもとにもどっておなじ平均得点の安定状態に落ちつく。逆にハト派が安定比率を超えて増えすぎても、同じことがおこる。淘汰が一方に有利にはたらくことはないのである。このことを、数式を使っていま少し詳しく述べてみよう。

ある個体群内のハト派の比率を p、タカ派の比率を 1−p としたばあい、ハト派の個体がハト派と出会う確率は p、タカ派と出会う確率は 1−p であり、タカ派の個体がハト派およびタカ派それぞれと出会う確率も、おなじく p と 1−p になる。上の例では、ハト派と出会ったハト派、タカ派と出会ったハト派の得点は、それぞれ+20点と0点であり、ハト派と出会ったタカ派、タカ派と出会ったタカ派の得点は、それぞれ+80点と−120点である。ハト派個体の平均得点を E_D、タカ派個体の平均得点を E_H とすると、それぞれの平均得点はつぎのように計算される。

$E_D = 20 \times p + 0 \times (1-p) = 20p$

$E_H = 80 \times p - 120 \times (1-p) = 200p - 120$

ここで $E_D = E_H$ とすると、p＝2／3 が得られる。つまり、ハト派が2／3、タカ派が1／3の比率のときに両者の平均得点は等しくなり、この割合の状態で個体群は安定する。言いかえれば、0＜p＜2／3 のあいだは $E_D > E_H$ であり、ハト派の比率 p は上昇する。逆に、2／3＜p＜1 のあいだでは $E_D < E_H$ であり、今度はタカ派の比率 1−p が上

昇する。そして上にみたように、最終的には $p = 2/3$ の状態で安定するのである。

「安定多型」と混合戦略

すなわち、このばあいハト派型とタカ派型の戦略のいずれも、それ自体では進化的に安定ではない。どちらか一方だけが進化して、この個体群を完全に占拠するにいたると期待するわけにはいかないのである。そうではなく結局、上記のようなタカ派とハト派の「進化的に安定な比率」にいきつくのであり、この状態を遺伝学では「安定多型」と呼ぶ。

しかしながら、考えてみれば個体群のなかの全員が何らの申し合わせや協定をむすんで、全員がハト派戦術をとることに合意さえすれば、各個体の平均得点は20点となってこの安定多型のときの平均得点13.33をうわまわる。であるとするなら、進化は全員にとって有利なそのような方向に進んでいかないのだろうか？　当然、このような疑問が浮かぶ。しかしながらそうはならない。「申し合わせにつきものの難点は、長期にわたって全員の利益をはかるという申し合わせでさえ、裏切りを免れえないこと」にあり、「ハト派の申し合わせをした集団に生まれた一個体のタカ派は、あまりにもめぐまれているために（80点という高得点！）、タカ派の進化をくいとめることはできない」からである。つまり、このハト派の「申し合わせ集団は、裏切りによって内部から崩壊してゆく運命にしばられている」のにたいして、ESSのほうは各個体にとって決して有利なわけではないが、「内部からの裏切りを食いとめる力をもっている」がゆえに、安定している。まさに、「進化的に安定な戦略」たるゆえんである。そして、「長期的利益にもとづく協定ないし申し合わせは、内部からの崩壊のせとぎわでたえず動揺をつづけている」のが実情である。たとえば、市場における業者間の「価格協定」然り、あるいは国家間の「国際協定」然り。それらは常に、目先の利益に眩んだ者の裏切りによる内部からの崩壊の

危機にさらされているのである（ドーキンス，1991：119〜120。傍点筆者）。

また，こうした「安定多型」を考えなくても，各個体はつぎのような「混合戦略」をとることによって，数学的にはまったく等しいESSが達成されうる。つまり，どの個体もタカ派のようにもハト派のようにもふるまうことができるのであるとすれば，各個体においてランダムに，上記の例では3分の2の機会ではハト派のようにふるまい，残り3分の1ではタカ派のようにふるまうと決断して，それぞれの争いを始めるという（混合）戦略である。そのさいランダムにという意味は，ライバルからみて相手がどのようにふるまうかあらかじめ推測する手がかりがない，という意味においてである。いずれにしろ，先の「安定多型」の状態か，こうした「混合戦略」のどちらかが，ESSとして達成されることになる。

ゲームの現実性

メイナード＝スミスの考えた「タカ—ハト・ゲーム」の理論の概要は，以上のとおりである。争いゲームの論理的な筋道はこれでいちおう押さえられたが，とはいえ複雑な現実そのものに比べると，これはあまりに単純にすぎるモデルだと言えよう。事実，メイナード＝スミス自身もそのことに気づいており，このモデルを現実世界に近づけるための工夫をいくつかこらしている。そのひとつは，タカ派，ハト派以外のより複雑な典型的戦略をいくつかこのゲームにつけ加えることであり，いまひとつは，個体間の能力差や利得の個人差などを加味した，「非対称な争い」を考えることである。こうした工夫をつけ加えることによって，モデルはより現実味をおびたものとなる。

すなわち，まず彼は「タカ—ハト・ゲーム」に参加する戦略として，もっとも単純な戦略であるタカ派とハト派以外に，「報復派」と「あばれん坊派」と「試し報復派」という，（相手の行動次第によって出方の決まる）「条件つき戦略」をとるタイプを考える。「報復派」とは，こ

れまでわれわれが「しっぺ返し戦略」として考察してきたタイプで，最初はハト派のようにふるまい，あとはタカ派に攻撃されればタカ派のようにふるまい，ハト派や他の報復派に出会ったばあいにはハト派のようにふるまうという条件つき戦略である。そして，「あばれん坊派」と「試し報復派」は，これをさらに複雑にしたものである。まず「あばれん坊派」とは，だれかが反撃してくるまではだれにたいしてもタカ派のようにふるまう。しかし反撃にあうとすぐ逃げだす，という条件つき戦略である。また「試し報復派」とは，基本的にハト派的行動をとりつつ攻撃されれば反撃する点で「報復派」に似ているが，ときおり争いを実験的にエスカレートさせ，相手が反撃しなければこのタカ派的行動をつづける。しかし反撃されたら，またハト派的行動に戻る，という条件つき戦術である。こうした条件つき戦略はいずれも，われわれの周囲にも経験的に見いだしうるものであり，これらが加わることによってゲームはより現実味をおびたものとなろう（そして，興味深いことに，こうした5種類の戦略によるゲームを，コンピュータによるダイナミック・シミュレーションとして膨大な回数つづけてゆくと，最終的に「安定な戦略」として進化するのは，「タカ派」と「あばれん坊派」の一定比率の個体群〔安定多型〕，あるいは両者のミックスした混合戦略であることが，J. S. ゲールとL. J. イーヴズの研究からわかっている[3]）。いまひとつの工夫は，「非対称的な争い」を考えることである。先の例は，お互いの戦略以外はあらゆる点でまったく同一だと仮定されている。しかし現実世界では，そういうばあいはむしろ少ないだろう。体力や戦う能力，あるいは勝利によって得られる利益の大きさなど，それぞれの個体ごとに違っていて当然である。あるいは，それぞれが先住者であるか侵入者であるかなど，まったく任意の非対称などもこのESSの進化に寄与するばあいがある。そうしたさまざまな「非対称」を加味した争いを考えてやらないと，やはりゲームは現実ばなれしたものとなる。このことは，さまざまなタイプの登場者からなるわれわれの世界の日常的な紛争ごとを考えてみれば，一目瞭然である。いずれに

しろ，こうしたさまざまな工夫をこらすことによってゲームは現実世界に近づき，われわれにとってより現実味をおびた分析が可能となるのである。

「平和国家・日本」の限界

では，こうした「タカ―ハト・ゲーム」の理論と，「平和国家・日本」の問題とはどのように関わってくるのだろうか。確かに現代の国家や国際関係のあり方を考えるばあい，どこまでも戦いつづける「タカ派」や，一目散に逃げる「ハト派」の戦略に代表させて，事態を考えるのは乱暴にすぎると思えるかもしれない。しかしながら，ウェーバーを引くまでもなく，理想論は別として，やはり「国家」は最終的に「暴力装置」としての性格を色濃くもっており，また国際紛争の最終決着にも，「形を変えた最後の政治」としての戦争的手段が見え隠れするのも事実である。であるとするなら，威力制圧から武力制圧にいたるまでもちいる抗争手段にさまざまなレベルの違いがあるとはいえ，やはり「タカ派型戦略」を視野にいれて，事態を考える必要があるのではないだろうか。

さて，ここで留意すべきは，上に考察した「タカ―ハト・ゲーム」において進化的に安定なのは，タカ派とハト派の一定の比率で混じりあった個体群（「安定多型」）か，あるいは二つの戦略を一定比率でランダムにとる個体群（「混合戦略」）であるという事実である。そして，（現実によくみられるという意味で）より現実的な後者の「混合戦略」群のばあいで考えれば，淘汰はこの「進化的に安定な戦略」からはずれた個体には不利にはたらくという事実である。つまり，言いたいのはこういうことだ。「平和国家・日本」が国是としてきた「絶対平和主義」をとりつづけたばあい，つまり，中米の小国コスタリカ以外に例をみない完全な「ハト派」戦略をとりつづけたばあい，タカ―ハトのミックスした戦略をとるのが通例の国際社会において，さまざまな争いをめぐって，われわれにとって不利な淘汰圧がかかるのではないか

ということである。タカ派戦略の完全な放棄は、相手に足元をみられてしまうことによる不利を免れえないのである。韓国による竹島の不法占拠や、東シナ海の海底資源をめぐる中国の強引な日本権益侵害や、長年にわたる北朝鮮の傍若無人な日本人拉致などは、その証左であろう。ここでわれわれは、国際的な紛争解決において安易に武力的な手段に訴えよと主張しているわけではない。ただ、最初からそうした意志をいっさい禁欲した交渉（「やられたら、やり返す」意志の欠如！）は、足元をみられやすいというごく当たりまえの事実を確認しているにすぎない。言いかえれば、敗戦に懲りた戦後のわれわれはあまりに「怒る」ことに慎重になりすぎ、そのことによって「羹に懲りて膾を吹く」結果におわっているのではないか。これまで国家間の軋轢に遭遇するたびに、「冷静に事態を見守る」という題目のもと自らの「怒り」をひたすら抑えることに終始し、実はそこから数々の不利益をこうむっているのではないか。そして、ここにこそ「平和国家・日本」がかかえる最大の問題があるのではないだろうか。

2 「商人国家・日本」の問題

しかしながら、問題はそれだけではない。これまで日本が戦後国家経営のもうひとつの柱としてきた「産業主義」ないし「経済合理主義」が、こうした事態に複雑にからんでくる。国家意志への制約としてかかる「絶対平和主義」にたいして、いわば国家意志を内部から弱めるものとして、「経済合理主義・純粋功利主義」が機能してきた側面があるのである。「商人国家・日本」の問題である。この問題は、近年盛んに論じられるようになったゲーム理論における「コミットメント問題」、とりわけ「道徳感情」の保持と顕示によるその解決というテーマに密接に関わっている。ここでは、こうした理論を展開した米国の経済学者、R. H. フランクの『オデッセウスの鎖——適応プログラムとしての感情』によりながら考察してゆくことにしよう。結論

から先にいえば, 日本がもう一方の国是としてきた経済的な「純粋功利主義」には, ともすればより大きな利益をめざす長期的な視野に立った労苦を回避して, すぐ手に入る目先の利益に走りがちになるというネックが存在するのである。そして, それが国益に関わるような困難な事態にたいしても, 楽で安易な方向の処理へとわれわれを誘惑するのである。くわしくみてみよう。

「コミットメント問題」とその解決

「コミットメント問題」とは何か, フランクによりながら考えていこう。まず, ホメロスの古代叙事詩『ユリシーズ』の一場面, 英雄オデッセウスと妖精セイレーンの話から。トロイの戦役に勝利を収めたオデッセウス（ユリシーズ）は, 部下とともに妻子の待つ故郷へと帰還の途につく。途中, 妖精セイレーンの棲む岩礁の海域を航海しなければならない。後の人魚のモデルともなったセイレーンは素晴らしい声をしており, 歌声を聞いた人はその魔力に引きよせられ岩礁にぶつかって遭難してしまうという。そのことを知るオデッセウスは, しかし美しい歌声も聞きたい。そこで部下に命じて自分をマストに鎖で縛りつけさせ, 自分が何を頼んでも無視するよう命じる。そして, 部下たちには歌声が聞こえないように耳栓をさせる。こうして, 彼は一人妖精の美声に耳を傾けつつも, 無事航海を終えることに成功する。この神話の要諦は, 〈難破すまい〉という初めの決意も後に妖精の美声を聞けば心変わりしてしまうのを, 自分の身を縛ることによって切りぬける点にある。つまり, 「コミットメント問題」とは, このように, 「後で自分の行動を変えられなくするよう, 自分の行動をあらかじめ一定の方向に縛りつけておく（コミットする）」ことによって, 解決できる問題のことである（フランク, 1995：59）。逆にいえば, 「コミットメント問題が生じるのは, その場の物質的誘因によって行動すると, かえって最終的には物質的利益が得られなくなるからである」（同：63）。そして, 以下で述べるように実はこうした問題に遭遇したとき,

自己利益をのみ追い求める純粋な合理主義者にはそれが解決できない。感情に縛られてむしろ非合理的に行動する人間によってこそ,その解決が可能となるのである。こうした「コミットメント問題」には,さまざまなバージョンがある。「誤魔化し問題」「抑止問題」「交渉問題」「結婚問題」などがそれであり,表れ方に多少の違いがあるがいずれも基本的にはおなじ問題構造をもっている。ここではわれわれのテーマにもっとも関連の深いバージョンの,「抑止問題」を取り上げることにしよう。

いま A 氏は 3 万円のお気に入りの新しい鞄をもっているとしよう。B 氏はそれが欲しくてたまらない。ある日ついに B 氏は,こらえきれなくなって鞄を盗んだとしよう。気づいた A 氏は,警察に訴えてこれを取り戻すかどうか決断しなければならない。というのも,専門職につく A 氏は時給 1 万円の高給取りで,警察に訴えるとその日の仕事を休まざるをえず都合 8 万円の収入をフイにするからである。A 氏が自己利益にのみ敏感な合理主義者であれば,当然 8 万円の高収入のほうをとり,被害額の少ない 3 万円の鞄のほうをあきらめるだろう（8 万円＞ 3 万円）。忙しくてその程度のものには構っていられない,と。あるいは,A 氏とて馬鹿ではないから,警察に訴えるぞと B 氏に脅しをかけてとりあえず取り戻そうとはする。しかし,A 氏が純粋な合理主義者であると知る B 氏は,シラを切ってこれを相手にしないのでそこで一件落着となる。そうすると,つぎからどうなるか。A 氏は B 氏に（および周囲の人たちに）足元をみられて,彼からなら 8 万円未満のものは何でも盗み放題ということになってしまうだろう。ところがそのばあい,A 氏が合理主義者ではなく,不正なことをされれば怒り狂う感情的な人間であるとしよう。彼は 1 日の収入どころか,たとえ裁判沙汰になって 1 週間分の収入をフイにしても後悔しないとする。そのことを知る B 氏は（あるいはそれ以外の人も）,今度は初めから鞄に手を出そうとはしないだろう。感情的な非合理主義者を相手にしては,それは無謀というものだからである。

これが「コミットメント問題」のバリエーションのひとつ,「抑止問題」と呼ばれるものである。この事例で合理主義者には解決不可能で,感情的な非合理主義者にはそれが可能となるのは,非合理主義者が「怒り」という感情をもち,それによって一貫して将来の「報復」という行動にコミットしているからである。そしてまた,そのことが相手や周囲に知られており,それが彼らに搾取を思い止まらせるからである。途中で収入のほうが惜しいという誘惑がはたらいても,彼はこれに耐えぬくことができ,そのことによってけっきょくは問題を解決することができるのである。高収入のA氏を日本に,鞄をとったB氏をロシア・中国・韓国に,そして鞄を日本の領土や海底資源に置きかえれば,まさに北方四島や竹島や尖閣諸島などをめぐる今日の事態を彷彿とさせる事例ではある。「怒る」ことに臆病で,経済的な合理主義に染まった「商人国家・日本」には,問題の解決が難しいという逆方向の意味においてではあるが。

　先走った話はつつしみ,考察をつづけることにしよう。しかしながらである。この「抑止問題」において,本当に合理的に行動する人間であれば,こうした結果を先取りしてあえて当面の高収入を犠牲にしても警察に訴え,〈手ごわい〉という評判を得て,盗まれ放題という将来の禍根を断つ,より大きな果実の得られる途を選ぶのではないだろうか。それでこそ真の合理主義者と言えるのではないか。こういう疑問が当然生じてこよう。だが,ことはそれほど簡単ではない。実は人間の脳には,原始時代以来われわれを支配してきたある原理が組みこまれており,この「今ここ原理」(戸田,1992:54) が,そうした冷静な合理的判断をわれわれがとることを妨げるのである。結論をひと言でいえば,われわれにとって「先にもらえる小さい報酬よりも,後になるがもっと大きい報酬のほうが有利だということは,簡単には学べない教訓である」ということなのだ(フランク,1995:104)[(4)]。ハーンシュタインやフランクの言う「マッチング法則」はこれを論じている。

「マッチング法則」あるいは「今ここ」原理

これをくわしくみてみよう。心理学者リチャード・ハーンシュタインによれば、「マッチング法則」の主要命題のひとつに、「報酬の魅力度はその遅延に反比例する」というのがある。つまり、「遅延がゼロに近づくにつれ（報酬が払われる日が近づくにつれ）、[その報酬の] 魅力度は最大値に達する」のである。あるいは別の言いかたをすればこれを、「遠い未来の報酬は大きく割り引かれる」一方で、「すぐ手に入る報酬が実際よりも魅力的に思えてしまう傾向がある」のだと言ってもよいだろう（フランク，1995：96, 94）。たとえば、ひとは27日後に1万円もらえるのと30日後に1万2000円もらえるのとでどちらをとるかというと、ほとんどのひとは報酬の大きい後者のほうを選ぶ。27日待つのも30日待つのも長く待つ点においてはたいして変わらず、いまの時点では金額の大きい後者を選ぶほうが合理的で望ましく思われるからである。ところが話が変わって、即座に1万円もらえるのと3日後に1万2000円もらえるのとどちらをとるかというと、今度はほとんどのひとがいまもらえるほうを選ぶ。こちらが金額も少なく、しかも遅延するといっても前の例とおなじ3日間にすぎない、その意味において損で非合理的な選択であるにもかかわらず。つまり後者の例では、「報酬の即時性が人びとの意識に押し寄せ、[合理的な] 判断を圧倒してしまう」のである（同：96）。このことは人間だけでなく動物を対象としたものを含む、多くの実験によっても確かめられている。どうしてそうなるのだろうか。

「マッチング法則」によれば、二者択一的な選択においては、「選択がなされる時点で魅力的なほうが選ばれる」とされる（同：97）。そうである以上、「見てくれは良いがうわべだけ」の報酬に、ついつられてしまうという事態がわれわれには生じるのである。どういうことか？　先に述べたように「マッチング法則」によれば、報酬の遅延度がゼロに近づくにつれて、報酬の魅力度はかぎりなく増大してゆく。これが「マッチング法則による時間割引」の特徴である。さて、額の

違う二つの報酬のあいだでその与えられるタイミングがおなじであるばあい，どちらをとるかの選択は，いつ決定がなされるかに依存しない。いつも，より魅力的に思えるのは金額の高いほうなのである。ところが，与えられるタイミングが違い，高いほうの報酬が後で与えられるばあいは様相が違ってくる。低いほうの報酬の与えられるタイミングが近づくにつれ，それの魅力度は急速にたかまって，まだ与えられるタイミングのこない，その意味でまだそれほど魅力度のたかまっていない，高いほうの報酬の魅力度を追い越してしまうという事態が生じるのである。そして，その状態が一定期間（低いほうの報酬が与えられてしまう瞬間まで）つづく。その間は低いほうの報酬は，後で与えられる高い報酬より，「見てくれは良いがうわべだけ」の状態になっているのである。そして，機会主義的な人間はここで我慢できず，より魅力的にみえるこの見てくれだけの報酬に飛びついてしまうというのである。本当は得な選択を放棄することになるにもかかわらず（「選好の逆転」！）。

なぜこういうことが起こるのか。それはかつてわれわれ人間が進化を遂げてきた厳しい生存競争の環境のもとでは，いま現在の報酬が唯一のものであり，しばしばそれを手に入れることが唯一の生き残る途だったからである。そして，そのことが動物としてのわれわれ人間に深く刷りこまれているからである。つまり，「今この瞬間を生き残れない生物に未来はない」のである。あるいは，「競争が激しく不確実性の高い環境では，すぐさま命にかかわるような脅威［たとえば飢餓］から逃れることに注意力のほとんどを集中すること［たとえばいま手に入るものをありったけ食べるなど］が，本当に有利になるばあいがあったに違いない」のだと言ってもよいだろう。「現在の報酬に重きを置く報酬のメカニズムと，未来にもおなじくらい重きを置く報酬のメカニズムのうち，どちらかを選択する」というばあい，「自然選択は前者を好んできた」のである（同：108）。そして人間だけでなく，「こうした特徴は，たいていの動物の神経システムの固定的配線の一部と

考えられる」のである (同：98)。また, こうした現在志向が生み出す
さまざまな問題 (衝動コントロール問題など) にたいして,「報酬のメカ
ニズムを微調整し, 特定の状況で将来の報酬やペナルティにもっと敏
感にさせるための荒削りな試み」こそが, 人間のさまざまな「(道
徳) 感情」だというのである (同：109)。

「衝動コントロール問題」あるいは「実行問題」の解決

　これを, 先の「抑止問題」に即して論じてみよう。先ほどの鞄の例
は, つぎのように単純化できる。いま現在の8万円の収益にこだわる
のか, それとも, (8万円というコストを払っても) 将来の〈手ごわい〉
という, より実りの多い評判の報酬のほうをとるのか, と。つまり,
先にみたような報酬額に差があり, しかも安い報酬のほうが先に与え
られ, 高い報酬が後から与えられるという, 報酬の与えられるタイミ
ングに違いのあるケースとしてである。もちろんそこでは, 安い報酬
(8万円) がその「即時性」によって,「見てくれは良いがうわべだ
け」の報酬と化し, 将来のより高い報酬 (手ごわいという評判) を圧倒
してしまう, という「選好の逆転」の可能性が生じているのである。
あるいはフランクにならって, これをつぎのように表現することもで
きよう。すなわち,「完璧に自己コントロールできる合理的な人なら,
復讐をおこなうことに対する今のコストよりも, 未来の評判のほうに
価値があるときには, いつも復讐をおこなうだろう。……問題は, 復
讐にかかるコストが今すぐ課せられるのに対し, 手ごわいとの評判は
未来にならないと得られない点にある。したがって, 評判を得るため
にはコストをかける価値があるとは思っていても, そのためにかかる
現在のコストを避けるよう誘惑されてしまうかもしれない」のである
(フランク, 1995：100)。つまりこの問題は少し変形して,「[復讐とい
う] 現在のコストと, [手ごわい評判という] 未来の報酬の対立」とし
て一般化することも可能なのである。「衝動コントロールの問題」な
いし「実行問題」である。

フランクはさらにつづける。このばあい,「不当な扱いを受けたときに怒る傾向をもっていれば,この衝動コントロールの問題は解決する。……怒りは,未来の報酬が現在の瞬間に移動するのを助けてくれる。評判が意味をもつ状況では,怒っている人は,怒りを感じない賢明な人よりも賢明な行動をする可能性が大きい」,と(同:100〜101)。すなわち,「衝動コントロール問題」は,見てくれだけの即座の報酬に飛びつきやすいわれわれ人間を逆の方向に引っ張ってくれる力によって,つまりここでは怒りという「感情」によってこそ解決されるのである。動物的な「今ここ原理」をまえにしてあまりに無力な,合理的ないし功利的な報酬の「査定」によって解決されるのではけっしてない。こうした非合理的な「感情」の保持こそが,真の合理主義にいたる道なのである。というのは,そうした感情はそもそも,「選択の瞬間におこるから,マッチング法則によれば,……競合する物質的利益よりも割り引かれる程度が少ない」からであり,その場かぎりの物質的利益の誘惑にうち克つことができるからである(同:100)。

「シグナリング」の問題

以上,「コミットメント問題」さらには「衝動コントロール問題」は基本的には,現在のうわべだけの報酬の魅力に対抗しうる,反対方向へと瞬時にわれわれを導いてくれる「感情」をもつことによって解決されるのが明らかとなった。しかしそのさい,そうした「感情」をわれわれが保有することを,周囲のひとが認識してくれなければならない。そうでないと,それは「宝の持ち腐れ」に終わってしまう。あるいは,そこに周囲との無用のトラブルが続出してしまう。けだし,「復讐を求める感情の有効性は,攻撃を抑止する能力に」あり,「抑止に失敗すれば,……もっと悪い事態になってしまう」からである(フランク,1995:81)。では,われわれがそうした「感情」をもつことを,どのようにすれば他人に認識してもらえるのだろうか。「コミットメント問題」の解決には,あとひとつ,こうした「シグナリング」の問

題が残されているのである(8)。

　これにたいして、基本的には「様子」と「評判」という二つの経路によって、とフランクは答える。つまり、こういうことだ。人間のコミュニケーションには、大きく二種類のものが考えられる。ひとつは仲間とのコミュニケーションであり、いまひとつは潜在的に敵対する者のあいだのコミュニケーションである。前者では、コミュニケーション問題とは純粋に情報伝達の問題であるのにたいして、後者のそれは、敵対関係にある者どうしでお互いの意図に関する情報を送りうるかという問題に収斂する。もちろん、ここでわれわれが論じているのは後者のほうである。そのばあい、われわれがお互い相手の感情を見わける手がかりとするのは、まずひとつには相手の「様子」である。たとえば、「怒り」にかられたとき真っ赤になるなど、人間はその表情、目の動き、声音、発汗、興奮状態などの目に見える身体的サインをつうじて、自らの「感情」を表出してしまうのである。それは意図してそうしているわけではなく、むしろ、「つい思わず……」とか「忍ぶれど色に出にけり……」というのが実情であろう。そして、この自由にコントロールのできない「様子」こそが、相手の「感情」を判断する有力な手がかりとなるのである。進化論の創始者ダーウィンは、この「様子」を支配する原理として、特定のおなじ心理状態のもとではおなじようにふるまってしまうという「連動習慣の原理」、それと逆の心理状態では正反対の動作をおこなってしまうという「対照性原理」、過剰な興奮はコントロールがもっとも困難な神経回路に最初に現れるという「神経系直結行為の原理」の三つをあげている。

　そしていまひとつ、われわれが「感情」を知る手がかりとするのは、相手の「評判」である。われわれは相手がどういう人間であるのか、怒りっぽいのか、嘘のつけない正直者なのか、あるいは約束を守らない不実な人間なのかなど相手がもつ「感情傾向」を、そのひとに関する「評判」によって日常的に判断している。先ほどの例でいえば、「怒りっぽい」という「評判」の高いひとに、われわれはあえてちょ

っかいを出そうとはしないだろう。しかし「評判」についてフランクは、それが手がかりとして有効であるにはひとつの条件が必要だとする。つまり、それは抜け目なくふるまうのが困難な状況においてのみ有効だと言うのだ。どうしてか。簡単に誤魔化すことが可能なような状況のもとでは、利にさとい真の機会主義者は、あたかもそうした「感情傾向」をもつかのようにふるまって、自分に有利な「評判」を得ることに成功しうるからである。そうしたばあいの「評判」は当然あてにはならない。それを信じてしまうと、どこか肝心なところでわれわれは足をすくわれることになる。(9)このように考えれば、実は先ほどの「様子」も含めて、本当に信頼しうる「潜在的敵対者間のシグナル」とは、一般につぎの三つの原理によって支配されているとフランクは言う。「真似コスト原理」「派生原理」「完全暴露原理」がそれである。

「真似コスト原理」・「派生原理」・「完全暴露原理」

すなわち、「様子」や「評判」が信用できるものであるためには「シグナルは、真似るためのコストが大きくなければならない」という「真似コスト原理」がひとつ、さらにそうした「シグナルは、多くのばあい伝達の目的とは関係のない理由によってもたらされる」というティンバーゲンの「派生原理」がいまひとつ、そして最後に、「誰かが有利な情報を示すシグナルを身につけると、他の者は自分にとって不利な情報でも示さざるをえなくなる」という「完全暴露原理」、これらの三つの原理がそのばあい妥当していると言う（フランク、1995：121）。

まず、「真似コスト原理」について。これは信用できるシグナルであるためには、それを真似るのが難しいか、真似るのに大きいコストがかかる必要があるという原理であるが、このことは「様子」はもちろん、「評判」にもあてはまる。先に述べたような感情表出としての身体的サイン（「様子」）は、われわれが自由にコントロールして「真

似る」のがきわめて難しい。たとえば実験によって，顎や鼻梁や前頭や額の筋肉の動きが作る悲しみや絶望などの表情を，われわれが自由に作るのはきわめて困難であるのが確かめられている。「真似る」難しさゆえに，そうした表情は信頼するに足るシグナルとなるのである。おなじく「評判」についても，真似して（フリして）「評判」を得ることのコストが嵩むばあいには（抜け目なくふるまうのが困難な状況！），さきに述べた「マッチング法則」のメカニズムをつうじて，そうした「評判」の信頼性が増すことになる。つまり，そこでは「現在のコストと未来の報酬の対立」が生じているのであり，純粋な機会主義者はそのばあい，ついコストを回避したい誘惑に負けてしまい，こうした「評判」を獲得することができない。「衝動コントロール問題」の解決の失敗である。逆にいえば，そうした困難な状況下で成立した「評判」は信頼に値するものなのである。

　つぎに，「派生原理」について。これは，「シグナルとなる特性はたいていのばあい，その目的のために始まったものではない」（同：126）というもので，動物行動学者ニコ・ティンバーゲンが考えたものである。たとえば，正直な人間は嘘をつくとき真っ赤になってしまうことが多いが，そのことは相手の正直さをわれわれが判断するさいの手がかりとなる。しかしそうした身体的徴候が，そのシグナリングの効果ゆえに発生してきた可能性はきわめて小さい。そうではなく，偶然に始まったこの連動が結果的に何らかの利益を人間にもたらすばあいに，自然選択によってそれが強化されることになる。たとえば，そうした赤面する正直な人間が，協力行動の相手に選ばれやすくそれがその人に利益をもたらすというように。こうした「派生原理」は，先を見通すことができない「受動的シグナル」について，とりわけ自然選択によって生じたものにあてはまり，人の意識的な行動の結果として生じる，目的をもち先を見通した「能動的シグナル」についてはあてはまらないとされる。

　最後に，「完全暴露原理」について。これは，「好ましい価値をもつ

自分の特質を明らかにすることによって利益を得ようとする個体がいると，その他の個体は自分たちの特質が望ましくないことを暴露せざるをえない」(同：128) というものである。それは自分たちが好ましくないことを他人に知らせたいからではなく，他から実際よりも好ましくないとみられることを防ぐためである。つまり，ジョージ・アカロフの「レモン市場」の分析からも明らかなとおり，ライバルどうしのあいだには，自分のことはわかるが相手のことはよくわからないという「情報の非対称性」がある。そして，望ましいカテゴリーにある証拠が自分にないときには，相手から実際よりも望ましくないカテゴリーに属していると見なされてしまう可能性があり，それを避けるには自分の実情を明らかにせざるをえないからである。この原理は基本的に「様子」と「評判」のどちらのシグナルにもあてはまるが，ただ「評判」については，「現在では人びとの流動性が大変高いので，機会主義者は誤魔化しが見つかったら新しい場所へ移ることができる」ゆえに，「今よりも昔のほうが評判が機会主義者を縛りつけていたと考えられる」と言う (同：137)。つまり，現代では「評判」については，この「暴露原理」はあてはまらないことがあるのだ。

　さて，以上三つの原理によって，「様子」と「評判」のどちらを通じるにしろ，われわれは感情に関する「シグナル」を信用しうるものとして，敵対する者どうしのあいだで伝えあうことができるのである。そのばあい，とりわけ「真似コスト原理」と「完全暴露原理」のはたす役割が大きい。つまり，ある感情について真似るのが困難な「様子」や，おなじくコストのかかりすぎる「評判」を個体が獲得したことが明らかになったばあい (←「真似コスト原理」)，たとえそのことに自分が劣るばあいでも，誤って推測されるのを避けるために他の個体は自己に関する不利な情報でも明らかにせざるをえなくなり (←「完全暴露原理」)，われわれはそれぞれの「感情」保持やその程度についてお互いに知りうることになるというかたちで。以上，われわれは「シグナル問題」をも解決しうるのである。そしてまた，最終的には

このように「感情」を保持しそのことを明らかにすることによって，われわれは「コミットメント問題」そのものを最終的に解決することができるのである。

「商人国家・日本」の限界

では，こうした「コミットメント問題」とその解決をめぐる理論は，「商人国家・日本」の問題とどう関わってくるのだろうか。もちろん，ここでは先の「抑止問題」にみられるように，経済合理主義一色に染まった「商人国家・日本」にとって，「コミットメント問題」の解決が困難であるという一点に話は絞られてくる。目先の利益を犠牲にしても，あるいは今かかる重いコスト負担（困難）を引き受けても，あえて将来のより大きな国益をめざすだけの気概ないし情念をわれわれがもちうるか，また，それを対外的にも示しうるかという問題だと言ってもよい。

すなわち，経済合理主義の根幹をなすのは〈コスト―ベネフィット〉の計算である。しかし，（学問的にはさておき）そこには実はこれまで十分には考慮されてこなかった問題，つまり，われわれ人間を支配する「今ここ原理」の介入による「コミットメント問題」が発生しているのである。〈コスト―ベネフィット〉の合理的計算は，強力にわれわれを支配するこの「今ここ原理」にたいして，つまり，目の前にあるコスト負担のしんどさを回避したいという安逸への誘惑にたいして，あまりにも無力なばあいが多いのである。たとえ，将来のベネフィットのほうが大きいとわかっていても，われわれは目の前のコスト負担に尻込みしてしまうことがある。目先の利益には結びつかない将来の国益などを前にして，経済合理主義に深く染まった「商人国家・日本」がよく陥る行動パターンである。たとえば，交渉の困難さのまえに，（時間の経過とともに薄れゆく「怒り」のなかで），だんだん曖昧になり腰砕けに終わった中国の反日デモ被害にたいする謝罪の要求のように（目先の安逸への屈服！）。そしてこの近視眼的な罠を解決す

るのは，搾取にたいする「怒り」など，将来の利害に導く，他の当事者にもハッキリと認識しうる「感情」をもつことなのだが，こうした「感情」の介入を（自らに狂いを生じさせるものとして）もっとも嫌うのが，まさに経済合理主義なのである。そして，一度こうした安逸への誘惑に負ければ，われわれは国際社会に〈与しやすい〉という印象をあたえ，また，そうした「評判」に甘んじざるをえないという事態に陥りかねない。外交交渉において，〈相手に誤ったサインを送る〉と呼ばれる事態である。

このように今日の日本人は，つい目先の利益に惹かれがちなその経済合理主義がもたらす意志の軟弱さゆえに，「感情」の保持と顕示による「コミットメント問題」の解決に，とりわけそこでの「衝動コントロール問題」の解決に失敗する。現在のコスト負担に耐えられず安逸への誘惑に負けてしまい，「（手ごわい）評判」という将来の真のベネフィット獲得に失敗するわけである。「商人国家・日本」がもつ，最大のウィーク・ポイントだと言えよう。

3　国家戦略の再構築を

以上，われわれは「平和国家・日本」および「商人国家・日本」が本来かかえるウィーク・ポイントを，それぞれ「タカ―ハト・ゲーム」の理論と「抑止問題」の説明をつうじて明らかにしてきた。前者からは，「絶対平和主義」が，国際紛争における「怒り」というもっとも基本的な要素に規制をかけて，場合によってはわれわれを不利な状況に追い込むことがありうるのが明らかにされた。また，後者からは，こうした「怒り」がまさに必要とされるそのときに，コスト負担を避け目先の安逸への誘惑に弱い「純粋経済主義」が，内部からその足をひっぱる可能性の高いことが明らかにされた。すなわち，「タカ―ハト・ゲーム」および「抑止問題」として表現されうる国際紛争において，その解決の鍵となる「怒り」という感情のはたらきにたいし

て，外からは「絶対平和主義」が，また内からは「純粋経済主義」がブレーキをかけて，われわれを敗北へ導くというわけである。「平和国家・日本」と「商人国家・日本」が複合することによって生じた，現代日本の国家経営のアキレス腱だと言えよう。今後このアキレス腱をどのようにして克服してゆくのか，このことがわれわれに課せられた最大の課題となろう。われわれは予想される困難な事態にたいして臆することなく，しかも確固たる「怒り」の炎を静かに燃やしつづけ，困難を最終的に克服することができるのだろうか。[13]

　われわれは「ゲーム理論」をもちいて，現代の日本の国家経営がかかえる問題点を明らかにしてきた。しかしながら，こうした分析にたいしては，平和主義者をはじめとするいくつかの批判が当然予想される。その最大のものは，ここでもちいた「ゲーム理論」そのものの妥当性にたいする批判であろう。竹田茂夫によれば，「ゲーム理論の基本構造」は，「同等の二者が，互いにことばを使わず，あるいはことばを信用せずに，行動によってのみコミュニケーションをおこない，対立と協調のグレイゾーンで脅迫と恐怖の均衡を保つ」ことにあるとする（竹田, 2004：48）。ひと言でいってそれは，冷戦時代を支配した「リアル・ポリティーク（現実主義的外交政策）」の基礎となった思考であり，そこには大きな欠陥が隠されているとする。それは「対話」など，「ことば」を使ったコミュニケーションが排除されていることをめぐるものである。これを少し詳しくみておくことにしよう。

　竹田は「囚人のジレンマ」に代表される「非協力ゲーム」こそが，「ゲーム理論」の中核をなすと考え，そこで想定される行動主体（プレイヤー）を，「計算する独房の理性」として，またその行動原理を，「戦略的合理性」として特徴づける。そして，これに対置するかたちで，彼は「会話する複数形の理性」という行動主体と，「コミュニケーション的合理性」という行動原理を考えるのである。すなわち，こういうことである。「囚人のジレンマ」に登場する行動主体は，①合理的に推論する，②互いに孤立している，③言葉を使わないか，使っ

ても言葉を信じない、④自分たちで（ゲームのルールなど）状況を変えられないものとして想定されている。「計算する独房の理性」というわけであり、こうした状況設定のもとで、裏切りあいの横行するなか、彼は言葉を信じずあくまで自分の行為を「道具的・戦略的」にもちいてゲームをプレイするのである。彼はゲーム理論家の意のままに動く、「コミュニケーションの自由」と「ルール改変の自由」を奪われたいわばロボットにすぎない。彼らのあいだで協力関係が築かれ、全体としての「社会的合理性」が達成されるのは、ゲームが終わりなきものとして繰り返されるときだけなのである（「フォーク定理」）。しかしながら竹田はこれにたいして、「なぜ、わざわざことばを排除するのか」「はじめから協力解を両者が提案しあって［→コミュニケーション］、あとで思い直すことのないよう何らかの保証をつける［→コミットメント］」というやり方をどうしてしないのか、という疑問を投げかける。その答えは、ゲーム論的主体とその戦略的合理性が、（口約束として）最初から言葉を信用しないよう設定されている点にある。逆にいえば、言葉を使ったコミュニケーションには、言葉の意味と使い方や、相手の質問に応答する用意について、「無条件に相手と同じ土俵に立つという前提」がどうしても必要となり、こうした「共同性（共同主観）」そのものが、そもそも裏切りを恐れる孤立した主体というゲーム論の前提自体と両立しえないのである。そして、竹田はゲーム論的主体と行動原理の対極にあるものとして、「会話する複数形の理性」と「コミュニケーション的合理性」を考える。その純粋化された「対話原理」をとれば、それはつぎのように定式化される。①対話のなかの主張・論拠は説得力の点でのみ比較される、②お互いに対等である、③議論の自由が完全に保証されている、④それまでのすべての論点にもとづいてつぎの主張がなされる、⑤相手の直前の意見に同意した時点で対話は終わる、という原則である。こうした「対話」は、解決策や新しい認識を得るための「共同事業」なのであり、その展開と結論の「予測不可能性」にこそ対話の生産性がある。求められる予測された

結果をめざしてカネや権力や暴力など、最終的には何らかの「力（強制力）」に頼っておこなわれる「交渉」の対極にあり、それはあくまで自由に展開される論拠にのみ支えられているのである（対話の破綻が暴力である！）。非協力ゲームは、「交渉」の範疇のほうに収まるのであって、ゲーム論的主体とその行動原理に欠けているものこそが、自由なコミュニケーションと自由な展開（ルール改変の自由）に支えられたこの「対話原理」なのである。

つまり、竹田が「ゲーム理論」を批判しているのは、主にそのコミュニケーションのあり方についてである。コミュニケーションとは、ゲーム理論が想定するような「計算する独房の理性が［行動をつうじて］互いにやりとりするシグナル」ではない。そうではなく、「完全な協力が可能であるという反事実的な前提」にもとづいて、「生活世界という共通の基盤の上にたって、［言葉をつうじて］共同性を確認したり、新たな局面で共同性を作り上げる」作業なのである（同：115）。そして、現実の紛争や抗争のなかにもこうした要素は多かれ少なかれ存在するのであって、ゲーム理論のように、それを完全に排除したかたちでは現実は進行しないというのである。だがしかし、竹田も認めるように、国際紛争などでおこなわれる「交渉」をとってみれば、それを根底で支えるのはやはり何らかの強制力であり、それさえ特定されれば交渉当事者や関係も限定され、その次元での「社会関係の切り取り」が可能となる。そして、そのゲーム化、つまりそれらの紛争をゲーム理論の枠組みで考えることも可能となるのである。であるとするならば、一方で交渉のなかの「対話原理」の要因を視野に収めつつも、われわれのように基本的には、「タカーハト・ゲーム」と「抑止問題」の枠組みで国際紛争を考えることこそが有効なのではないか。竹田も言うように「対話」の破綻が「暴力」である以上、また、国際的な約束や協定には裏切りがつきものであって、調停する決定的な機関を欠き、紛争の決着を最終的に当事者のなんらかの強制力に頼らざるをえないのが現実である以上、つまるところは、「非協力ゲーム」

の範疇によって問題を取り扱うのが妥当なのではないだろうか。

　現在，われわれの社会はようやく長いデフレのトンネルを抜け出して，未来の社会を展望しうる地点に立とうとしている。財政赤字の解消や少子高齢化のなかでの社会保障の再構築や雇用の新たなあり方など，対内的に解決すべき問題も山積している。とはいえ，やはり最大の課題は，国連改革へのコミットや日中・日露・日韓・日朝関係の処理など対外的な問題にあると言えよう。「平和国家」と「商人国家」という戦後日本の国家経営の主軸をなしてきた柱が，長年にわたる外交や紛争への思考停止によって腐蝕し，その耐用年数を超えようとしているからである。われわれはまさに，新たな国家経営の主軸を再構築すべき秋(とき)にあると言わねばなるまい。

●注 ─────────
(1) 『読売新聞』2005年3月16日朝刊。オリジナルは，日本青少年研究所「高校生の学習意識と日常生活──日米中3カ国比較」調査。
(2) これら得点の値の設定は，現実の状況に応じて自由に変えることができる。たとえば，やらなければならない他の緊急課題があって時間消費のコストがもっと高くついたり，戦争の敗北のようにロスがもっと大きくなるばあいなど，任意にその得点システムを変えうるのである。
(3) ドーキンス，1991：452。オリジナルの論文は，Gale, J. S. and Eaves, L. J. "Logic of animal conflict," *Nature,* 254, 1975, 463-464.
(4) あるいはこれを，「あわてる乞食はもらいが少ない」と言いかえたほうがわかりやすいかもしれない。
(5) その理由は，人間の認知能力の限界にある。心理学者の戸田正直はこれを，「今ここ原理」と呼ぶ。これは，かつて人間が置かれた原始的な環境のもとでは，十分に環境適合的な「合理的な」行動だったわけであり，そうした合理性を戸田は「野生合理性」と呼ぶ（戸田，1992：22）。
(6) あるいはこれを，復讐の回避より得られる安逸という現在の報酬と，手ごわいという評判から得られる未来の報酬とのあいだに生じた，「選好の逆転」と考えてもよい。あるいはさらに，「[回避の]利益はすぐ手に入るが，そのためのコスト［回避のツケ］は後まわしになる」ことより生じる問題だと逆に一般化することもできる（フランク，1995：101）。
(7) あるいはさらに，このことはつぎのようにも演繹しうる。すなわち，われわ

れにとってもっとも上手いやり方である「応報戦略［しっぺ返し戦略］」には，根本的な……問題が含まれている……。動機の問題である。応報戦略が正しい戦略であるとわかっていても，それを実行できない可能性がある［→実行問題！］。たとえば復讐する人は，未来の物質的利益を得るために今ここでコストを負わなければならない。このようなばあいには，怒っている人は，純粋に合理的に計算する人よりもうまくことを運ぶことができる。道徳感情は……衝動コントロール問題を解決する助けになる」のである（フランク，1995：107）。
(8) これを戸田にならって，つぎのように表現することもできる。「怒り」という感情にかぎれば，人間社会においては文明化による社会ルールの整備によって，"怒り"の加罰機能は現在おおはばに損なわれたけれども，"怒り"の表出による『警告』機能のほうは現在ますますその重要性を加えている。もし"怒り"の表出による警告をまったく発しないでいれば，現在のように多量であいまいなルール群という環境のなかでは，個人の自己権限はたちまち周囲から蚕食されつくしてしまうだろう」，と（戸田，1992：21）。
(9) つまり，「コミットメント問題」の解決には，（自分の感情を相手にどうやって知ってもらうかという）「シグナリング」の問題だけでなく，ひいてはこうした（相手の感情の真偽をどうやって見わけるかという）「偽装問題」の解決も必要となるのである。これをめぐって，フランクは「誤魔化し問題」をつかって，誤魔化しの発見に調査コストがかかるばあいを検討し，そのばあいには，正直な協力者と誤魔化しをする非協力者が共存する状態（生態学でいう「ニッチ」）へと導く圧力がかかるという。つまり，調査コストをかけたほうが得か損か，その「損益分岐点」を境にして，得の領域内では協力者は調査コストを払って増えつづけるが，払っても損な領域に入ると払わなくなって今度は逆方向への圧力（非協力者を増やす力）がかかるようになり，結局この損益分岐点で安定するというのである。つまり，ここでも「安定多型」（協力者と非協力者の進化的に安定な比率）が現実世界の常態であることがわかるのである。またそこでは，こうした「偽装問題」の解決によって可能となる協力者どうしの「選択的相互作用」が，われわれに最大の利益をもたらすことを前提にして議論が進められている。なお，ここの「抑止問題」のばあいには，むしろメイナード＝スミスの「駆け引き」における「はったり」や「宣告」の分析をもちいるほうが適切かもしれない（メイナード＝スミス，1985：160〜182，参照）。
(10) このことは，つぎのように説明される。たとえば，ヒキガエルは声帯の大きさの関係から，その鳴き声の高低が強さに直結している。低い鳴き声のもの（ピッチが低いもの）が，声帯つまりは体も大きく強いのである。このピッチには1から10までの段階があるものとして，いまピッチの6以下の個体が，自らの強さを誇示するために鳴き始めたとしよう。そうすると，閾値がわずかに高い6.1のピッチの鳴かないヒキガエルはどうなるか。他のカエルからすれば，

鳴き声のピッチが一様分布しているとして，鳴かないヒキガエルの一般的な統計的推測値，つまり彼らの指標の平均値である8（6と10の中間）を彼にもあてはめることになる。これは彼にとっては大損である。したがって，平均値8以下のピッチのカエルは，実際より弱くみられるのを避けるために一斉に鳴き始めることになる。そうすると，鳴かないカエルの推定平均値は9（8と10の中間）に上がり，今度はピッチ9以下のカエルが割を食うことになり彼らも一斉に鳴き始める……。と，このようにしてけっきょくは，ピッチ10以外のカエルは誤解を避けるためにみんな鳴き始めることになるのである。

⑾　ミクロ経済学における「時間割引」の問題である。この問題は1980年代のはじめに，経済学の難問とされてきた「パイの分割」の問題にたいして，A. ルービンシュタインが発明した「非協力交渉モデル」によって，展開形ゲームをつかった「時間選好率」のちがう二者間の交渉ゲームとして解明されている。ひと言でいえば，早くパイを口にしたいと「せっかちであれば交渉力が弱く，それだけ分割比率は不利となる」という事態を理論化したものである（竹田，2004：162）。しかしそれは，国際交渉などこうした現実のからんだ分析においては，十分に生かされていないきらいがある（Rubinstein, A., "Perfect Equilibrium in a Bargaining Model," *Econometrica,* 50, 1982, 97-109. 参照）。

⑿　そしてそこでは，〈現在の日中間の緊密な経済関係をそこなわないため〉という，「いいわけ」までが用意されているのである。なお，2006年8月の時点ではこの問題は日本側の腰砕けによって，曖昧なまま幕が引かれたようである。そしてそのことが，〈相手に誤ったサインを送る〉結果となり，中国による海底ガス油田の採掘強行につながったのではないか。

⒀　たとえば近年亡くなった，戦後の旧ソ連の対日政策を牛耳ったイワン・コワレンコ元共産党中央委員会国際部副部長の口癖は，「日本人は脅せば何でも言うことをきく」であったという（布施裕之「70年代に『2島返還』裏工作」『読売新聞』2005年9月3日朝刊）。中国による東シナ海の海底ガス田の採掘強行を許してしまうなど，正直なところ，このことについてわれわれ自身きわめて頼りないというのが現状であろう。

⒁　竹田はつぎのようにも言う。人間の行為には，ゲーム論的な「道具的・戦略的行為」だけでなく，「ことば」や「遊び」や「暴力」というお互いに還元しえない独自の行為が存在する。それらは，①了解や納得ということばの論理にもとづくか，カネや権力や暴力といった強制力にもとづくか（ことば　対　暴力），②どれほど自由に展開されるか，どれほどルールに拘束されるか／ルールに従って操作されるか（遊び　対　ルール）というヨコとタテの二つの軸を構成し，人間の行為はこれらがクロスする座標軸のどこかに位置づけられることになる。そして上記の（ゲームをも含む）「交渉」が，なんらかの強制力を背景としているのにたいして，「対話」は了解や納得をめざすものであること，

さらに「交渉」についても，ゲーム論に代表される「交渉ゲーム」が厳密にルールに従うものであるのにたいして，「実際の交渉」はルールからかなりの自由度をもつものであることが示される。そして国際政治などで問題となる「実際の交渉」について，問題となる強制力が限定されれば，交渉当事者や当事者間の関係も限定され，その次元に焦点をあわせた「社会関係の切り取り」が可能となり，ゲーム化も可能だとするのである。

(15) それ以外にも竹田は，「主体の分裂」や「遊びなどそれ自体で意味をもつ行為」や「行為の意図せざる結果」などへの視点がゲーム理論に欠けている点を批判する。

(16) 実はこうした竹田の批判の背後には，ゲーム理論がかかえる「共通の知識の不可能性」という理論的なネックが存在している。すなわち，ゲームが成り立ち，解が導かれるためには，「プレイヤーが互いにゲームのルールをわきまえ，［互いが］冷静に損得勘定できる（合理的にふるまう）ことを知っている必要がある」が（竹田，2004：99），これは自明のことではなく，こうした状態を達成しようとしても，そのことを相互に確認しあう「無限の相互確認のパラドクス」に陥ってしまって原理的に不可能である（→ A. ルービンシュタインの「電子メール・ゲーム」問題）。ゲームにおいてプレイヤーは，最初から無条件にこの「共通の知識」の存在を前提とせざるをえないのである。竹田の言葉を借りれば，「複数の『計算する独房の理性』が，自分たちにふさわしい相互作用の解を見出すためには，『計算する独房の理性』ではけっして到達できない共通の知識，つまり共同主観を前提としなければならない」のであって（同：117），この不可能なはずの「共通の知識」を前提にしなければ，自己と同様な鏡像を相手に期待しえず，ゲーム理論の想定するようなゲーム自体が成り立ちえなくなるのである（たとえば，ベトナム戦争で民族独立・政治革命を信奉する相手の指導層にたいして，自己とおなじ合理性や戦略や脅迫や交渉などの戦略的合理性／鏡像を想定して失敗したアメリカ指導層のばあいのように）。理論的な最大の矛盾である。そして，実はゲーム理論はそこから，「ナッシュ均衡の不確定性（複数性や安定性)」や「均衡外にあるゲームの不確定性」という難問を抱え込むことになるのだが，専門的にすぎるのでここでは触れない（同，参照）。

● 引用・参考文献

[１] 竹田茂夫『ゲーム理論を読みとく——戦略的理性の批判』ちくま新書，2004年。
[２] 戸田正直『感情——人を動かしている適応プログラム』東京大学出版会，1992年。
[３] R. H. フランク，山岸俊男訳『オデッセウスの鎖——適応プログラムとし

ての感情』サイエンス社，1995年。
[4] J. メイナード゠スミス，寺元英・梯正之訳『進化とゲーム理論——闘争の論理』産業図書，1985年。
[5] 山岸俊男『社会的ジレンマ』PHP 新書，2000年。
[6] リチャード・ドーキンス，日高敏隆他訳『利己的な遺伝子』紀伊國屋書店，1991年。

あ と が き

「われわれはどこから来て，どこに行こうとしているのか」。本書のテーマはこの一語に尽きる。高度成長というそれほど古くない過去から始まって，われわれが迎えつつある近未来にいたるまで，われわれ，およびわれわれの生きる社会はどのような歴史を刻んでいるのだろうか。これを考えようとすると，まずは私の胸に浮かんでくるのは，われわれの，ひととひととのつながりのあり方が大きく変わってきている，否，つながろうとする意志じたいが弱まってきているという実感，つまりはわれわれの「社会性」そのものが失われつつあるのではないかという抜きがたい思いである。こうした実感を，経済から始まって社会そして生活文化にいたるまで，総合社会学的にあとづけてみようとしたのが，本書の第Ⅰ部「日本の社会はいま」である。そうした息の長い作業をつづけるなかでみえてきた，その時点，時点での日本の社会が直面する課題や関連トピックスについて，「五十の手習い」でかじったゲーム理論をもちいて切り込んだのが，第Ⅱ部「怒りはどこに」である。若い世代の社会化不全の問題，日本経済の信用収縮の問題，治安悪化の問題，日本の対外的な国家経営の問題と取り扱ったテーマはさまざまだが，いずれも問題の焦点は最終的には「社会性」の軸に収斂する。

こうした作業をつづけながら，私は自分自身がどうしようもなく「社会学者」であることを認めざるをえなかった。これまで私はそうした自覚をもって社会分析に携わってきたわけではない。むしろ，何も考えずにただがむしゃらに研究をつづけてきたというのが実情である。しかし，そうしたなかでいつしか，「社会学とは，社会にたいするある独自の見方ではないか」という思いを強くするようになった。

その見方とは,「個人と社会の調和のあり方を探る」という視点である。われわれにとって,北朝鮮のような社会の力の強すぎる社会が耐えがたいのは言うまでもない。だが,だからといって銃乱射事件がしばしば起こるアメリカのような個人の力の強すぎる社会が好ましいわけでもない。個人と社会がうまく調和して,生き生きとした人間社会が実現されること,これを求めてさまざまな社会現象に切り込んでゆくのが社会学ではないか。そしてその基礎に,「人間とは一方で自由を求めてやまないと同時に,他方で他人に受け入れられたいと願わずにはいられない矛盾した存在なのだ」という,これまた社会学に独自の人間観があるのではないか。こう思うようになったのである。そしてよく考えれば,こうした社会観・人間観は,社会学が後発社会科学であるという歴史に由来している。すなわち,よく言われるように,経済学や政治学や法学と同様,社会学もまた封建社会のくびきを廃して,自由な個人からなる社会をめざす「市民社会の学」のひとつであった。しかし同時に,それは「遅れてきた科学」であるがため,実際に実現されたのが理想とはちがってかつての共同性を失った社会だ,という現実に向き合わざるをえない「市民社会の反省の学」でもあったのである。

さてつい理屈っぽい話になってしまったが,実はトータルな日本社会の現実の分析を試みるのはこれが初めてではない。すでに20年も昔に,「高度成長とそれ以降の比較」という形の同様の作業をおこない,『現代日本社会論——豊かな社会の病理』(高文堂出版社,1985年) としてまとめている。本書はいわばその続編にあたる。10年がかりの作業という前回の経験に懲りて,今回は4,5年でと当初は考えたのだが,終わってみれば何のことはない,前回以上の長い年月を費やすことになってしまった。書き続けるあいだに現実がどんどん進行してしまい,以前書いたものが古くなって書き直しを迫られる,その繰り返しのなかで「いたちごっこ」を強いられるという,現代社会分析に特有の苦労をまたしても味わうことになったのである。本書のなかに,分析が

追いついていない部分があるとすれば（たとえば，不良債権問題をあつかった第7章など。でも，第2章の経済変動分析ではその後のことも扱っている！），私の力不足とご寛恕ねがいたい。

　本書を終えるにあたって，協力していただいた滋賀大学経済学部の同僚諸兄姉に感謝したい。いまの職場に移ったのは，すでに20年近くも前のことである。文学部を卒業して文学部に長らく勤めてきた私にとって，経済学部という未知の世界は，完全公募という当時としてはまだ珍しい形で動いたこともあって，知り合いもいない不安でいっぱいの職場であった。しかし，そうした私を暖かく迎え入れてくれたばかりか，経済学・経営学という隣接科学の立場から，社会学者の私にさまざまな示唆と刺激を与えてくれた。経済学にはまったく素人の私が，なんとか「門前の小僧」のレベルに到達できたのはそのおかげである。深く感謝したい。最後に，ミネルヴァ書房の浅井久仁人氏と戸田隆之氏にはお礼の言葉もない。遅々として筆の進まない私を，辛抱強く温かい目でじっと見守ってくれた。両氏の配慮がなければ，本書は完成しなかったにちがいない。

　　2007年5月　つつじの咲く美しい日に

　　　　　　　　　　　　　　　　　　　　　　　　　鈴 木 正 仁

初出一覧

第Ⅰ部　日本の社会はいま
第1章　日本の社会はいま……鈴木正仁・中道実編著『高度成長の社会学』（世界思想社，1997年）第10章「高度成長をかんがえる」を改稿。
第2章　経済はどう変わったか……書き下ろし
第3章　社会構造はどう変わったか……「差異化？それとも解体？(3)」（滋賀大学経済学部『彦根論叢』第281号，1993年）を全面的に改稿。
第4章　文化はどう変わったか……同　上
第5章　新しい流れ？……書き下ろし

第Ⅱ部　怒りはどこに
第6章　社会性のゆくえ……日本社会分析学会『社会分析』第29号，2002年
第7章　「信頼」のゆくえ……日本社会分析学会『社会分析』第31号，2004年
第8章　「安心」のゆくえ……日本社会分析学会『社会分析』第32号，2005年
第9章　「怒り」はどこに……滋賀大学経済学部『彦根論叢』第356号，2006年

人名索引

あ 行

アカロフ, G.　213
アクセルロッド, R.　118-120, 125, 152
イーヴズ, L. J.　200
ウェーバー, M.　23, 113, 114, 123, 153, 201
大竹文雄　38

か 行

加藤創太　133, 140, 141, 145
苅谷剛彦　54
河合幹雄　185
北坂真一　133
ギデンス, A.　97
ゲール, J. S.　200
小林慶一郎　133, 139, 140, 141, 145
小峰隆夫　33
コロック, P.　163

さ 行

作田啓一　115
笹山久三　19, 22
シュンペーター, J. A.　5, 44
庄司薫　105
ジンメル, G.　97
スミス, A.　147

た 行

ダーウィン, C. R.　210
竹内洋　64
竹田茂夫　216-218
橘木俊昭　38
タルド, J. G.　115
ティンバーゲン, N.　211
デュルケーム, E.　115
ドーキンス, R.　194, 195, 198
富坂聰　161, 184
富田英典　93-97, 99

な 行

中島梓　84, 105
野々山久也　61

は 行

パーソンズ, T.　115
バーン, E.　116
ハーンシュタイン, R.　205, 206
羽淵一代　90
ピアジェ, J.　115
フランク, R. H.　202, 203, 205, 208-211
フロイト, S.　115
ボヴェ, P.　115
ホッブス, T.　66, 114, 119, 121, 168

ま 行

マウラー, O. H.　115
松本康　57
宮田加久子　90
メイナード＝スミス, J.　194, 199
森岡博通　94, 95, 97, 104, 106, 107

や・ら 行

山岸俊男　118, 121-127, 132-135, 150-152, 160-174, 176, 177, 179
レヴィン, K.　98

事項索引

あ行

IT 化（IT ／ ICT 化）　33, 35, 85
アウトソーシング　47, 164
安心　122, 123, 125, 132, 134, 135, 150, 160-166, 168, 170, 179, 183
　——ゲーム　172, 174, 175
　——社会　123, 166
　——の崩壊　161, 179, 183
安全　159, 160-162, 166-171, 177, 179, 181-184
　——神話　166
安定多型　198-201
インスタント・メッセンジャー　101
インターネット　18, 83, 85-93, 96, 99, 101, 102
　ケータイ・——　87, 88, 92, 93, 95, 101
　PC ——　87, 88, 92, 93, 95, 101
インティメイト・ストレンジャー（親密な他者）　94-99, 101, 103
ウェブ
　——サイト（ホームページ）　87, 89, 93, 102
　——メール　89
オープン市場型
　——関係　127
　——社会　132, 160-162, 164, 166, 184
オンラインコミュニティ　83, 88, 93

か行

格差　6, 8, 12, 13, 16, 18, 38, 39, 48, 64, 66, 67, 78, 83
意欲——　54
——（型）社会　3, 6, 14, 22, 43, 49
　教育——　39
　経済——　8, 38, 39
　消費——　39
　所得——　38
過剰統制　168
家族
　核——　10, 11, 58, 59
　核——化　4, 10, 11, 43, 58-63, 69, 70
　拡大——　10, 11, 58, 59, 61, 69
　——機能の商品化　61-63, 70
　——の多様化　11, 59, 61
　任意制——　10, 12, 61
過密（化）・過疎（化）　9, 54
企業合理化　4, 5, 43-48, 63, 66
技術革新　5, 27, 28, 33, 43, 44, 49, 147
ME（マイクロ・エレクトロニクス）——　5, 44, 45
規制緩和　4, 10, 25, 33-39, 43, 56, 57, 123, 132, 135, 149, 164, 184
教化主義　167, 168
行政指導　132-134, 148, 149
競争
　——原理　25
　協調的——　12, 13, 15, 53, 54, 64-67, 78, 83
　ふり落とし——　12, 13, 47, 52, 65, 66, 83
業務請負　6, 34, 60, 62
協力　14, 114, 118-123, 125, 133, 143, 144, 152, 162, 163, 165, 168, 169, 172, 174, 175, 177-179, 182, 217, 218

非—— 166, 173-175, 177
非——ゲーム 216, 218
均衡
　成長（高位）—— 139, 142, 145, 146, 148
　停滞（低位）—— 137, 139, 142, 145, 146, 148, 150
　ナッシュ—— 173
　複数—— 146, 148, 175
　複数——ゲーム 139
　複数——の罠 143-145, 149
グローバリゼーション 47, 127, 134, 183, 193
グローバル・メガ・コンペティション 6, 44
掲示板（BBS） 86, 87, 89, 92, 93, 95, 99, 101
携帯メール（→メール） 89
ケインズ政策 32, 33, 140
限界質量 178, 179, 181
検知問題 180, 182, 183
原理
　今ここ—— 205, 206, 209, 214
　みんなが—— 161, 171, 173, 183
郊外化 55
高学歴化 4, 6, 7, 43, 49-54, 65, 66
構造改革 3, 4, 25, 33-36, 39, 43, 56, 57, 132, 135, 149, 164, 184
拘束的依存 12, 14
　拘束・依存的な人間関係 70
　依存と拘束の関係 15, 77
高度経済成長 26, 27, 152
交流分析 115-118, 127
コクーン
　——（繭） 90
　——（繭つくり）機能 90, 91, 94, 95
　——派 93, 94, 103
　テレ・—— 90

互恵主義 120, 125, 126
コミットメント関係（内輪づきあい） 121, 122, 125, 126, 134, 151, 163-165, 171
　恋人型の—— 122
　やくざ型（の）—— 122, 123, 125, 126, 134
コミットメント問題 193, 202-205, 209, 214, 215
コミュニケーション的合理性 216, 217
コミュニティ 9, 18, 55, 57, 58, 68, 85, 91-93, 98, 101, 104
　愛の—— 107
　擬似—— 98, 103, 104, 106
　近接性なくしての—— 58
　——（近隣社会）づくり 9, 55, 68
　——の解体 9, 57, 68

さ　行

財政
　——赤字 32, 36, 193, 219
　——改革 35, 36
サイド
　供給—— 28, 30, 31, 33, 37
　需要—— 27-33
サバイバル競争 13, 15, 53, 54, 65, 67, 78
サプライ・チェーン 139, 142, 143, 175
時間割引 206
シグナリングの問題 209
シグナル 211-213, 218
市場
　——原理 14, 25, 35, 36, 113
　——主義社会 132, 152, 161, 164-167, 169-171, 178, 179, 183
ジニ係数 38
社員

請負—— 48
　　契約—— 6, 47, 60, 62, 64, 164
　　派遣—— 6, 48, 60, 62, 64, 164
社会化　69, 75, 76, 113–116, 118, 124, 126, 127, 131, 167
　　——のエージェント　77, 78
　　——の不全　124, 126, 131
社会性　96, 113–116, 118, 121, 123, 124, 127, 131, 225
　　ネガティヴな——　118
　　反——　114
　　非——　114, 124, 126, 127
　　ポジティヴな——　118
社会的交換モジュール　172–174
社会的ジレンマ　163, 167, 168, 171, 172, 175, 177, 179
社会的知性　123, 125, 132, 151, 163, 169–171, 177, 179
　　地図型——（地図型知性）　163, 169, 170
　　ヘッドライト型——（ヘッドライト型知性）　161, 170
社会的不確実性　121–123, 125, 127, 162, 163, 165, 166, 169–171
社会統制　114, 115, 133, 162, 168, 169, 171, 177–179, 181, 182
終身雇用　34, 164
　　——制　5, 46
囚人のジレンマ　114, 119, 120, 148, 163, 167, 168, 172–176, 216
　　順序つき——　172–174, 176
　　反復——・ゲーム　120, 122, 151, 165
集団主義　123–127, 132, 133, 135, 150–152, 160–162, 165, 167, 171, 179
　　経済的——　133, 134
　　——（型）社会　122–126, 132, 134, 160–166, 169–171, 179, 183
柔軟生産体制（FMS）　5, 6, 44–47

少子高齢化（少子化・高齢化）　8, 11, 12, 33, 38, 49, 52, 53, 58, 59, 61, 62, 65, 66, 69, 113, 124, 183, 193
商人国家　192, 193, 202, 205, 214–216, 219
情報
　　——公開（——開示）　161, 170, 179
　　——の非対称性　135, 136, 140, 150, 163, 170, 213
進化
　　——ゲーム　194
　　——的に安定な戦略（ESS）　121, 125, 194, 195, 198–201
信用　124, 132, 133, 135, 136, 138, 144, 145, 149–152, 211, 213, 216, 217
　　——（を）供与　137, 150, 152
　　——収縮　31
　　——収縮の悪循環　132, 133, 135, 137, 139, 140, 151
　　——制約　135–137, 139, 140, 150
　　——創造　135, 151
　　——（の）劣化　133, 149–152, 160
信頼　114, 118, 121, 123, 127, 131–133, 135, 139, 142, 144, 145, 147–151, 160, 162, 169, 171, 211, 212
　　一般的——　124, 125, 127, 161, 169–171
　　一方的——　133
成果主義　6, 13, 48, 63, 64
　　——賃金　34, 45, 48
生活の社会化　57, 58
成長率
　　自然——　28, 30, 31, 33
　　実際——　31, 33
　　保証——　28–31, 33
性別役割分業　11, 59–63, 69
石油危機（オイル・ショック）　28–30, 44
セル（工房）型生産　6, 44–46

選抜型
　後期—— 6, 7, 13, 49, 50, 65, 78
　早期—— 6, 7, 13, 49, 50, 52, 65, 66, 78
戦略
　混合—— 198-201
　しっぺ返し—— 120, 121, 125, 131, 151, 163, 165-167, 169, 173
　——的合理性　216, 217
相対的貧困率　38, 39
ソーシャル・ネットワーキング・サービス（SNS）　92, 99, 102, 103

た　行

タカーハト・ゲーム　193-195, 199, 201, 215, 218
単独世帯　11, 59, 60
治安　159-162, 179, 182, 184
　体感——　182
　——（の）悪化　160, 161, 180, 181
　——維持　181
地域機能の社会化　14, 58, 70
秩序（社会秩序）　114, 117-119, 168
　——問題　114
チャット　18, 89, 92, 95, 101, 102, 104, 106
　——ルーム　93, 101, 102
長寿化　60, 61
出会い
　——機能　90, 92-96
　——系サイト　18, 83, 92, 95, 101-103, 107
　——派　94, 98, 103, 104
ディスオーガニゼーション　139, 142, 146, 147
デフレ　36, 37, 219
　——経済　32, 38
　——・スパイラル　32, 33, 133
　——対策　36

　——不況　10, 27, 47, 64, 183, 193
同一化
　発達——　76, 115, 116
　防衛——　76, 115
同期同時昇進　13, 47, 64
匿名性　92, 94-99, 102-107, 165
　——の個室　18, 98, 107
　——のコミュニケーション　95, 106, 107
　——のコミュニティ　18, 94, 98, 105, 107
都市
　再——化　8, 10, 54, 57, 58, 68
　高度——型社会　3, 22
　——化　4, 8, 43, 54-57, 67, 70
　——化社会　8, 9, 54-57, 68
　——型社会　3, 8, 10, 22, 54, 57, 68

な　行

二極化（二極分化）　8, 12, 13, 15, 49, 53, 66, 78
二次的ジレンマ　168
ネット
　——空間　85, 88, 94-96, 98, 103, 104, 106, 107
　——コミュニティ　85
年功序列　5, 46, 63, 164
　——型　6, 47
　——賃金　34
年俸制　6, 48, 64
農村型社会　3, 22
能力競争　50, 66, 83
　格差型——　6
　個人主義的（な）——　6, 49, 50, 78
　集合主義的な——　6, 49

は　行

パソコン通信　86-88, 99, 101, 106
バブル　3, 6, 8, 10, 29, 30

資産——　31, 138, 139
　　土地——　10, 56
　　——経済　3, 10, 29, 31, 56, 152
　　——崩壊　6, 27, 29, 31, 32, 43, 47, 56, 62, 131, 133, 138, 139, 141, 146, 150
バランスシート　138
晩婚化　60, 63
ハンドルネーム　18, 86, 93, 95, 96, 101
非婚化　12, 60, 63
ヒット・アンド・アウェイ　179, 182, 183
フェミニズム　11, 61, 62, 69
フォーク定理　120, 217
フォーディズム　5, 44, 47
フリー・ライダー　168, 172, 178
不良債権　31, 34, 37, 138, 140, 149, 150
　　——処理　140
　　——処理の先送り　133, 139, 141, 147, 152
　　——のペナルティ　135-137, 139-141, 150
　　——問題　133
文化
　　愛の——　15, 17, 18, 83, 94, 103, 105-108
　　貧しさの——　15-17, 78-80, 83, 103
　　豊かさの——　15-17, 80
平和国家　192, 193, 201, 202, 215, 216, 219

ま 行

マッチング法則　205, 206, 209, 212

メール（電子メール）　86-89, 91, 92, 102, 103
　　ケータイ——　89, 90-92, 103
　　PC ——　89, 90, 91, 103
　　迷惑——　103
目標管理　6, 48
モラル・ハザード　136, 140-142, 151

や 行

ゆとり教育　8, 49-52, 65, 66
抑止問題　204, 205, 208, 214, 215, 218

ら 行

来日外国人
　　——凶悪犯罪　179
　　——犯罪　159, 179-181, 183
　　——犯罪者　162, 180-183
　　——犯罪者集団　182
リストラ（リストラクチャリング）　12, 32-34, 39, 46, 63, 64, 131, 164
理論
　　エージェンシー——（プリンシパル・エージェント問題）　135
　　ゲーム——　115, 119, 121, 174, 180, 193, 194, 202, 216, 218
　　合理的選択——　114, 118, 119, 121
　　フィナンシャル・アクセルレータ（金融増幅効果）の——　135, 137, 138
利他的利己主義　125, 131, 132, 134, 163, 165-167, 171
両建て取引　30, 138

《著者紹介》

鈴木 正仁（すずき・まさひと）

　1943年　愛媛県生まれ
　1966年　京都大学文学部卒業
　1972年　京都大学大学院文学研究科博士課程修了
　　　　　京都府立大学文学部講師，愛知県立大学文学部助教授を経て，
　現　在　滋賀大学経済学部教授
　著　書　『現代日本社会論——豊かな社会の病理』高文堂出版社，1985年
　　　　　／『ウェーバーの社会学——現代社会への視角』世界思想社，
　　　　　1988年／『自己組織性とはなにか』ミネルヴァ書房，1995年
　　　　　（共編著）／『高度成長の社会学』世界思想社，1997年（共編著）
　　　　　／『複雑系を考える』ミネルヴァ書房，2001年（共編著）

　　　　　叢書・現代社会のフロンティア⑨
　　　　　ゲーム理論で読み解く現代日本
　　　　　——失われゆく社会性——

2007年10月20日　初版第1刷発行	検印省略

　　　　　　　　　　　　　　　　　定価はカバーに
　　　　　　　　　　　　　　　　　表示しています

　　　　　著　者　　鈴　木　正　仁
　　　　　発行者　　杉　田　啓　三
　　　　　印刷者　　江　戸　宏　介

　　発行所　株式会社 ミネルヴァ書房
　　　　　　607-8494 京都市山科区日ノ岡堤谷町1
　　　　　　　　　　電話 代表（075）581-5191番
　　　　　　　　　　振替口座　01020-0-8076番

　　　　© 鈴木正仁, 2007　　　共同印刷工業・新生製本
　　　　　ISBN978-4-623-04974-5
　　　　　　　Printed in Japan

叢書　現代社会のフロンティア

① **マクドナルド化と日本**　　四六判上製カバー　340頁　本体3500円
　　　　　　　　　　　　　　　　　　　　── G. リッツア・丸山哲央編著

② **学校にコンピュータは必要か**　四六判上製カバー　284頁　本体3500円
　●教室のIT投資への疑問
　　　　　── L. キューバン著　小田勝己・小田玲子・白鳥信義訳

③ **質的調査法入門**　　四六判上製カバー　440頁　本体4200円
　●教育における調査法とケース・スタディ
　　　　　── S. B. メリアム著　堀薫夫・久保真人・成島美弥訳

④ **戦争とマスメディア**　　四六判上製カバー　364頁　本体3200円
　●湾岸戦争における米ジャーナリズムの「敗北」をめぐって
　　　　　　　　　　　　　　　　　　　　　　　── 石澤靖治著

⑤ **モダニティの社会学**　　四六判上製カバー　216頁　本体2600円
　●ポストモダンからグローバリゼーションへ
　　　　　　　　　　　　　　　　　　　　　　　── 厚東洋輔著

⑥ **日本型メディアシステムの興亡**　四六判上製カバー　368頁　本体3000円
　●瓦版からブログまで
　　　　　　　　　　　　　　　　　　　　　　　── 柴山哲也著

⑦ **行為論的思考**　　四六判上製カバー　296頁　本体3500円
　●体験選択と社会学
　　　　　　　　　　　　　　　　　　　　　　　── 高橋由典著

⑧ **法という現象**　　四六判上製カバー　200頁　本体2600円
　●実定法の社会学的解明
　　　　　　　　　　　　　　　　　　　　　　　── 土方　透著

──── ミネルヴァ書房 ────
http://www.minervashobo.co.jp/